ARMIN ROHDE

Internationalisierung der Geldpolitik

Veröffentlichungen des
Instituts für Empirische Wirtschaftsforschung

Band 33

Internationalisierung der Geldpolitik

Eine Analyse internationaler Einflüsse auf die nationale Geldpolitik

Von

Armin Rohde

Duncker & Humblot · Berlin

Als Habilitationsschrift auf Empfehlung des Fachbereichs Wirtschaftswissenschaften der Universität Hannover gedruckt mit Unterstützung der Deutschen Forschungsgemeinschaft.

Die Deutsche Bibliothek – CIP-Einheitsaufnahme

Rohde, Armin:
Internationalisierung der Geldpolitik : eine Analyse internationaler Einflüsse auf die nationale Geldpolitik / von Armin Rohde. – Berlin : Duncker und Humblot, 1996
(Veröffentlichungen des Instituts für Empirische Wirtschaftsforschung ; Bd. 33)
Zugl.: Hannover, Univ., Habil.-Schr., 1993
ISBN 3-428-08523-X
NE: Institut für Empirische Wirtschaftsforschung ⟨Berlin⟩: Veröffentlichungen des Instituts . . .

Fremddatenübernahme: Klaus-Dieter Voigt, Berlin
Druck: Druckerei Gerike GmbH, Berlin
Printed in Germany

ISSN 0720-7239
ISBN 3-428-08523-X

Gedruckt auf alterungsbeständigem (säurefreiem) Papier
entsprechend ISO 9706 ♾

Für Claudia,
Michelle und Monique

Inhaltsverzeichnis

Verzeichnis der Übersichten und Tabellen

Verzeichnis der Abbildungen

A. Einleitung

Die weltwirtschaftliche Entwicklung in den letzten drei Jahrzehnten wurde maßgeblich geprägt durch eine starke Zunahme der internationalen Arbeitsteilung. Neben einem kontinuierlichen Abbau einer Vielzahl von Handelsbeschränkungen hat dies seinen Ausdruck in einer seit Anfang der sechziger Jahre allgemein zu beobachtenden hohen Intensivierung der grenzüberschreitenden Waren- und Dienstleistungsströme gefunden. Dies war nicht möglich, ohne eine entsprechende parallele Entwicklung des internationalen Kapitalverkehrs. Spätestens seit Anfang der achtziger Jahre ist der internationale Kapitalverkehr, im Zuge umfangreicher Deregulierungs- und Liberalisierungsmaßnahmen sowie innovativer Entwicklungen im Informations- und Transformationsbereich, allerdings mehr und mehr aus seiner handelsbegleitenden Rolle herausgewachsen. Die immer stärkere Lösung des internationalen Kapitalverkehrs von den Waren- und Dienstleistungsströmem zeigt sich auch darin, daß heute der tägliche weltweite Devisenhandel ein Vielfaches (nach Berechnungen der BIZ aus dem Jahre 1989 etwa das Vierzigfache) des Volumens der reinen handelsbezogenen Transaktionen ausmacht.

Eine solche Verselbständigung des internationalen Kapitalverkehrs von den realwirtschaftlichen Gegebenheiten hat erhebliche Konsequenzen für die Wirtschaftspolitik und damit auch für die Geldpolitik in den einzelnen Volkswirtschaften. Denn über den Einfluß der u.a. stark von Erwartungen geprägten internationalen Kapitalbewegungen auf Wechselkurse und Zinsen und deren Rückwirkungen auf die realwirtschaftliche Entwicklung werden nationale Volkswirtschaften in immer stärkerem Maße von internationalen Einflüssen abhängig. Dadurch schwinden, und zwar unabhängig von der Art des Wechselkursregimes, die Möglichkeiten nationaler Volkswirtschaften, eine autonome, d.h. eine losgelöst vom internationalen Geschehen durchzuführende Wirtschafts- bzw. Geldpolitik zu betreiben.

Die daraus zu ziehende Erkenntnis, daß nicht Wechselkurstechniken, also flexible oder feste Wechselkurse, über den wirtschaftspolitischen Spielraum von Volkswirtschaften entscheiden, sondern allein der Grad an Freizügigkeit im internationalen Wirtschaftsverkehr, hat bislang allerdings noch keine breite Unterstützung gefunden. Vielmehr dominiert nach wie vor die Auffassung, daß einer zunehmenden Internationalisierung des Wirtschaftsgeschehens am wirksamsten nach dem Motto „Jeder halte sein eigenes

Haus in Ordnung“ Rechnung getragen werden kann. Eine solche Sichtweise verkennt jedoch, daß ein einzelnes Land aufgrund der bestehenden Interdependenzen heute gar nicht mehr hinreichend in der Lage ist, wirtschaftliche Fehlentwicklungen im Inland ohne eine abgestimmte Unterstützung von außen zu bekämpfen. Insofern muß einer internationalen Koordination der Wirtschaftspolitik heutzutage ein hoher Stellenwert zugemessen werden.

Von dieser Sichtweise ist auch die vorliegende Arbeit geprägt. So wird zunächst ausführlich gezeigt, daß die nationale Geldpolitik in vielfältiger Weise in das internationale Geschehen eingebunden ist. Danach werden vor dem Hintergrund theoretischer und empirischer Untersuchungen Ansatzpunkte und Voraussetzungen für eine internationale Koordination der Geldpolitik dargestellt.

B. Internationale Eingebundenheit der nationalen Geldpolitik

Zunehmende Freizügigkeit des internationalen Waren-, Dienstleistungs- und Kapitalverkehrs schränkt die Autonomie der nationalen Wirtschaftspolitik und damit auch der nationalen Geldpolitik ein. Daraus resultiert ein Zwang zur internationalen Abstimmung bzw. Koordinierung der Wirtschaftspolitik der einzelnen Volkswirtschaften, sofern ein bloßes Akzeptieren der internationalen Einflüsse auf das nationale Wirtschaftsgeschehen nicht in Betracht kommt, weil es z.B. die Erreichung der eigenen wirtschaftspolitischen Ziele gefährdet. In einem System fester Wechselkurse ist eine damit implizierte internationale Eingebundenheit der nationalen Geldpolitik nie strittig gewesen. Ein System flexibler Wechselkurse wurde dagegen vielfach als Garant für eine nationale Autonomie in der Wirtschafts- bzw. in der Geldpolitik gesehen. In den folgenden Abschnitten wird gezeigt, daß sich die von den Vertretern dieser Auffassung vielfach erhofften und unterstellten Abschottungswirkungen flexibler Wechselkurse von internationalen Einflüssen vor dem Hintergrund der sehr ausgeprägten realen Wechselkursbewegungen, wie sie nach dem Übergang im Jahre 1973 zu einem System weitgehend flexibler Wechselkurse zu verzeichnen waren, nicht eingestellt haben. Die zunehmende Internationalisierung des Wirtschaftsverkehrs konfrontiert die nationale Geldpolitik nämlich mit den Konsequenzen eines sog. Wechselkursproblems. So können z.B. binnenwirtschaftlich orientierte wirtschaftspolitische Maßnahmen zu Wechselkursänderungen oder ggf. auch zu Wechselkursänderungserwartungen führen, die sich zudem auch gegenseitig bedingen bzw. gegebenenfalls sogar verstärken oder aufschaukeln können.

Als Konsequenz ergeben sich u.U. von den binnenwirtschaftlichen Intentionen losgelöste, eigenständige bzw. internationale Einflüsse auf nationale monetäre Aggregate, wie z.B. auf die Geldmengenentwicklung und die Zins- sowie Zinsstrukturentwicklung. Die nationale Geldpolitik muß solche internationalen Aspekte in ihr Entscheidungskalkül einbeziehen, wenn sie vorhandene wirtschaftliche Fehlentwicklungen wirksamer bekämpfen möchte.

Die internationale Eingebundenheit der nationalen Geldpolitik resultiert aber auch aus einem Leistungsbilanzproblem. Das Faktum hoher Salden im internationalen Waren- und Dienstleistungsverkehr spielt allein deshalb eine wichtige Rolle für die nationale Geldpolitik, da sowohl die internationalen Leistungsströme, mit möglichen Folgen für das nationale Wirtschaftsgeschehen, als auch die verschiedenen Wege des Saldenausgleichs mit deren Konsequenzen für die Wechselkursentwicklung, konkrete Handlungsweisen der Geldpolitik erfordern. Nur über eine internationale Abstimmung und Koordination der geldpolitischen Maßnahmen lassen sich die monetären Bedingungen schaffen, die zu einer Lösung bzw. zur Abschwächung des Leistungsbilanzproblems beitragen.

Schließlich sind geldpolitische Maßnahmen auch vor dem Hintergrund des existierenden Verschuldungsproblems insbesondere der Dritten Welt zu betrachten. Die Geldpolitik hat – infolge ihrer Wirkungen auf die internationale Zinsentwicklung – die Schuldendienstfähigkeit der hoch verschuldeten Entwicklungsländer mit in ihr Kalkül einzubeziehen, und sie darf die erforderlichen Anpassungsprozesse in diesen Ländern nicht behindern, da beide Aspekte Rückwirkungen auf die Lage der Weltwirtschaft und somit auf die nationale Wirtschaftsentwicklung haben.

I. Zur Abschottungswirkung flexibler Wechselkurse

1. Die traditionelle Sicht

Im März 1973 war das Festkurs- oder Paritätensystem von Bretton Woods in den Augen vieler endgültig gescheitert. An den darauf folgenden Übergang zu einem System weitgehend flexibler Wechselkurse zwischen den Währungen der westlichen Industrieländer (außerhalb des europäischen Wechselkursverbundes) wurden große Hoffnungen und Erwartungen geknüpft. Dies betraf insbesondere die Möglichkeiten, die heimischen Volkswirtschaften von störenden internationalen Einflüssen abzuschirmen und ihnen einen größeren Spielraum für stabilitätspolitische Maßnahmen zu eröffnen. Stark geprägt wurden die Diskussionen um die Vorteile flexibler Wechselkurse durch die Arbeit Milton Friedmans „The Case for Flexible Exchange Rates", in der er bereits Anfang der 50er Jahre darlegte, flexible Wechselkurse seien „...absolutely essential for the fulfilment of our basic economic objective: the achievement and maintenance of a free and prosperous world community engaging in unrestricted multilateral trade."[1]

Flexible Wechselkurse seien insbesondere deshalb ein Garant für einen ungehinderten internationalen Leistungsverkehr, weil bei frei schwankenden Wechselkursen die Wirtschaftspolitik nicht auf einen Ausgleich der Zahlungsbilanz ausgerichtet sein muß, da sich dieser automatisch einstellt. Bei

---

[1] Friedman, Milton, The Case for Flexible Exchange Rates, in: Friedman, M. (Hrsg.), Essays in Positiv Economics, Chicago 1953, S. 157.

vollständig flexiblen Wechselkursen weist die Devisenbilanz nämlich keinen Saldo auf. „Das aber bedeutet, die Zahlungsbilanz (Leistungsbilanz und Kapitalbilanz) ist immer ausgeglichen.“[2] Hinzu kam in diesem Zusammenhang noch die Erwartung, daß in einem System flexibler Wechselkurse auftretende bzw. zunehmende Leistungsbilanzüberschüsse über eine dadurch ausgelöste Aufwertung oder zu verzeichnende bzw. ansteigende Leistungsbilanzdefizite über eine dadurch bewirkte Abwertung der heimischen Währung entweder korrigiert oder zumindest in tolerablen Grenzen gehalten werden können. Diese Auffassung von der sogenannten Normalreaktion der Leistungsbilanz auf Wechselkursänderungen[3] spiegelte den von den Befürwortern flexibler Wechselkurse vertretenen Elastizitätsoptimismus wider[4].

Entsprechend diesen Vorstellungen gibt es bei flexiblen Wechselkursen „...aus zahlungsbilanzpolitischer Sicht keinen zwingenden Grund, den Außenhandel und den grenzüberschreitenden Kapitalverkehr administrativ zu beschränken, so daß sich die weltweite Integration der Kapitalmärkte und die Intensivierung der internationalen Arbeitsteilung weitgehend unbehindert durch dirigistische Staatseingriffe vollziehen können.“[5] Oder wie es Harry G. Johnson ausdrückte: „Die Eliminierung des Zahlungsbilanzmotivs für Beschränkungen des internationalen Handels- und Zahlungsverkehrs ist ein wichtiger positiver Beitrag, den die Einführung flexibler Wechselkurse für die Erreichung des liberalen Ziels einer integrierten Weltwirtschaft leisten könnte.“[6]

Entsprechend einer solchen Auffassung stellen deshalb Leistungsbilanzsalden und deren Finanzierung auch kein für die nationale Geldpolitik relevantes Problem dar. Da zudem, so Johnson, die handelsfördernde Wirkung

---

[2] Köhler, Claus, Geldwirtschaft, Zweiter Band, Zahlungsbilanz und Wechselkurs, Berlin 1979, S. 176.

[3] Vgl. dazu z.B. Rose, Klaus und Sauernheimer, Karlhans, Theorie der Außenwirtschaft, 11., völlig überarbeitete und erweiterte Auflage, München 1992, S. 39 - 87.

[4] Vgl. Lutz, Friedrich A., Eine Lanze für flexible Wechselkurse, in: Lutz, F. A. (Hrsg.), Geld und Währung, Tübingen 1962, S. 175ff. Ursprünglich erschienen als: The Case for Flexible Exchange Rates, in: Banca Nazionale del Lavoro, Quarterly Review, Vol. VII, 1954, S. 175 - 185. Vgl. auch Sohmen, Egon, Flexible Exchange Rates. Theory and Controversy, 2. Aufl., Chicago 1969, S. 20ff. Deutsche Übersetzung: Wechselkurs und Währungsordnung, Tübingen 1973, S. 15ff.

[5] Neldner, Manfred, Flexible Wechselkurse im Widerstreit der Meinungen. Traditionelle Argumente und neue Erfahrungen, in: Wirtschaftswissenschaftliches Studium (WiSt). 18. Jg. 1989, S. 121.

[6] Johnson, Harry G., Argumente für flexible Wechselkurse – 1969, in: Johnson H. G. (Hrsg.), Beiträge zur Geldtheorie und Währungspolitik, Berlin 1976, S. 202. Zuerst erschienen in: Johnson, H. G. und Nash, J. E. (Hrsg.), UK and Floating Exchanges, The Institute of Economic Affairs, London 1969, S. 9 - 37.

flexibler Wechselkurse, die Integration der Entwicklungsländer in die Weltwirtschaft einschließt, trägt die Wechselkursflexibilität auf diesem Weg zur notwendigen „...effizienten wirtschaftlichen Entwicklung in diesen Ländern..."[7] bei, so daß sich für die nationale Geldpolitik der Industrieländer auch in dieser Hinsicht kein Handlungsbedarf oder ein Zwang zur Rücksichtnahme ergibt. Dies gilt insbesondere auch deshalb, weil die Gefahr starker realer Wechselkursschwankungen, die den internationalen Leistungsverkehr u.U. behindern könnten, durch die Verfechter flexibler Wechselkurse weitgehend ausgeschlossen wurde. Friedman führte dazu aus, daß „...advocacy of flexible exchange rates is *not* equivalent to advocacy of unstable rates. The ultimate objective is a world in which exchange rates, while *free* to vary, are in fact highly stable."[8]

Dahinter stand die Erwartung, daß die Wechselkurse sich entsprechend den Veränderungen der Kaufkraftparitäten zwischen den Ländern entwickeln würden[9]. Allein aus Kenntnis und Beobachtung der inländischen und ausländischen Preissteigerungsraten erhalten die Marktteilnehmer den Trend für die zukünftige Wechselkursentwicklung. Auf diese Weise würde sich am Markt eine feste Kurserwartung herausbilden. „Feste Kurserwartungen aber begünstigen die Bildung von Terminmärkten, und zwar auch für längere Fristen. Geschieht dies, dann können Devisengeschäfte mit kurzen und langen Laufzeiten (...) ohne Schwierigkeiten kursgesichert werden."[10] Der Terminkurs spiegelt dann den zukünftig erwarteten, von der Entwicklung der Preisniveausteigerungsraten geprägten Kassakurs wider.

Unter derartigen Bedingungen trägt die Spekulation, wie von den damaligen Befürwortern flexibler Wechselkurse herausgestellt,[11] zu einer stabilen Wechselkursentwicklung bei. Sollten nämlich die Devisenkurse am Kassamarkt oder am Terminmarkt von der durch die Kaufkraftparitätenentwicklung vorgezeichneten Grundrichtung abweichen, also sich nicht auf den erwarteten Kassakurs zubewegen, dann eröffnen sich Gewinnchancen für die Spekulanten. Durch Ausnutzung solcher Gewinnchancen führt die Spe-

---

7 Johnson, Harry, G., Argumente für ..., S. 202.

8 Friedman, Milton, The Case for ..., S. 158. Auf S. 173 schreibt er: „A flexible exchange rate need not be an instable rate." Ähnlich äußert sich auch Sohmen: „Es sei nochmals betont, daß flexible Wechselkurse nicht mit *unstabilen* Wechselkursen identifiziert werden dürfen. Die Abwesenheit starrer Schwankungsgrenzen einer ökonomischen Variablen bedeutet nicht, daß diese Variable wild und unkontrolliert oszillieren muß." Sohmen, Egon, Wechselkurs und ..., S. 9.

9 Vgl. Halm, George N., Feste oder flexible Wechselkurse?, in: Kyklos, Bd. 16, 1963, S. 29 oder Johnson, Harry G., Argumente für ..., S. 203.

10 Köhler, Claus, Geldwirtschaft, Zweiter Band, S. 179.

11 Vgl. Friedman, Milton, The Case for ..., S. 174ff., Lutz Friedrich A., Eine Lanze für ..., S. 181; Johnson, Harry G., Argumente für ..., S. 204ff.; Sohmen, Egon, Wechselkurs und Währungsordnung, S. 59ff.

kulation die tatsächliche Wechselkursentwicklung auf den Pfad der erwarteten Wechselkursentwicklung zurück. Auf diese Weise sorgt die Spekulation für die Realisation der Erwartungen am Markt und verhindert starke Wechselkursausschläge.

Es ist gerade diese von Preisdifferenzen zwischen dem Inland und dem Ausland bestimmte Wechselkursentwicklung, in Verbindung mit einer festen Kurserwartung, die dafür sorgen würde, „...daß Störungen von außen auf die inländische Wirtschaft ferngehalten werden.“[12] Für den Fall einer gegenüber der inländischen Preisentwicklung stärkeren Preisniveauveränderung im Ausland, würde sich danach bei unbehindertem internationalen Güter- und Dienstleistungsverkehr der Wechselkurs der Inlandswährung gegenüber der Auslandswährung solange verändern, bis über den Wechselkurs das Auslandspreisniveau dem Inlandspreisniveau entspricht, so daß das Inlandspreisniveau gegenüber derartigen, von außen kommenden Impulsen vollständig isoliert würde[13]. Entsprechend der traditionellen Sicht über die Funktionsweise eines Systems flexibler Wechselkurse bezog sich die Abschottungswirkung aber nicht nur auf inflationäre Störungen aus dem Ausland, sondern es war damals, so jedenfalls Sohmen, ebenfalls „...allgemein bekannt, daß flexible Wechselkurse die internationale Übertragung von Konjunkturwellen dämpfen“[14] würden, also einen wesentlich umfassenderen Schutz vor wirtschaftlichen Auslandseinflüssen bieten würden.

Die deshalb weitgehend für möglich erachtete „...nahezu volle nationale Autonomie der Konjunktur und Stabilitätspolitik“[15] eines Landes im Falle vollständig flexibler Wechselkurse erschien auch dadurch gewährleistet, daß dem internationalen Kapitalverkehr in einem solchen System nur eine untergeordnete Rolle zugebilligt wurde. Bei flexiblen Wechselkursen wären Kapitalbilanzsalden nämlich nur Reflex der durch die jeweilige Wechselkursentwicklung von vornherein begrenzten Leistungsbilanzsalden. In einem System fester Wechselkurse würde hingegen der internationale Kapitalverkehr nicht durch den Umfang etwaiger Leistungsbilanzsalden limitiert. Mit der Konsequenz, so die traditionelle Sicht, daß eine autonome Wirtschafts- bzw. Geldpolitik durch die bestehende und dann wirksam werdende Interventionspflicht der Währungsbehörden am Devisenmarkt zum

---

[12] Köhler, Claus, Geldwirtschaft, Zweiter Band, S. 179.

[13] Vgl. Neldner, Manfred, Flexible Wechselkurse ..., S. 120 und 121. In diesem Zusammenhang spricht man auch von der Konstanz des realen Wechselkurses.

[14] Sohmen, Egon, Wechselkurs und ..., S. 135.

[15] Sachverständigenrat zur Begutachtung der gesamtwirtschaftlichen Entwicklung, Jahresgutachten 1971/72, Ziffer 259. Vgl. zu dieser Sichtweise z.B. auch Friedman, Milton, The Case for ..., S. 199 und S. 200; Hahn, Albert L., Autonome Konjunktur-Politik und Wechselkurs-Stabilität. Geldtheoretische Betrachtungen zur Währungspolitik der Bank deutscher Länder, Frankfurt a.M. 1957, S. 60; Johnson, Harry G., Argumente für ..., S. 201.

Scheitern verurteilt sei[16]. Bei flexiblen Wechselkursen böte der Kapitalverkehr dagegen keinen Anlaß zu Interventionen, und es käme folglich nicht zu einer daraus resultierenden Zentralbankgeldbereitstellung, durch die eine nationale Ausrichtung der Geldpolitik verhindert oder unterlaufen würde.

Gründe für einen eigenständigen bzw. autonomen Kapitalverkehr gäbe es in einem solchen System eigentlich nur dann, wenn die internationale Güterarbitrage bzw. der internationale Leistungsverkehr den Wechselkurs nicht schnell genug auf seinen, durch die Entwicklung der Kaufkraftparitäten vorgezeichneten Gleichgewichtspfad führen würde und folglich die stabilisierende Wirkung der Spekulation zum Tragen käme.

Insgesamt stellte sich – entsprechend der traditionellen Sicht – die nationale Geldpolitik in einem System flexibler Wechselkurse somit weitgehend als problemlos dar. Weder mußte die nationale Geldpolitik befürchten, mit einem Wechselkursproblem konfrontiert zu werden, also mit den Folgen starker realer Wechselkursschwankungen, noch ergaben sich a priori Anhaltspunkte für das Entstehen eines Leistungsbilanzproblems und damit für einen Zwang zur geldpolitischen Rücksichtnahme auf die adäquate Finanzierung hoher Leistungsbilanzsalden. Schließlich würde ein System flexibler Wechselkurse mit seinem vermeintlichen Schutz vor störenden Auslandseinflüssen die nationale Geldpolitik auch davor bewahren, auf die ökonomische Lage anderer Volkswirtschaften (z.B. der Entwicklungsländer) Rücksicht nehmen zu müssen.

Fragt man nun, nicht zuletzt vor dem Hintergrund der Erfahrungen mit flexiblen Wechselkursen seit 1973, nach der empirischen Relevanz der traditionellen Sicht, so haben sich die hochgesteckten Erwartungen nicht erfüllt: „Kaum eine ökonomische These ist in den letzten Jahren so gründlich durch die Erfahrungen widerlegt worden wie die, daß flexible Wechselkurse die Geldpolitik vor Auslandseinflüssen wirksam abschirmen könnten. Erratische Wechselkursbewegungen der D-Mark gegenüber den floatenden Währungen, insbesondere gegenüber dem US-Dollar, haben zu drastischen Abweichungen der Kurse von der Kaufkraftparität geführt. Sowohl das

[16] In diesem Sinne urteilte Sohmen: Wenn in einem System fester Kurse „...die Wechselkurse einen der beiden Punkte erreicht haben, an denen die Zentralbanken zur Intervention verpflichtet sind, ist die Geldpolitik bei voller Konvertibilität weitgehend lahmgelegt.“ Sohmen, Egon, Internationale Währungsprobleme. Eine Einführung, Frankfurt a.M. 1964, S. 17/18. Ebenso der Sachverständigenrat: „Der freie Kapitalverkehr (...) hat die konjunkturelle Autonomie der einzelnen Länder beeinträchtigt; denn feste Währungsparitäten und freie Konvertibilität verknüpfen nationale Liquidität unmittelbar mit der internationalen“. Sachverständigenrat zur Begutachtung der gesamtwirtschaftlichen Entwicklung, Jahresgutachten 1971/72, Ziffer 5, und am a.a.O., Ziffer 258 schreibt der Sachverständigenrat explizit: „Das reine Modell fester Wechselkurse erlaubt keine nationale Autonomie in der Konjunkturpolitik und der Stabilitätspolitik...“.

Ausmaß als auch das Tempo von Wechselkursänderungen gehen weit über das hinaus, was bei Einführung des Systems flexibler Wechselkurse erwartet worden war."[17] Neldner weist zudem darauf hin[18], daß die Salden der Handelsbilanzen im Durchschnitt eher größer als kleiner geworden sind, und zwar bei vielfach erhöhter Variabilität. Auch haben sich die Volkswirtschaften weiterhin als äußerst anfällig gegenüber externen Störungen erwiesen, so daß von einer autonomen Stabilitätspolitik keine Rede sein kann. Diese Erfahrungen kamen für die Kritiker flexibler Wechselkurse nicht überraschend, zumal sich verschiedene Erklärungen gegen eine Abschottungswirkung flexibler Wechselkurse anführen lassen.

2. Einwände gegen die Abschottungswirkung

Eine Abschottungswirkung flexibler Wechselkurse ist nach Pohl grundsätzlich dann nicht gegeben, „...wenn es sich um die Übertragung realwirtschaftlicher Auslandsstörungen handelt"[19]. Pohl erläutert diese Auffassung anhand einer Realzinsänderung im Ausland, die auf das Inland übergreift, auch wenn das System flexibler Wechselkurse voll funktioniert, „...also bei Gültigkeit der Kaufkraftparitätentheorie und der Zinsparitätentheorie sowie bei korrekter Antizipation der Wechselkurse..."[20].

Bei Gültigkeit der Kaufkraftparitätentheorie gilt nämlich:

$$\hat{e} = \hat{p} - \hat{p}^* \tag{1}$$

wobei ($\hat{e} < o$) für die Aufwertungsrate der Inlandswährung steht und p für die inländische Inflationsrate. Mit einem Stern (*) sind die entsprechenden

[17] Pohl, Rüdiger, Möglichkeiten und Grenzen der Geldpolitik: Eine Bestandsaufnahme, in: Ehrlicher, W. und Simmert, D. B. (Hrsg.), Wandlungen des geldpolitischen Instrumentariums der Deutschen Bundesbank, Beihefte zu Kredit und Kapital, Heft 10, Berlin 1988, S. 41. Eine ähnliche Einschätzung vertritt Francke; vgl. Francke, Hans-Hermann, Theoretische Grenzen und Möglichkeiten für die Geldpolitik bei flexiblen Wechselkursen, in: Francke, Hans-Hermann; Friedrich, Dieter; Leibinger, Hans-Bodo; Öesterlein, Sybille; Rohwer, Bernd, Möglichkeiten einer binnenwirtschaftlich orientierten Geldpolitik bei weltweit hohen Zinsen, Berlin 1985, S. 19f. Padoa-Schioppa vertritt die Auffassung: „On the whole, however, markets have failed to keep exchange rates in line with their fundamental determinants and have produced large and lasting misalignments." Padoa-Schioppa, Tommaso, Towares a New Adjustable Peg?, in: Bergsten, C. Fred; Mc Mahon, Kit; Padoa-Schioppa, Tommaso, The International Monetary System, The Next Twenty-Five Years, Bank für International Settlements Per Jacobsson Foundation, Basel 1988, S. 18/19.

[18] Vgl. zu den folgenden Hinweisen Neldner, Manfred, Flexible Wechselkurse im ..., S. 122.

[19] Pohl, Rüdiger, Möglichkeiten und Grenzen ..., S. 42.

[20] Pohl, Rüdiger, Möglichkeiten und Grenzen ..., S. 42. Vgl. dazu auch die folgenden Ausführungen.

Auslandsgrößen gekennzeichnet. Die ungedeckte bzw. ungesicherte Zinsparität:

(2) $$i = i^* + \hat{e}^{erw}$$

besagt, daß im Gleichgewicht der inländische Nominalzins (i) dem Auslandszins (i^*) zuzüglich der erwarteten Änderungsrate des Wechselkurses ($\hat{e}^{erw}$) entspricht. Der Ausdruck (2) läßt sich auch schreiben als:

(2a) $$\hat{e}^{erw} = i - i^*.$$

Aus der unterstellten Stabilität der Kurserwartung, d.h. der korrekten Wechselkursantizipation ($\hat{e} = \hat{e}^{erw}$) folgt unter Berücksichtigung von (1) und (2a):

(3) $$\hat{p} - \hat{p}^* = i - i^*.$$

Daraus ergibt sich die Übereinstimmung von inländischem Realzins ($r = i - \hat{p}$) und ausländischem Realzins ($r^* = i^* - \hat{p}^*$) mit der Konsequenz, daß sich beispielsweise eine Änderung des Realzinses im Ausland voll im Inland niederschlägt und gegebenenfalls bestimmte stabilitätspolitische Reaktionen notwendig macht.

Für Neldner ist eine vollkommene Abschottung gegenüber realen Impulsen „...nur dann vorstellbar, wenn der Devisenmarkt tatsächlich vorwiegend durch die Transaktionen der Außenhändler geprägt wird und dementsprechend jedes Devisenmarktgleichgewicht auch eine tendenziell ausgeglichene Handelsbilanz (Exportwert = Importwert) impliziert. Denn erst unter dieser Voraussetzung werden das inländische Sozialprodukt und die inländische Beschäftigung bei gegebenen Angebotsbedingungen allein durch die Höhe der Inlandsnachfrage bestimmt, so daß sich der reale Sektor der heimischen Volkswirtschaft allen güterwirtschaftlichen Einflüssen von außen entzieht."[21] Da sich aber diese Voraussetzung empirisch nicht als haltbar erwiesen hat, können flexible Wechselkurse die nationale Stabilitätspolitik nicht von außenwirtschaftlichen Zwängen befreien.[22]

Aber auch bei der Beschränkung der Betrachtung auf monetäre Impulse bzw. nominale Auslandsstörungen ist die Abschottungswirkung flexibler Wechselkurse relativiert worden. So hat Köhler darauf hingewiesen, daß selbst bei Gültigkeit der Kaufkraftparitätentheorie (1) z.B. die nationale Zinspolitik keineswegs allein auf binnenwirtschaftliche Erfordernisse ausgerichtet werden kann, da die Stabilität der Kurserwartung ($\hat{e} = \hat{e}^{erw}$) ver-

---

21 Neldner, Manfred, Flexible Wechselkurse im ..., S. 120.

22 Vgl. Neldner, Manfred, Flexible Wechselkurse im ..., S. 125.

langt, „...daß der Differenz der Preissteigerungsraten zwischen zwei Ländern eine gleich hohe Differenz zwischen den Zinssätzen dieser Länder entspricht.“[23] Nur dann garantiert die Zinsarbitrage gemäß (2a), daß die Kurserwartung von den Inflationsdifferenzen geprägt wird und somit $\hat{e} = \hat{e}^{erw}$ gilt.

Schafft die Zinspolitik aus binnenwirtschaftlichen Gründen eine andere Zinsdifferenz, dann „...ist nicht damit zu rechnen, daß sich die durch Preisniveauveränderungen zu prägenden Erwartungen am Devisenmarkt durchsetzen.“[24] Das gleiche gilt, wenn durch zinspolitische Maßnahmen im Ausland die erforderliche Zinsdifferenz nicht eingehalten wird. Dann gerät die nationale Stabilitätspolitik unter außenwirtschaftlichen Einfluß, d.h. sie muß, gegebenenfalls unter Vernachlässigung der binnenwirtschaftlichen Erfordernisse, der ausländischen Zinsentwicklung folgen, um die notwendige Zinsdifferenz aufrechtzuerhalten. Andernfalls riskiert sie, daß die Wechselkurse nicht den Kaufkraftparitäten folgen und sich Preisimpulse des Auslandes im Inland auswirken.

Damit wird deutlich, daß die Ansprüche an die Abschottungswirkung erheblich zurückgeschraubt werden müssen. Zwar können Wechselkurse, die den Kaufkraftparitäten folgen, die nationale Volkswirtschaft vor Preisimpulsen aus dem Ausland abschirmen und somit Störungen der wirtschaftlichen Entwicklung über diesem Weg entgegenwirken, doch bedeutet dies nicht die Schaffung oder Sicherung von nationaler Autonomie in der Stabilitätspolitik. Abschottung in diesem Sinne eröffnet also keinen Freiraum für die nationale Wirtschaftspolitik. Im Gegenteil, Abschottung verlangt, daß etwa die Geldpolitik gezielt auf die Beeinflussung der Wechselkursentwicklung ausgerichtet sein muß, denn von allein, dies hat das Scheitern der Kaufkraftparitätentheorie als dominante Erklärung der Wechselkursbewegungen in der Realität gezeigt, folgen die Wechselkurse nicht den Inflationsdifferenzen.[25]

Dies vorwegnehmend hat Köhler schon 1970 in Frage gestellt, ob ein Land sich beispielsweise vor inflationären Impulsen im Ausland durch flexible Wechselkurse abschotten kann, d.h. ob flexible Wechselkurse verhindern, daß bei einem stärkeren Anstieg der Preise im Ausland und einer dadurch induzierten Zunahme der Nachfrage nach inländischen Exportgütern ein inflatorischer Nachfragedruck im Inland entsteht.

Zu der nach der Kaufkraftparitätentheorie zu erwartenden Aufwertung der Inlandswährung muß es in einem solchen Fall nämlich nicht kommen:

---

[23] Köhler, Claus, Geldwirtschaft, Zweiter Band, S. 186.

[24] Köhler, Claus, Geldwirtschaft, Zweiter Band, S. 186.

[25] Vgl. Neldner, Manfred, Flexible Wechselkurse im ..., S. 122. Vgl. auch Frenkel, Jacob A., The Collapse of Purchasing Power Parities During the 1970's, in: European Economic Review, Vol. 16 (1981), S. 145 - 165.

Wenn z.B. „...die Preissteigerungen im Ausland höher sind als im Inland, ist im allgemeinen auch das Zinsniveau im Ausland höher als im Inland. Höhere Preissteigerungen und höhere Zinsen im Ausland als im Inland können dann aber sowohl Leistungsbilanzüberschüsse als auch Geldexporte (Zinsarbitragegeschäfte) induzieren. Wenn der Umfang der Geldexporte der Höhe der Leistungsbilanzüberschüsse entspricht, ändert sich der Wechselkurs nicht. Die inländische Ausfuhr wird also nicht zurückgedrängt; die Störung der wirtschaftlichen Entwicklung hält an."[26]

Köhler hat damit implizit die Möglichkeit von realen Wechselkursveränderungen angesprochen. Der reale Wechselkurs in Preisnotierung (D) ergibt sich dabei aus dem nominalen Wechselkurs (e) multipliziert mit dem Quotienten aus ausländischem (P^*) und inländischem Preisniveau (P):

(4) $$D = ep^*/p^{27}.$$

Durch logarithmische Transformation kann diese Definitionsgleichung des realen Wechselkurses auch in Veränderungsraten ausgedrückt werden:

(4a) $$\hat{D} = \hat{e} + \hat{p}^* - \hat{p}.$$

Zu realen Wechselkursveränderungen ($\hat{D} \neq 0$) kommt es also immer dann, wenn die Veränderungsraten des nominalen Wechselkurses ($\hat{e}$) nicht den Entwicklungen der internationalen Inflationsdifferentialen ($\hat{p}^* - \hat{p}$) entsprechen. Reale Wechselkursveränderungen haben sich insofern auch als Haupteinwand gegen die Abschottungswirkung flexibler Kurse erwiesen.[28] Im folgenden wird deshalb möglichen Ursachen für reale Wechselkursbewegungen in einem System flexibler Wechselkurse nachgegangen.

---

26 Köhler, Claus, Minderheitsvotum im Jahresgutachten 1970/71 des Sachverständigenrates zur Begutachtung der gesamtwirtschaftlichen Entwicklung, Stuttgart und Mainz 1970, Ziffer 306.

27 „In der Modellbetrachtung entspricht der reale Wechselkurs dem Kehrwert der terms of trade. Im Hinblick auf statistisch ermittelte Werte ist jedoch zu beachten, daß in die Berechnung des realen Wechselkurses allgemeine Preisniveaus der betreffenden Länder eingehen (z.B. Verbraucherpreisniveaus) und in die Berechnung der terms of trade nur die Preise von Export- und Importgütern." Jarchow, Hans-Joachim und Rühmann, Peter, Monetäre Außenwirtschaft, I. Monetäre Außenwirtschaftstheorie, 2., neubearbeitete und erweiterte Auflage, Göttingen 1988, S. 199, Ausn. 23.

28 „Die Abschirmwirkung bei nominalen Auslandsstörungen versagt, soweit die Kaufkraftparitätentheorie nicht gilt, also nominale Wechselkursbewegungen nicht den internationalen Inflationsdifferentialen entsprechen." Pohl, Rüdiger, Möglichkeiten und Grenzen ..., S. 42.

II. Ursachen realer Wechselkursbewegungen

Das Scheitern der Kaufkraftparitätentheorie als dominierende Erklärung der laufenden Wechselkursentwicklung, nach dem Übergang zu einem System weitgehend flexibler Kurse, hat zu verschiedenen theoretischen Erklärungen für reale Wechselkursveränderungen geführt bzw. bereits vorhandene Ansätze wieder neu belebt. Ein Aspekt verdient dabei eine besondere Betrachtung, nämlich die Rolle von Wechselkursänderungserwartungen als Ursache für reale Wechselkursbewegungen. Nach einem kurzen Überblick über theoretische Ansätze zur Erklärung realer Wechselkursbewegungen wird deshalb der Frage nachgegangen, inwieweit Wechselkursänderungserwartungen als eigenständiger Grund für reale Wechselkursschwankungen herangezogen werden können.

1. Theoretische Erklärungen

An theoretischen Erklärungen, wie es zu realen Wechselkursbewegungen kommen kann, herrscht mittlerweile kein Mangel. „Die wichtigste Begründung hierfür ist die unterschiedliche Preisreaktionsgeschwindigkeit an Bestandsmärkten für Finanzaktiva und an Gütermärkten. Die nach Finanzmarktstörungen notwendig werdenden Güterpreisreaktionen setzen erst allmählich ein. Damit kommt der Ausgleich des Finanzmarktungleichgewichts kurzfristig über zinsreagible Kapitalverlagerungen zwischen den Ländern zustande.“[29] Die Konsequenz sind Wechselkursbewegungen, die von dem durch die Kaufkraftparitäten vorgezeichneten Pfad abweichen. In Anlehnung an Dornbusch, auf den diese Überlegungen zu realen Wechselkursschwankungen zurückzuführen sind, spricht man auch von Überschießen oder Overshooting der Wechselkurse.[30]

Die diesbezüglichen Grundüberlegungen lassen sich dabei, sehr verkürzt, wie folgt verdeutlichen:[31]

Im Falle der Gültigkeit der Kaufkraftparitätentheorie entspricht der tatsächliche Wechselkurs (e) dem aufgrund der Entwicklung der Inflationsdifferenzen langfristig zu erwartenden Gleichgewichtswechselkurs ($\bar{e}$). Hinsichtlich des Verhältnisses d dieser beiden Wechselkurse gilt dann:

$$(5) \qquad d = e/\bar{e} = 1.$$

---

[29] Pohl, Rüdiger, Möglichkeiten und Grenzen ..., S. 42.

[30] Vgl. Dornbusch, Rüdiger, Expectations and Exchange Rate Dynamics, in: Journal of Political Economy, Vol. 84, 1976, S. 1161 - 1176. Vgl. auch Zieschang, Matthias, Finanzmarktansätze der Wechselkurserklärung, Berlin 1990, S. 61 - 77.

[31] Vgl. dazu auch Pohl, Rüdiger, Möglichkeiten und Grenzen ..., S. 42f., bzw. Zieschang, Matthias, Finanzmarktansätze der Wechselkurserklärung, S. 61ff.

Der erwartete Gleichgewichtswechselkurs ($\bar{e}$) ergibt sich aus dem tatsächlichen Wechselkurs (e) wie folgt:

(6) $$\bar{e} = e + e \cdot \hat{e}^{erw}$$ [32].

Entspricht also der tatsächliche Wechselkurs (e) dem langfristig erwarteten ($\bar{e}$), so ist die erwartete Veränderungsrate des Wechselkurses ($\hat{e}^{erw}$) gleich Null.

Aus der Zinsparitätentheorie ergibt sich zudem für eine im Extremfall unterstellte unendlich schnelle Anpassungsgeschwindigkeit an den Finanzmärkten[33] die jederzeitige Gültigkeit der ungedeckten (ungesicherten) Zinsparitätenbedingung:

(2a) $$\hat{e}^{erw} = i - i^*.$$

D. h., eine Differenz zwischen inländischem (i) und ausländischem Zins (i^*) wird durch die erwartete Veränderungsrate des Wechselkurses kompensiert.

Setzt man (2a) in (6) ein und berücksichtigt zudem (5), so erhält man:

(7) $$d = 1/1 + (i - i^*)$$

Vor dem Hintergrund des inländischen Geldmarktgleichgewichts:

(8) $$M/P = L\,(y, i)$$

wird deutlich, daß ein monetärer Impuls (ΔM) nur dann den Zins unverändert läßt, wenn sich das Preisniveau (P) ohne Verzögerung der Geldmengenänderung anpaßt.[34] Im Falle von Preisrigiditäten ($\Delta P = o$)[35] bewirkt beispielsweise eine Geldmengenerhöhung ($\Delta M > o$) eine Zinssenkung im Inland ($\Delta i < o$), die um so umfangreicher ausfällt, je niedriger die Zinselastizität der Geldnachfrage ist. Eine Verringerung des inländischen Zinssatzes läßt somit c.p. (d) steigen ($d > 1$). Es kommt also gemäß (4) zu einer realen Abwertung der Inlandswährung ($e > \bar{e}$). Reale Wechselkursbewegungen sind dabei jedoch nur ein vorübergehendes, d.h. zeitlich befristetes

---

[32] Grundlage dafür ist die gebräuchlichere Schreibweise: $\hat{e}^{erw} = (\bar{e} - e)/e$ bzw. $\hat{e}^{erw} = \bar{e}/e - 1$.

[33] Die Voraussetzungen dafür sind:
a) Perfekte Kapitalmobilität und
b) inländische und ausländische Wertpapiere sind vollständige Substitute.

[34] Dabei wird vom Fall einer unendlich zinselastischen Geldnachfrage (Liquiditätsfalle) abgesehen.

[35] Zur formalen Darstellung von Preisrigiditäten auf dem Gütermarkt vgl. Zieschang, Matthias, Finanzmarktansätze ..., S. 63ff.

Phänomen. Sobald nämlich die verzögerte Preisreaktion am Gütermarkt einsetzt ($\Delta P > o$), bildet sich der inländische Zins zurück ($\Delta i > o$) und (d) bewegt sich wieder auf den Wert $d = 1$ zu.

Eine andere Stoßrichtung zur theoretischen Erklärung realer Wechselkursbewegungen zielt auf die Rolle der Entwicklung der Struktur von relativen Preisen in Volkswirtschaften ab. Bereits 1964 haben Samuelson und Balassa darauf hingewiesen, daß unterschiedliche Entwicklungen der internen Preisstruktur zwischen sogenannten Binnenhandelsgütern und Außenhandelsgütern in zwei Ländern zu systematischen Abweichungen des nominalen Wechselkurses von der Kaufkraftparität führen können.[36]

Die diesen Ansätzen zugrunde liegenden Überlegungen lassen sich in enger Anlehnung an Frenkel wie folgt zusammenfassen:[37] Inländisches und ausländisches Preisniveau ergeben sich jeweils als eine linear homogene Funktion der Preise für Binnenhandelsgüter (P_N bzw. P_{N^*}) und Außenhandelsgüter (P_T bzw. P_{T^*}):

(9) $$P = P_N^{\beta} \cdot P_T^{(1-\beta)},$$

(10) $$P^* = P_{N^*}^{\beta^*} \cdot P_{T^*}^{(1-\beta^*)},$$

wobei β bzw. β^* den Anteil der inländischen bzw. ausländischen Ausgaben für nicht-handelbare Güter angibt. Zusätzlich wird angenommen, daß die internationale Güterarbitrage nur für die handelbaren Güter zu einheitlichen Preisen führen:

(11) $$P_T = e \cdot P_T^* \text{ bzw.}$$

(11a) $$e = \frac{P_T}{P_T^*}.$$

Durch Auflösung von (9) nach P_T und (10) nach P_T^* gilt:

(12) $$P_T = (P_T/P_N)^{\beta} \cdot P \text{ und}$$

(13) $$P_T^* = (P_T^*/P_N^*)^{\beta^*} \cdot P^*$$

---

[36] Vgl. Samuelson, Paul A., Theoretical Notes on Trade Problems, in: Review of Economics and Statistics, Vol. 46, 1964, S. 145 - 154; Balassa, Bela, The Purchasing Power Parity Doctrine: A Reappraisal, in: Journal of Political Economy, Vol. 72, 1964, S. 584 - 596; vgl. dazu und zur Problematik der Unterscheidung von Außenhandelsgütern und Binnenhandelsgütern auch Rottländer, Hans-Joachim, Reale Wechselkursänderungen bei flexiblen Wechselkursen. Erfahrungen und Bestimmungsgründe unter besonderer Berücksichtigung neuerer Ansätze der Wechselkurstheorie, Frankfurt/M., Bern, New York, Paris 1990, S. 63 - 75.

[37] Vgl. zur folgenden formalen Darstellung Frenkel, Jacob A., The Collapse of ..., S. 152ff.

Unter Berücksichtigung von (11a) ergibt sich:

(14) $$e = \frac{(P_T / P_N)^{\beta} \cdot P}{(P_T^* / P_N^*)^{\beta^*} \cdot P^*}.$$

Durch Umgruppierung von (14) erhält man die Definitionsgleichung für den realen Wechselkurs (D):

(15) $$D = \frac{e \cdot P^*}{P} = \frac{(P_T / P_N)^{\beta}}{(P_T^* / P_N^*)^{\beta^*}}.$$

Mittels logarithmischer Transformation der Gleichung (15) läßt sich die Veränderungsrate des realen Wechselkurses ($\hat{D}$) ermitteln:

(16) $$\hat{D} = \beta \cdot (\hat{P}_T - \hat{P}_N) - \beta^* \cdot (\hat{P}_T^* - \hat{P}_N^*).$$

Veränderungen der internen Preisstrukturentwicklung zwischen Binnenhandelsgütern und Außenhandelsgütern zum einen und/oder Veränderungen des Anteils der Ausgaben für nicht-handelbare Güter zum anderen können danach zu realen Wechselkursbewegungen führen. Aus einer genaueren Analyse verschiedener potentieller Ursachen für interne Preisstrukturverschiebungen in der Wechselkursliteratur zieht Rottländer das zusammenfassende Fazit, „... daß relative Preisstrukturverschiebungen zwischen Binnen- und Außenhandelsgütern zwar den säkularen Trend des realen Wechselkurses beeinflussen können, nicht hingegen für das zu beobachtende kurzfristig zyklische Verhalten verantwortlich sind.“[38]

Auch Kimbrough greift zur Erklärung dauerhafter Abweichungen des Wechselkurses von der Kaufkraftparität auf sektorale Strukturunterschiede zwischen Volkswirtschaften zurück.[39] Die jeweiligen Preisniveaus im Inland und im Ausland werden dabei, wie im vorangehenden Ansatz, wiederum als linear homogene Funktionen dargestellt, diesmal allerdings als Funktion der Preise für ausfuhrfähige Güter (P_X bzw. P_X^*) und für einfuhrfähige Güter (P_M bzw. P_M^*):[40]

---

[38] Rottländer, Hans-Joachim, Reale Wechselkursänderungen ..., S. 84/85. Zu den möglichen Ursachen sowie zu Überlegungen der empirischen Relevanz dieses Aspektes vgl. a.a.O., S. 66 - 83.

[39] Vgl. Kimbrough, Kent P., Rational Expectations, Market Shocks, and the Exchange Rate, in: Journal of Macroeconomic, Vol. 7, 1985, S. 297 - 312. Vgl. dazu auch Pohl, Rüdiger, Möglichkeiten und Grenzen ..., S. 43.

[40] Kimbrough spricht dabei von „exportables“ und „importables“, die im Inland sowohl produziert als auch konsumiert werden können, vgl. Kimbrough, Kent P., Rational Expectations ..., S. 299.

(17) $$P = P_X^{(1-\alpha)} \cdot P_M^{\alpha} \quad = P_X \cdot (P_M / P_X)^{\alpha},$$

(18) $$P^* = P_X^{*\,(1-\alpha^*)} \cdot P_M^{*\,\alpha^*} = P_X^* \cdot (P_M^* / P_X^*)^{\alpha^*}$$

wobei (α) bzw. (α^*) den Anteil der inländischen bzw. ausländischen Ausgaben für einfuhrfähige Güter angibt und ($1 - \alpha$) bzw. ($1 - \alpha^*$) den entsprechenden Anteil für exportfähige Güter.

Die internationale Güterarbitrage sorgt auf beiden Märkten, so die Annahme dieses Ansatzes, für die Einheitlichkeit der Preise:

(19) $$P_M = e \cdot P_M^* \quad \text{bzw.}$$

(19a) $$e = P_M / P_M^*$$

(20) $$P_X = e \cdot P_X^* \quad \text{bzw.}$$

(20a) $$e = P_X / P_X^*.$$

Für den realen Wechselkurs (D) gilt deshalb unter Verwendung von (17) und (18):

(21) $$D = e \cdot (P^* / P) = e \frac{P_X^* \cdot (P_M^* / P_X^*)^{\alpha^*}}{P_X \cdot (P_M / P_X)^{\alpha}}.$$

Aus (19a) und (20a) ergibt sich:

(22) $$P_X^* = (P_M^* / P_M) \cdot P_X.$$

Verwendet man diesen Ausdruck im Zähler von (21) jeweils für (P_X^*), so verkürzt sich die Definitionsgleichung für den realen Wechselkurs zu:

(21a) $$D = (P_M / P_X)^{\alpha^* - \alpha}.$$

Über logarithmische Transformation von (21a) gelangt man zur Veränderungsrate des realen Wechselkurses:

(22) $$\hat{D} = (\alpha^* - \alpha) \cdot (\hat{P}_M - \hat{P}_X).$$

Sofern sich die Preise für importfähige Güter anders entwickeln als die Preise für exportfähige Güter und gleichzeitig die Anteile der Ausgaben für einfuhrfähige Güter im Inland und im Ausland unterschiedlich sind, kommt es zu realen Wechselkursänderungen.

Auch dieser Ansatz liefert allenfalls Erklärungsbeiträge zur langfristigen Wechselkursentwicklung. So ist nicht davon auszugehen, daß die angesprochenen Einflußfaktoren sprunghaften und sich schnell umkehrenden Bewegungsmustern folgen, wie sie zur theoretischen Untermauerung starker, kurzfristiger realer Wechselkursfluktuationen nach diesem Ansatz gegeben sein müßten.

Während bei den bislang dargestellten Ansätzen reale Wechselkursbewegungen eher auf realwirtschaftliche Faktoren zurückzuführen sind (Preisstarrheiten auf Gütermärkten, relative Preisstrukturverschiebungen) gibt es auch theoretische Erklärungen, die monetäre Aspekte in den Vordergrund rücken. So werden langfristige Wechselkurseffekte der Geldpolitik in einem Ansatz von Baltensperger und Milde herausgearbeitet.[41] Zur Begründung einer dauerhaften Abweichung des Wechselkurses von der Kaufkraftparitätentheorie wird dabei auf das Phänomen der Währungssubstitution zurückgegriffen. Dabei wird angenommen,[42] daß neben dem Inland auch das Ausland einen bestimmten realen Betrag an Inlandsgeld halten möchte. Unterstellt man einen konstanten Realzins ($r = \bar{r}$), so ergibt sich der Nominalzins (i) als Realzins plus erwarteter inländischer Inflationsrate ($\hat{p}^e$):

(23) $$i = \bar{r} + \hat{p}^e.$$

Dies impliziert eine Abhängigkeit der realen Nachfrage der Inländer (L^i) und der Ausländer (L^a) nach inländischem Geld entweder vom Nominalzins (i) oder von der erwarteten inländischen Inflationsrate ($\hat{p}^e$):

(24) $$L(x) = L^i(x) + L^a(x),$$

wobei entweder ($x = i$) oder ($x = \hat{p}^e$) gilt und jeweils negative erste Ableitungen von L in bezug auf x angenommen werden.

Für die Gleichgewichtsbedingung am Geldmarkt gilt dann entsprechend:

(25) $$M/P = L(x), \text{ mit } (x = i) \text{ oder } (x = \hat{p}^e).$$

Sofern die Zentralbank die Zuwachsrate der inländischen Geldmenge fixiert ($\hat{M} = \mu$, mit $\mu > 0$) und unter der Annahme konstanter (unveränderter) Inflationserwartungen ($\Delta \hat{p}^e = 0$), wächst das inländische Preisniveau gemäß (25) mit der gleichen Rate wie die inländische Geldmenge.

---

[41] Vgl. Baltensperger, Ernst und Milde, Hellmuth, Langfristige Wechselkurseffekte der Geldpolitik, in: Milde, Hellmuth und Monissen, Hans G., (Hrsg.), Rationale Wirtschaftspolitik in komplexen Gesellschaften, Gerard Gäfgen zum 60. Geburtstag, Stuttgart, Berlin, Köln, Mainz 1985, S. 221 - 229.

[42] Vgl. zu den im folgenden dargestellten Grundüberlegungen dieses Ansatzes Baltensperger, Ernst und Milde, Hellmuth, Langfristige ..., S. 221 - 226. Vgl. auch Pohl, Rüdiger, Möglichkeiten und ..., S. 43.

Wenn zudem im langfristigen Gleichgewicht keine Diskrepanz zwischen erwarteter und tatsächlicher Inflationsrate existiert, dann gilt:

$$(26) \qquad \hat{M} = \hat{p} = \hat{p}^e = \mu, \quad \text{mit } \mu > 0.$$

Da somit im langfristigen Gleichgewicht im Inland permanent Inflation herrscht, muß das Ausland ständig „...zusätzliche Nominalbeträge an Inlandsgeld akkumulieren, um seine Realkasse L^a auf dem gewünschten Niveau konstant zu halten.“[43] Der reale Wert des dazu erforderlichen Stromes an Inlandsgeld vom Inland ins Ausland $(\Delta M^a / P)$ errechnet sich als:[44]

$$(27) \qquad (\Delta M^a / P) = L^a(x), \quad \text{mit } (x = i) \text{ oder } (x = \hat{p}^e).$$

In einem nächsten Schritt ist die Zahlungsbilanz des Inlandes zu berücksichtigen. Der Devisenbilanzsaldo (DBS) ergibt sich dabei bekanntlich aus dem Leistungsbilanzsaldo (LBS) und dem Kapitalbilanzsaldo (KBS):

$$(28) \qquad DBS = LBS + KBS,$$

und die Gleichgewichtsbedingung für die Zahlungsbilanz verlangt:

$$(29) \qquad LBS + KBS = O.$$

Da der reale Wert des Stromes an Inlandsgeld vom Inland ins Ausland zu einem positiven Saldo in der Kapitalverkehrsbilanz führt, kommt es zu einem negativen Saldo in der Leistungsbilanz.[45] Für den Kapitalbilanzsaldo ergibt sich gemäß (27) eine Abhängigkeit von der Geldmengenwachstumsrate im Inland $(\hat{M} = \mu)$:

$$(30) \qquad KBS = \mu \cdot L^a(x) \quad \text{wobei } (x = i) \text{ oder } (x = \hat{p}^e).$$

[43] Baltensperger, Ernst und Milde Hellmuth, Langfristige ..., S. 225.

[44] $(\Delta M^a / P)$ wird durch tantologische Erweiterung um (M^a / M^a) zu: $(\Delta M^a / M^a)(M^a / P)$ bzw. $\hat{M}^a (M^a / P)$. Im Gleichgewicht gilt zudem: $\hat{M}^a = \hat{M} = \hat{P} = \mu$ sowie $(M^a / P) = L^a$. Vgl. dazu Baltensperger, Ernst und Milde, Hellmuth, Langfristige ..., S. 225.

[45] Zu einem Nettokapitalimport kommt es, weil das vom Ausland gewünschte Inlandsgeld mit Auslandsgeld bezahlt wird und somit das Inland in jeder Periode zusätzliches Auslandsgeld akkumuliert. Da dieser Zuwachs an Auslandsgeld im Modell von Baltensperger und Milde eine ungeplante Restgröße darstellt, wird dieser durch Kauf von Auslandsgütern abgebaut. Vgl. Baltensperger, Ernst und Milde, Hellmuth, Langfristige ..., S. 225 und 226.

Hängt nun der Leistungsbilanzsaldo, wie von Baltensperger und Milde angenommen, vom realen Wechselkurs (D) ab[46], so ergibt sich ein Einfluß der Geldpolitik auf den im langfristigen Gleichgewicht herrschenden realen Wechselkurs. Dies wird deutlich, wenn (29) unter Berücksichtigung von (30) geschrieben wird als:

$$(31) \qquad LBS(D) = -\mu L^a(x).$$

Um die Wirkungen einer Änderung der Geldmengenzuwachsrate sichtbar zu machen, ist (31) partiell nach (μ) zu differenzieren:

$$(32) \qquad \frac{\mathrm{d}LBS(D)}{\mathrm{d}\mu} = -(L^a(x) \cdot (1 + \varepsilon(L^a, x))).$$

Durch Umformung von $\mathrm{d}LBS(D)$ zu $LBS'(D)\,\mathrm{d}D$ erhält man als Lösung für die Reaktion des realen Wechselkurses auf eine Änderung der Geldmengenzuwachsrate:

$$(33) \qquad \frac{\mathrm{d}D}{\mathrm{d}\mu} = -(1 + \varepsilon(L^a, x))\, L^a(x) / LBS'(D)$$

Richtung und Stärke des Einflusses der Geldpolitik auf den realen Wechselkurs hängt von der Elastizität der Nachfrage der Ausländer nach inländischem Geld inbezug auf den Zins ($\varepsilon(L^a, i)$ sofern $x = i$) oder in bezug auf die erwartete Inflationsrate ($\varepsilon(L^a, \hat{p}^e)$ sofern $x = \hat{p}^e$) ab.

Ein Einfluß der Geldpolitik auf den realen Wechselkurs ergibt sich immer dann, wenn die jeweils zugrunde gelegte Elastizität ungleich minus Eins ist. Nur für $\varepsilon(L^a, x) = -1$ herrscht langfristige Neutralität der Geldpolitik. Baltensperger und Milde betonen jedoch, daß die von ihnen analysierten realen Wechselkurseffekte „...einmalige Änderungen darstellen. Eine Reduktion der monetären Expansionsrate und damit der Inflationsrate kann allenfalls zu einer einmaligen Änderung des langfristigen Gleichgewichtswertes des realen Wechselkurses führen, nicht aber zu einer kontinuierlichen Veränderung desselben (etwa einem stetig zunehmenden realen Preis der eigenen Währung)...“[47].

Damit wird deutlich, daß auch dieser Ansatz, ebenso wie die unmittelbar vorangehend beschriebenen, weniger geeignet ist, die empirisch zu beobachtenden, mitunter sehr ausgeprägten realen Wechselkursbewegungen zu erklären. Dennoch liefern diese Erklärungen realer Wechselkursbewegungen

---

[46] Vgl. Baltensperger, Ernst und Milde, Hellmuth, Langfristige ..., S. 222/223. Dabei gilt der normale positive Zusammenhang zwischen dem Leistungsbilanzsaldo und dem in Preisnotierung ausgedrückten Wechselkurs: $LBS'(D) > O$.

[47] Baltensperger, Ernst und Milde, Hellmuth, Langfristige ..., S. 222.

hinreichende Belege, daß die von den Vertretern bzw. Befürwortern flexibler Wechselkurse erhofften Abschottungswirkungen auch theoretisch auf nicht tragfähigen Fundamenten ruhen.

Um die empirisch feststellbaren realen Wechselkursfluktuationen zu ergründen, hat sich die Wechselkursforschung zudem seit Anfang der 80er Jahre verstärkt auf einen Aspekt konzentriert, der bereits bei der Darlegung der Überlegungen von Dornbusch zum Überschießen der Wechselkurse angesprochen wurde, nämlich die Rolle der Erwartungen.

2. Die Rolle der Wechselkursänderungserwartungen

Die Bedeutung von Erwartungen für die Wechselkursbestimmung bzw. -entwicklung ist seit Anfang der 80er Jahre in einer Fülle von Arbeiten behandelt worden.[48] Die überwiegende Zahl der Untersuchungen bleibt dabei aber dem Denken in Kategorien von volkswirtschaftlichen Fundamentalfaktoren verhaftet. Wie im folgenden gezeigt wird, gilt dies selbst für die Erklärung unerwarteter Wechselkursveränderungen auf der Basis von neuen bzw. nicht antizipierten Informationen (News-Ansätze). Vor dem Hintergrund des Ausmaßes der tatsächlichen Wechselkursschwankungen erscheinen allerdings Überlegungen plausibel, die die Bedeutung der Fundamentalfaktoren für die Kursentwicklung bzw. für die Bildung der Wechselkurserwartungen (zumindest zeitweilig) in Frage stellen. Deshalb werden im zweiten Teil dieses Abschnittes Überlegungen angestellt, inwiefern eine Verselbständigung der Wechselkursänderungserwartungen reale Wechselkursbewegungen verursachen bzw. erklären können.

a) Fundamentalfaktoren und Erwartungen

Die Modelltheoretische Grundlage zur Beurteilung der Rolle der Erwartungen für reale Wechselkursbewegungen bilden heute überwiegend die Finanzmarktansätze der Wechselkurserklärung[49]. „Within this framework exchange rates are viewed as the prices of assets that are traded in organi-

[48] Vgl. dazu die Arbeit von Uelses, Klaus, Erwartungen von Wechselkursen, München 1989, und die dort verwendeten Literaturquellen sowie die Arbeit von Heidel, Thomas, Wechselkursschwankungen, Wechselkurserwartungen und Devisenmarkteffizienz. Eine theoretische und empirische Analyse des DM/Dollar Wechselkurses mit Hilfe der Technischen Analyse im Zeitraum 1974 - 1985: Beat the Market, Lit-Verlag Münster, Hamburg 1990, S. 21 - 42 und die dort angegebenen Literaturhinweise.

[49] Einen ausführlichen Überblick über die Finanzmarktansätze gibt Zieschang, Matthias, Finanzmarktansätze ...., S. 47 ff. Vgl. dazu auch Baltensperger, Ernst und Böhm, Peter, Stand und Entwicklungstendenzen der Wechselkurstheorie – Ein Überblick, in: Außenwirtschaft, 37. Jg. 1982, S. 109 - 157.

zed markets and, like the prices of other assets, are strongly influenced by expectation about future events."[50]

Dahinter steht zunächst die Auffassung, daß der Devisenmarkt ein effizienter Markt ist, auf dem Erwartungen rational gebildet werden. Auf einem solchermaßen effizienten Markt spiegelt der sich durch Aufgebot und Nachfrage einstellende Preis zu jedem Zeitpunkt alle verfügbaren Informationen vollständig wider.[51]

Markteffizienz und rationale Erwartungen bedingen sich praktisch, denn ebenso „... wie bei der Markteffizienz-Hypothese geht die Hypothese rationaler Erwartungen davon aus, daß die Marktteilnehmer das ‚wahre' ökonomische Modell kennen und unter Verwendung aller verfügbaren relevanten Informationen ihre Erwartungen über die künftige Entwicklung der Preise bilden."[52] Überträgt man beide Hypothesen auf den Devisenmarkt, „... so werden in den Wechselkursen alle verfügbaren und relevanten Informationen sofort und korrekt ausgedrückt. (...) Zudem ist der gegenwärtige Terminkurs der beste Schätzwert für den künftigen gleichgewichtigen Kassakurs."[53]

In Verbindung mit den Annahmen von Risikoneutralität, vollkommener Voraussicht und unter Berücksichtigung der internationalen Zinsarbitrage, entspricht die nominale Zinsdifferenz zwischen Inland und Ausland $(i - i^*)$ dann sowohl der erwarteten als auch der tatsächlichen Wechselkursänderung $(\hat{e}^{erw} = \hat{e})$. Die ungedeckte und die gedeckte Zinsparität sind unter diesen Umständen gleichermaßen erfüllt. Damit entsprechen sich auch der zukünftige Kassakurs und der gegenwärtig für die Zukunft erwartete Kassakurs sowie der gegenwärtige Terminkurs.

Starke Wechselkursbewegungen werden in diesem Zusammenhang mit dem Auftreten von nichtantizipierten Informationen (sog. news) erklärt, mit denen man nach Verzicht auf die wirklichkeitsfremde Annahme der vollständigen Voraussicht rechnen muß.[54] Neue Informationen schlagen sich

---

50 Frenkel, Jacob A., Flexible Exchange Rates, Prices, and the Role of „News": Lessons from the 1970's, in: Journal of Political Economy, Vol. 89, 1981, S. 667.

51 „A market in which prices always ‚fully reflect', all available informations is called ‚efficient'." Fama, Eugene F., Efficient Capital Markets: A Review of Theory and Empirical Work, in: Journal of Finance, Vol. 25, 1970, S. 383.

52 Gaab, Werner, Devisenmärkte und Wechselkurse. Eine theoretische und empirische Analyse, Berlin, Heidelberg, New York, Tokyo 1983, S. 44.

53 Filc, Wolfgang, Anmerkungen zur Effizienz des Devisenmarktes, in: Köhler, Claus und Pohl, Rüdiger (Hrsg.), Aspekte der Geldpolitik in offenen Volkswirtschaften, Berlin 1987, S. 79. Zu Einzelheiten der Übertragung des Konzepts effizienter Märkte auf den Devisenmarkt vgl., neben der zitierten Arbeit von Filc, auch Gaab, Werner, Devisenmärkte und ..., S. 40ff.

54 „... that the predominant cause of exchange rate movements is ‚news' which could not have been anticipated." Frenkel, Jacob A., Flexible Exchange Rates, Prices, and ..., S. 686.

entsprechend der unterstellten Markteffizienz unmittelbar in der laufenden Kassakursentwicklung nieder. Die tatsächliche Wechselkursänderung ($\hat{e}$) weicht daraufhin von der anfangs erwarteten Wechselkursentwicklung ($\hat{e}^{erw}$) ab, da letztere noch durch die ursprüngliche Informationsmenge bestimmt ist. Anders ausgedrückt: Unter diesen Umständen ist die tatsächliche Wechselkursänderung nicht länger durch den anfänglich gegebenen Terminkurs prognostizierbar, denn der die Wechselkursänderungserwartung prägende Terminkurs basiert schließlich noch auf dem alten Informationsstand.

Somit führen also neue Informationen an einem effizienten Devisenmarkt zu unerwarteten Wechselkursänderungen, die letztlich auf eine Revision der Wechselkursänderungserwartungen zurückzuführen sind.[55] In Untersuchungen zu diesen sogenannten News-Ansätzen der Wechselkurserklärung wird den auf der Basis neuer Informationen revidierten Wechselkursänderungserwartungen ein dominierender Einfluß auf die tatsächliche Wechselkursentwicklung zugesprochen: „Over 90 percent of changes in exchange rates reflect revisions in expectations from what had been anticipated a month of a quarter earlier (...) attempts to explain the behavior of exchange rates should focus on changes in fundamental factors that had not been anticipated a month or a quarter in advance."[56]

Auf diesem Weg führen Wechselkursänderungserwartungen aber auch zu realen Wechselkursbewegungen. So weist Frenkel darauf hin, daß die nominalen Wechselkurse „...are more sensitive to expectations concerning future events than national price levels. As a result, in periods which are dominated by ‚news' which alters expectations, exchange rates are likely to

---

55 „Unexpected changes in observed exchange rates can be attributed to revisions in expectations about future exchange rates in response to new information about the prospective future paths of variables on which exchange rate expectations are based." Dooley, Michael and Isard, Peter, A Portfolio-Balance Rational Expectations Model of the Dollar-Mark-Exchange Rate, in: Journal of International Economics, Vol. 12, 1982, S. 273.

56 Isard, Peter, Factors Determining Exchange Rates: The Role of Relativ Price Levels, Balance of Payments, Interest Rates and Risk, in: Board of Governors of the Federal Reserve System, International Finance Discussion Paper Nr. 171, Washington D.C., 1980, S. 2, zitiert nach Heidel, Thomas, Wechselkursschwankungen ..., S. 44. Auch Dornbusch zieht aus seinen empirischen Überprüfungen den Schluß: „As the figure clearly illustrates, unanticipated changes constitute nearly all the actual variation in exchange rates." Dornbusch, Rüdiger, Exchange Rate Economics: Where Do We Stand? in: Brookings Papers on Economic Activity, No. 1, 1980, S. 159. Ebenso Frenkel: „The keyfactor which emerges from these figures is that predicted changes in exchange rates account for a very small fraction of actual changes. Frenkel, Jacob A., Flexible Exchange Rates, Prices, and the Role of „News", S. 673. Vgl. dazu auch Gärtner, Manfred, Makroökonomik flexibler Wechselkurse, Berlin, Heidelberg, New York usw. 1990, S. 217f. insbesondere Abb. 7.2, S. 218.

be more volatile, and depatures from purchasing power parities are likely to be the rule rather than the exception."[57]

Formal setzt sich in den News-Ansätzen die tatsächliche Änderung des Wechselkurses ($\hat{e}$) aus der Summe der erwarteten Wechselkursänderung ($\hat{e}^{erw}$), die sich aus der Zinsdifferenz $(i - i^*)$ ergibt, und der unerwarteten Wechselkursänderung $(\hat{e} - \hat{e}^{erw})$, die sich aus den sogenannten news herleitet, zusammen:

$$(34) \qquad \hat{e} = (i - i^*) + (\hat{e} - \hat{e}^{erw}).^{58}$$

Durch Umstellung zeigt sich, daß „...deviations of exchange rates from the path implied by interest differentials are thus entirely due to news.":[59]

$$(35) \qquad \hat{e} - (i - i^*) = \underbrace{(\hat{e} - \hat{e}^{erw})}_{\text{„news"}}.$$

Diese Aussage ist zu modifizieren, sofern die implizit enthaltene Annahme der Risikoneutralität durch die Unterstellung von Risikoaversion ersetzt wird. In einem solchen Fall sind inländische und ausländische verzinsliche Vermögensanlagen keine perfekten Substitute, und die Gültigkeit der ungedeckten Zinsparität ist dann nicht gewährleistet. Vielmehr ist bei Risikoaversion eine Risikoprämie (rp) in die Betrachtung einzubeziehen:

$$(36) \qquad (i - i^*) + rp = \hat{e}^{erw}.$$

Die Berücksichtigung von Risikoprämien läßt sich aber dennoch mit den News-Ansätzen vereinbaren: „The existence of a risk premium implies that not all the difference between interest differentials and actual depreciation is unanticipated; part corresponds to the risk premium and only the residual represents news."[60] Gleichung (35) wird dann zu:

$$(36) \qquad \hat{e} - (i - i^*) = (\hat{e} - \hat{e}^{erw}) + rp.$$

Die Existenz von Risikoprämien ist aber keineswegs unumstritten. Zwar lassen sich Risikoprämien portfolio theoretisch begründen.[61] Dem hält Gaab jedoch entgegen: „Die Frage, ob eine Risikoprämie (...) in der Reali-

[57] Frenkel, Jacob A., Flexible Exchange Rates, ..., S. 667. Vgl. auch a.a.O., S. 693ff.

[58] Vgl. Dornbusch, Rüdiger, Exchange Rate Economics ..., S. 154.

[59] Dornbusch, Rüdiger, Exchange Rate Economics ..., S. 158.

[60] Dornbusch, Rüdiger, Exchange Rate Economics ..., S. 172.

[61] Vgl. Uelses, Klaus, Erwartungen und ..., S. 87 - 89.

tät existiert und relevant ist, kann nicht theoretisch, sondern nur empirisch beantwortet werden."[62] In dieser Hinsicht zeichnen die von Gaab bis Anfang der 80er Jahre ausgewerteten Untersuchungen kein einheitliches Bild, während Gaab selbst, nicht zuletzt aufgrund intensiver eigener empirischer Arbeiten, dazu neigt, die Existenz von Risikoprämien auch empirisch zu bejahen.[63] Neuere empirische Untersuchungen scheinen diese Sichtweise von Gaab zu untermauern.[64]

Allerdings bestehen große Unterschiede in den Auffassungen hinsichtlich der Größenordnungen, in denen sich Risikoprämien bewegen. Das Spektrum der Aussagen variiert dabei sehr stark. So wird auf der einen Seite davon gesprochen „...that fluctuations in the risk premium must be extremely small"[65], während auf der anderen Seite die Meinung vertreten wird, „...that both the magnitudes and the variances of exchange risk premiums have been large."[66]

Insofern bleibt im Rahmen der um Risikoprämien erweiterten News-Ansätze bislang ungeklärt, welcher Anteil der Differenz zwischen der tatsächlichen Wechselkursänderung und der Zinsdifferenz gemäß Gleichung (37) auf unerwartete Wechselkursänderungen zurückgeführt werden kann und somit auf den news beruht. Fragt man nun, unabhängig vom Problem der Risikoprämien, nach der Art der neuen Informationen, die über eine sofortige Revision der Wechselkursänderungserwartungen zu unerwarteten Wechselkursänderungen führen, so basieren diese grundsätzlich auf volkswirtschaftlichen Fundamentalfaktoren.

---

[62] Gaab, Werner, Devisenmärkte und ..., S. 277.

[63] Vgl. Gaab, Werner, Devisenmärkte und ..., S. 234 - 278.

[64] Vg. Uelses, Klaus, Erwartungen und ..., S. 76 - 86 und die dort ausgewerteten Untersuchungen, die bis zum Jahre 1988 reichen.

[65] Frankel, Jeffrey, A., Six Possible Meaning of „Overvaluation": The 1981 - 85 Dollar, in: Essays in International Finance, Vol. 159, Princeton 1985, S. 19. Vgl. Hinweise darauf, daß Risikoprämien relativ klein sind, auch in einer weiteren Studie von Frankel, Jeffrey A., The Dazzling Dollar, in: Brookings Papers on Economic Activity, 1985, S. 199 - 217, insbesondere S. 211ff. Auf S. 212 schreibt Frankel: „Thus the risk premium is altogether quantitatively negligible in comparison with interest differentials...". Vgl. auch die Hinweise von Gaab, Werner, Devisenmärkte und ..., S. 243 und S. 249.

[66] Isard, Peter, Lessons from Empirical Models of Exchange Rates, in: International Monetary Fund, IMF Staff Papers, Vol. 34, 1987, S. 9. Isard bezieht sich dabei auf die Ermittlung von Risikoprämien über Befragungen (Survey Data). Risikoprämien, die auf der Basis von Befragungen ermittelt werden, erreichen grundsätzlich beachtliche Größenordnungen. Vgl. dazu auch Frankel, Jeffrey A., Six Possible Meanings of „Overvaluation": The 1981 - 85 Dollar, S. 19 in Verbindung mit Tabelle 2.5.8 sowie Takagi, Shinji, Exchange Rate Expectations. A Survey of Survey Studies, in: International Monetary Fund, IMF Staff-Papers, Vol. 38, 1991, S. 156 - 183, insbesondere S. 164ff.

Dornbusch hat bei einem empirischen Test zur Rolle der „news“ nicht-antizipierte Informationen über Leistungsbilanzsalden, reale Wachstumsraten des Sozialprodukts und Zinsänderungen als relevant für die unerwartete Wechselkursentwicklung erachtet.[67] Frenkel hat sich in einer Untersuchung auf neue Informationen über Zinsänderungen beschränkt, da er davon ausgeht, „...that asset markets clear fast and that the ‚news‘ is immediately reflected in (unexpected) changes in the rates of intrest...“[68]. Edwards hat seine Präferenz für unerwartete Geldmengenänderungen als bestimmenden Einflußfaktor herausgestellt: „In particular, it was found that for the case of the French Franc/Dollar and DM/Dollar rates a 10% unanticipated increase in money differentials would result in approximately a 3,5% depreciation of these currencies, in the same month, over and above what had been expected. For the case of the Pound/Dollar and Lira/Dollar rates, the results indicate that it would take one month for ‚news‘ about unanticipated increases in money differential to (positively) affect the spot exchange rate. With respect to ‚news‘ about real income and real interest rates, the results obtained were less conclusive.“[69] Auf eine derartig monokausale Newserklärung haben auch Hakkio und Pearce zurückgegriffen: „...exchange rates do react to unexpected changes in the money stock but do not react to the other measures of economic news.“[70]

Insgesamt zeigt sich damit auch in diesen Ansätzen der generell die theoretische und empirische Wechselkurserklärung kennzeichnende Mangel an Konsens hinsichtlich der relevanten Bestimmungsfaktoren.[71] Zwar stellen die News-Ansätze durchaus eine zusätzliche Facette der kurzfristigen Wechselkurserklärung dar, doch bleibt, wie selbst einzelne Vertreter dieser Ansätze bemerken, ein offenkundiger Mangel an Erklärungsgehalt bestehen. So hält Edwards am Schluß eines weiteren empirischen News-Tests u.a. als Ergebnis fest, „...that ‚news‘ about money, income and real intrest rates probably do not account for the whole story.“[72] Auch Dornbusch weist auf verbleibende Erklärungslücken hin, wenn er ausführt: „Whether the size of exchange rate movements stands in reasonable relation to the disturbance

[67] Vgl. Dornbusch, Rüdiger, Exchange Rate Economics ..., S. 157ff.

[68] Frenkel, Jacob A. Flexible Exchange Rated, Prices, and ..., S. 687.

[69] Edwards, Sebastian, Exchange Rate Market Efficiency and New Information, in: Economics Letters, Vol. 9, 1982, S. 382.

[70] Hakkio, Craig, S. and Pearce, Douglas K., The Reaction of Exchange Rates of Economic News, in: Economic Inquiry, Vol. 23, 1985, S. 635.

[71] „The economics profession has not reached a consensus on the appropriate set of fundamental facors to include in an exchange rate equation.“ Meese, Richard, Currency Fluctuations in the Post-Bretton Woods Era, in: Journal of Economic Perspectives, Vol. 4, 1990, S. 118.

[72] Edwards, Sebastian, Floating Exchange Rates, Expectations and New Information, in: Journal of Monetary Economics, Vol. 11, 1983, S. 332.

(gemeint sind die nichtantizipierten Änderungen der Fundamentalfaktoren, Anm. d. Verf.) remains an open question."[73]

Allerdings machen es sich die Vertreter der News-Ansätze zu einfach, wenn sie die Erklärungslücke allein mit der Existenz von Risikoprämien (etwa im Sinne einer „catch it all-Variablen") begründen.[74] Diese Sichtweise lenkt nämlich von der in den Tests der News-Ansätze wenig überzeugend gehandhabten Erwartungsbildung auf der Basis der Fundamentalfaktoren ab. So unterstellt eine für empirische Überprüfungen formalisierte Erwartungsbildung grundsätzlich, daß von neuen Informationen über die Fundamentalfaktoren eindeutige Einflüsse auf die Wechselkursänderungserwartungen ausgehen mit ebenso eindeutigen Auswirkungen auf die Wechselkursentwicklung. Heidel weist aber mit Recht darauf hin, daß eine durch das Auftreten von „news" zu revidierende Wechselkursänderungserwartung nicht eindeutig sein kann, da die Richtung und der Umfang der Erwartungsänderung jeweils davon abhängt, ob und wie gegebenenfalls die Träger der Wirtschaftspolitik auf eine unerwartete Änderung einer oder mehrerer Fundamentalfaktoren reagieren.[75]

Darüber hinaus sind Erwartungen oder aus neuen Informationen resultierende Erwartungsänderungen grundsätzlich weder zeit- noch situationsinvariant: „Die Erwartungsbildung folgt keinem einheitlichen zeitlosen Muster. Erwartungen bei echter Unsicherheit und unvollständiger Information können nicht eindeutig definiert werden, sind nicht konstant, zum Teil willkürlich und stehen in enger Wechselbeziehung zur dynamischen Entwicklung der Wirtschaft."[76] Dem läßt sich gemäß Heidel hinzufügen: „Gleiche Nachrichten werden je nach Marktpsychologie, je nachdem, ob sich der Markt allge-

---

[73] Dornbusch, Rüdiger, Exchange Rate Economics ..., S. 163. Grundsätzlich kritisch hinsichtlich der Rolle von „news" zur Wechselkurserklärung ist das Ergebnis einer Untersuchung von Hoffman, Dennis L. and Schlagenhauf, Don E., The Impact of News and Alternativ Theories of Exchange Rate Determination, in: Journal of Money, Credit and Banking, Vol. 17, 1985, S. 328 - 346.

[74] „In particular, it is probable that, as Hansen and Hodrick (1980,1981) have recently suggested, there is a non-constant risk premium that, in addition to news, affect exchange rate behavior." Edwards, Sebastian, Floating Exchange Rates ..., S. 332. Auch die Überlegungen von Dornbusch zielen eindeutig in diese Richtung. Vgl. Dornbusch, Rüdiger, Exchange Rate Economics ..., S. 163ff.

[75] Vgl. Heidel, Thomas, Wechselkursschwankungen, Wechselkurserwartungen ..., S. 35f. Dies könnte auch eine Erklärung dafür sein, daß in empirischen Tests der News-Ansätze häufig die Koeffizienten der News-Komponenten nicht die von ihren Vertretern erwarteten Vorzeichen aufweisen. Vgl. dazu Edwards, Sebastian, Floating Exchange Rates ..., S. 331 sowie Hoffman, Dennis L. and Schlagenhauf, Don E., The Impact of News ..., S. 334.

[76] Bartmann, Herrmann und John, Klaus-Dieter, Entscheidungen, Erwartungen und Kontrakte bei Unsicherheit. Eine postkeynesianische Sicht, in: Jahrbücher für Nationalökonomie und Statistik, Band 200, 1985, S. 224.

mein in einer depressiven (Baisse) Phase oder in einer enthusiastischen (Hausse) Phase befindet, unterschiedliche Aufnahme finden, d.h. unterschiedliche Wirkungen auf den Wechselkurs besitzen."[77] Die Erwartungsbildung vollzieht sich also vor dem Hintergrund dynamischer Umweltbedingungen nicht nach einem im Zeitablauf konstant wiederkehrenden Muster.

Zwar würden die Vertreter der News-Ansätze diese Einwände so nicht gelten lassen. Denn bei der verbalen Darstellung der Modellzusammenhänge läßt sich mit der Hypothese rationaler Erwartungen die gesamte Komplexität der ansatzweise beschriebenen Erwartungsbildung definitionsgemäß einfangen.[78] Doch sind die Möglichkeiten der Formalisierung einer derartig komplexen Erwartungsbildung zum Zwecke der Abbildung und Meßbarkeit der davon ausgehenden Einflüsse auf die Wechselkursentwicklung sehr begrenzt.[79] Von daher ist die in den empirischen Tests der News-Ansätze verbleibende Erklärungslücke auch Folge einer nicht adäquat zu formalisierenden Erwartungsbildung.

Neben diesen formalen Schwierigkeiten bei Tests von Wechselkursreaktionen als Folge von nichtantizipierten Informationen über volkswirtschaftliche Fundamentalfaktoren ergeben sich jedoch auch grundsätzliche Einwände, auf die die bestehende Erklärungslücke zurückgeführt werden kann. Diese Einwände knüpfen an der Frage an, ob Fundamentalfaktoren überhaupt hinreichend geeignet sind, dem Devisenmarkt Orientierungsdaten für die erwartende Wechselkursentwicklung zu geben. Denn obwohl in den letzten Jahren „...eine beachtliche Zahl von unterschiedlichen Wechselkursmodellen entwickelt wurde, ist keines der zur Zeit existierenden Modelle in der Lage, auf der Basis sog. fundamentaler Einflußfaktoren (...) die Wechselkursentwicklung ex post über einen längeren Zeitraum befriedigend zu erklären."[80] Köhler liefert dafür eine plausible Begründung: „‚Fundamentals' erklären Devisenkursveränderungen, wenn der grenzüberschreitende Leistungsaustausch frei und der grenzüberschreitende Kapitalverkehr darauf beschränkt ist, diesen Leistungsverkehr zu begleiten; mit

---

[77] Heidel, Thomas, Wechselkursschwankungen, Wechselkurserwartungen ..., S. 38.

[78] Vgl. dazu Gaab, Werner, Möglichkeiten und Grenzen des Erkennens spekulativer Bubbles an den Devisenmärkten, in: Filc, Wolfgang und Köhler, Claus (Hrsg.) Kooperation, Autonomie und Devisenmarkt, Berlin 1990, S. 75ff.

[79] „The prospect of assembling adequate time-series data on ex ante expectations, however, seems remote." Isard, Peter, Lessons from Empirical Models ..., S. 16. Auch Stützel hat sich zu diesem Aspekt sehr dezidiert geäußert:" Ich halte alle derlei Versuche, präsentiert mit dem Anschein der Verläßlichkeit formal hochstilisierter Modellschreinereiprodukte künftige Erwartungen von Menschen wissenschaftlich voraussagen zu wollen, schlicht für wissenschaftliche Frevelei." Stützel, Wolfgang, Über unsere Währungsverhältnisse. Zehn Jahre Floating: Verheißungen und Erfahrungen, Tübingen 1983, S. 37.

[80] Gaab, Werner, Möglichkeiten und Grenzen ..., S. 67.

anderen Worten, ‚fundamentals' erklären die Devisenkursentwicklung, wenn die Devisentransaktionen im Zusammenhang mit den internationalen Leistungstransaktionen stehen. Verselbständigt sich der grenzüberschreitende Kapitalverkehr gegenüber dem Leistungsverkehr, dann löst sich die Wechselkursentwicklung im allgemeinen von den ‚fundamentals'. Sie sind im grenzüberschreitenden Geld- und Kapitalverkehr nicht mehr unbedingt die Basis für Wechselkursänderungserwartungen. Von den Teilnehmern am grenzüberschreitenden Geld- und Kapitalverkehr geprägte Wechselkursänderungserwartungen lassen die Wechselkursentwicklung im Tempo, aber auch in ihrer Richtung anders verlaufen, als es dem Einfluß von ‚fundamentals' (...) entsprechen würde."[81]

Reale Wechselkursbewegungen sind danach nicht mehr das Ergebnis von unterschiedlichen Preisanpassungsgeschwindigkeiten an den eher von gewissen Preisstarrheiten geprägten Gütermärkten einerseits sowie den informationseffizienten und deshalb zur Volatilität neigenden Devisenmärkten andererseits,[82] sondern die Wechselkursveränderungen erhalten ihre Triebkraft aus einer Verselbständigung der Wechselkursänderungserwartungen.

b) Zur Verselbständigung der Wechselkursänderungserwartungen

Erwartungsbedingte Wechselkursänderungen, losgelöst von als fundamental erachteten Wirtschaftsdaten, „...treten auf, wenn Devisengeschäfte für sich genommen Renditen versprechen."[83] Aus erwarteten Wechselkursänderungen resultierende Gewinnerwartungen können somit bei flexiblen Wechselkursen ein eigenständiges Motiv für den internationalen Geld- und Kapitalverkehr bilden, und sie begründen dessen Verselbständigung gegenüber dem internationalen Leistungsverkehr.

Dies gilt insbesondere deshalb, weil – wie Köhler anhand von Beispielen hervorhebt – die Fundamentalfaktoren, „...die an den Devisenmärkten spürbar sind – Preisniveaudifferenzen, Zinsdifferenzen, Leistungsbilanzsalden, Produktivitätsgefälle usw. –, auf die Devisenkurse in unterschiedlicher Richtung (wirken). Sie prägen daher nicht den Trend der Devisenkursentwicklung und damit die Devisenkurserwartungen."[84] Eine daraus resultie-

---

[81] Köhler, Claus, Internationalökonomie. Ein System offener Volkswirtschaften, Berlin, 1990, S. 58.

[82] Vgl. dazu Frenkel, Jacob, A., Flexible Exchange Rates, Prices, and ..., S. 693ff.

[83] Filc, Wolfgang und Bredemeier, Sonning, EWS und US-Dollar: Analyse und Prognose der Wechselkursentwicklung, Sparkassenheft 94, Deutscher Sparkassenverlag, Stuttgart 1989, S. 77.

[84] Köhler, Claus, Internationalökonomie ..., S. 68. Zu den Beispielen vgl. a.a.O., S. 58ff.

rende mangelnde Eindeutigkeit bei der Erwartungsbildung verhindert somit die hinreichende Entfaltung einer stabilisierenden Devisenkursspekulation, durch die die Wechselkursentwicklung zumindest tendenziell auf einem von den Fundamentalfaktoren vorgezeichneten Pfad gehalten werden könnte.[85]

Gefördert wird eine Verunsicherung der Erwartungsbildung zudem durch den mangelnden Konsens über die für die Wechselkursentwicklung grundsätzlich relevanten Fundamentalfaktoren. Die Märkte haben – so Tobin – jedoch ihre eigene Strategie entwickelt, mit einem derartigen Dilemma umzugehen: „In the absence of any consensus on fundamentals, the markets are dominated – like those for gold, rare paintings, and – yes, often equities – by traders in the game of guessing what other traders are going to think."[86] Anhaltspunkte für das erwartete und damit u.U. dominierende Verhalten am Markt bieten z.B. Analysen und Reaktionen von starken Marktteilnehmern, Interpretationen und Empfehlungen von erfolgreichen Chartanalytikern oder Äußerungen von „professionellen Prognostikern" bzw. „Gurus".[87] Ermöglicht und begünstigt wird eine durch solche Meinungsführer geprägte Erwartungshaltung am Markt, wie begründet oder unbegründet diese in ökonomischer Hinsicht auch sein mag, erst recht durch die enormen Fortschritte im Bereich der Informationstechnologien, durch die Mitteilungen und Meldungen sämtlichen Marktteilnehmern innerhalb von Sekunden zur Verfügung stehen und entscheidungsvorbereitend verarbeitet werden können.[88]

---

[85] Vgl. Bender, Dieter, Finanzmarkttheorie des Wechselkurses, in: Handwörterbuch der Wirtschaftswissenschaften (HdWW), Bd. 9, Stuttgart, New York usw. 1982, S. 749. Auf diesen Aspekt hat Köhler bereits 1970 hingewiesen: „Nur wenn die Spekulation die Devisenkurse richtig antizipiert, wirkt sie stabilisierend." Köhler, Claus, Minderheitsvotum im Jahresgutachten 1970/71 des Sachverständigenrates ..., Ziffer 305, S. 87.

[86] Tobin, James, A Proposal for International Monetary Reform, Cowles Foundation Paper No. 95, Yale University, New Haven 1980, zitiert nach Herrmann, Anneliese, Kursschwankungen im Regieme flexibler Wechselkurse – Hypothesen über Ursachen und Wirkungen. Ein Überblick –, in: IFO-Schnelldienst, Nr. 32, 37. Jg. 1984, S. 26.

[87] Vgl. Köhler, Claus, Internationalökonomie ..., S. 59.

[88] Auch aus den folgenden Ausführungen von Heri läßt sich schlußfolgern, wie die finanziellen Märkte und damit auch der Devisenmarkt heutzutage auf Meinungsführer angewiesen sind: „In der heutigen Umwelt kann jede Information über Fundamentalfaktoren kurzfristig jede Wirkung haben, je nachdem, wie sie interpretiert wird und wie die Erwartungsbildung in bezug auf die entsprechende Größe aussieht. Wichtiger ist heute weniger, was der wirkliche Informationsgehalt einer Meldung ist, als vielmehr, was geglaubt wird über die Art und Weise, wie die anderen Marktteilnehmer auf die Meldung reagieren werden. Dies bedeutet im Prinzip nichts anderes, als daß die (...) Fortschritte in der Mikroelektronik und im Telekommunikationsbereich hier kein Informationsproblem gelöst, sondern eines geschaffen haben. Wo früher vermeintlich zu wenig Information vorhanden war, um eine vernünftige

Die auf einer solchen Basis entstehenden Wechselkursänderungserwartungen vermögen ein gleichgerichtetes Verhalten von mehr und mehr Marktteilnehmern auszulösen. Durch diese sogenannten band-waggon-Effekte (Trittbrettstrategien) kann sich die tatsächliche Wechselkursentwicklung, unabhängig von jeglichen Fundamentalfaktoren, für eine bestimmte Zeit in die erwartete Richtung bewegen.[89]

Im Rahmen der theoretischen Erklärung der Wechselkursfluktuationen werden solche, von den Fundamentalfaktoren wegführenden Bewegungsmuster auch auf die Existenz und das Auftreten von spekulativen Blasen (speculative bubbles) zurückgeführt: „In the case of a bubble all market participants are aware that the current exchange rate deviates from the fundamental rate, but the bubble may be sustained by new entrants an the belief that it may grow fast enough, thus providing existing asset holders with a commensurate return."[90]

Hinsichtlich der den Marktteilnehmern in der Bubbles-Ansätzen (i.d.R.) zugewiesenen Erwartungsbildung in Form von homogenen, rationalen Erwartungen[91] lassen sich allerdings bestimmte Einwände erheben, ohne

---

Preisbildung zu garantieren, ist heute viel zu viel Information und viel zu viel Interpretation vorhanden." Heri, Erwin W., Expansion der Finanzmärkte: Ursachen, Konsequenzen, Perspektiven, in: Kyklos, Vol. 42, 1989, S. 33.

[89] „Damit erfüllt sich das *Gesetz der sich selbst rechtfertigenden Erwartungen:* Wechselkursänderungserwartungen – wie auch immer begründet – ziehen gleichgerichtete Wechselkursänderungen nach sich." Filc, Wolfgang und Bredemeier, Sonning, EWS und US-Dollar ..., S. 60. Vgl. dazu auch Hamilton, James D. and Whiteman, Charles, H., The Observable Implications of Self-Fulfilling Expectations, in: Journal of Monetary Economic, Vol. 16, 1985, S. 353 - 373.

[90] Dornbusch, Rüdiger, Equilibrium and Disequilibrium Exchange Rates, in: Zeitschrift für Wirtschafts- und Sozialwissenschaften, 102. Jg. 1982, S. 585. Ganz ähnlich hat sich Dornbusch auch an anderer Stelle geäußert, vgl. Dornbusch, Rüdiger, Flexible Exchange Rates and Interdependence, in: International Monetary Fund, IMF Staff-Papers Vol. 30, 1983, S. 20. Das Konzept der Bubbles geht zurück auf Blanchard. Vgl. dazu Blanchard, Oliver J., Speculative Bubbles, Crashes, and Rational Expectations, in: Economics Letters, Vol. 3, 1979, S. 387 - 389; Flood, Robert P. and Garber, Peter M., Market Fundamentals versus Price-Level Bubbles: The First Test, in: Journal of Political Economy, Vol. 88, 1980, S. 745 - 770; Blanchard, Oliver and Watson, Mark W., Bubbles, Rational Expectations and Financial Markets, in: Wachtel, Paul (Hrsg.), Crises in the Economic and Financial Structure, Lexington: Lexingston Books 1980, S. 295 - 315; Gaab, Werner, Möglichkeiten und Grenzen des Erkennens spekulativer Bubbles an den Devisenmärkten, S. 67 - 97; Aschinger, Gerhard, Theorie der spekulativen Blasen, in: Wirtschaftswissenschaftliches Studium (WiSt), 20. Jg. 1991, S. 270 - 274.

[91] Vgl. dazu die unter Anm. 90 angegebenen Quellenhinweise sowie Heri, Erwin W., Irrationales rational gesehen: Eine Übersicht über die Theorie der „Bubbles", in: Schweizerische Zeitschrift für Volkswirtschaft und Statistik, 122. Jg. 1986, S. 163 - 186. Dornbusch spricht dabei von „rational speculators", vgl. Dornbusch, Rüdiger, The Overvalued Dollar and the International Monetary System, in: Instituts

das Erklärungsmuster dieser Ansätze jedoch zu schmälern. So weist z.B. Heidel darauf hin, daß der Begriff der Rationalität in den Bubbles-Ansätzen wohl nur im Sinne einer „praktisch-rationalen" Sichtweise der Marktteilnehmer zu verstehen ist und nicht in dem für theoretische und empirische Zwecke ansonsten gebräuchlichen strengen Sinne.[92] Darauf deuten auch Ausführungen von Heri zur Rationalität in den Bubbles-Ansätzen hin: „Auch hier können somit Kursentwicklungen, die prima facie irrational erscheinen mögen, durchaus mit der Theorie rationaler Erwartungen in Übereinstimmung gebracht werden. Letztlich ist es ja rational, sich bei der (unsicheren) Erwartungsbildung an Größen zu halten, von denen man annimmt, daß sie von einem Großteil des Marktes berücksichtigt werden, auch wenn es sich dabei nicht um Fundamentalgrößen handelt."[93]

Neuere Ansätze zur Ermittlung der Erwartungen von Devisenmarktteilnehmern, die auf einer Analyse von sog. Survey-Daten und damit auf direkten Befragungen beruhen, verwerfen denn auch die These von einer rationalen Erwartungsbildung und stellen zudem ausdrücklich die Heterogenität der Erwartungen heraus.[94] Gleichwohl untermauern diese Untersuchungen die Sichtweise einer von den Fundamentalfaktoren losgelösten Wechselkursentwicklung auf der Basis von Wechselkursänderungserwartungen. Takagi

---

Bancario San Paolo di Torino (Hrsg.), The International Monetary System and Economic Recovery, Economic and Financial Papers 1985, S. 46. Frankel spricht von „rational speculative bubbles", vgl. Frankel, Jeffrey A., Six Possible Meanings of „Overvaluation": The 1981 - 85 Dollar, S. 23. Und an anderer Stelle heißt es: „There exist elegant theories of rational speculative bubbles, in which all participants know the correct model." Frankel, Jeffrey A. and Froot, Kenneth A., Chartists, Fundamentalists, and Trading in the Foreign Exchange Market, in: American Economic Review, Papers and Proceedings, Vol. 80, 1990, S. 182. Bezüglich der Homogenität der Erwartungen äußern sich Frankel und Froot an anderer Stelle wie folgt: „In the present paper we have treated exchange rate expectations as homogeneous, for the simple reason that almost all the literature, both theoretical and empirical, does so." Frankel, Jeffrey A. and Froot, Kenneth, A., Using Survey Data to Test Standard Propositions Regarding Exchange Rate Expectations, in: America Economic Review, Vol. 77, 1987, S. 150.

92 Vgl. Heidel, Thomas, Wechselkursschwankungen, Wechselkurserwartungen und Devisenmarkteffizienz. Eine theoretische und empirische Analyse des DM/Dollar Wechselkurses mit Hilfe der Technischen Analyse im Zeitraum 1974 - 1985, S. 41. Für Heidel scheint die Intention der Sichtweise des ‚Speculative bubbles'-Ansatzes (...) eher ein ‚Rettungsversuch' der Hypothese der rationalen Erwartung auf Finanzmärkten zu sein (S. 41).

93 Heri, Erwin W., Irrationales rational gesehen ..., S. 171.

94 Vgl. Takagi, Shinji, Exchange Rate Expectations ..., S. 159ff.; Frankel, Jeffrey A. and Froot, Kenneth, A. Chartists, Fundamentalists, and ..., S. 181ff.; Meese, Richard, Currency Fluctuations in ..., S. 131; Frankel, Jeffrey A. and Froot, Kenneth A., Using Survey Data to Test ..., S. 133 ff.; Dominguez, Kathryn M., Are Foreign Exchange Forecasts Rational? New Evidence from Survey Data, in: Economics Letters, Vol. 21, 1986, S. 277 - 281.

zieht aus einer umfassenden Analyse von Untersuchungen auf der Basis von Survey-Daten das Fazit: „There is a tendency for short-run expectations to respond to lagged exchange rate movements in the same direction or move away from some long-run ‚normal' values, while long-run expectations tend to respond to lagged movements in an opposite direction or move toward the long-run normal values."[95]

Die Untersuchungen auf der Basis von Survey-Daten zeigen also in großer Übereinstimmung, daß die Marktteilnehmer auch dann noch die Fortsetzung einer eingeschlagenen Wechselkursentwicklung erwarten, selbst wenn sie auf längere Sicht mit einer fundamental begründeten Gegenbewegung rechnen. Die mit einer kurzfristigen Wechselkursprognose verbundenen Gewinnerwartungen bilden unter diesen Umständen jedoch einen Anreiz für die Devisenkursspekulation, auf die Realisation solcher Gewinnpotentiale hinzuwirken, wodurch sich die Erwartungen schließlich erfüllen. Eine auf diese Weise vollzogene Wechselkursänderung löst wiederum gleichgerichtete, kurzfristige Wechselkursänderungserwartungen aus und bewirkt damit einen weiteren Druck auf die Wechselkursentwicklung. Als Fazit dieser Verhaltensweisen bleibt festzuhalten: Die Spekulation wirkt, bezogen auf die Fundamentalfaktoren, destabilisierend, und sie ist gewinnbringend.[96] Allerdings bleibt die Frage, inwieweit das band-waggon-Verhalten einen Prozeßcharakter dergestalt annehmen kann, daß dadurch die Wechselkurse auch über längere Zeiträume – und damit im Trend – in eine bestimmte Richtung getrieben werden. Auf den ersten Blick sollte sich eine Begrenzung der Kursbewegungen ergeben, da den durch spekulative Transaktionen realisierten Gewinnen gesamtwirtschaftlich Verluste anderer Marktteilnehmer in entsprechender Höhe gegenüberstehen müssen und derartige Verluste von den Marktteilnehmern nicht im beliebigen Umfang verkraftbar sein sollten. Köhler weist jedoch darauf hin, daß unter Verlust in gesamtwirtschaftlicher Sicht nicht nur Vermögensverluste zu verstehen sind, sondern auch entgangene Gewinne, also sog. Opportunity-Verluste.[97] „Liegen Opportunity-Verluste vor, dann erleidet – betriebswirtschaftlich

[95] Takagi, Shinji, Exchange Rate Expectations ..., S. 176f. Vgl. ebenso den Hinweis von Frankel und Froot auf eine Arbeit, die nicht in der Takagi-Untersuchung enthalten ist: „Our forthcoming paper offers evidence from survey data that, at short horizons, respondents tend to forecast by extrapolating recent trends, while at long horizons they tend to forecast a return to a long-run equilibrium such as purchasing power parity." Frankel, Jeffrey A. and Froot, Kenneth A., Chartists, Fundamentalists, and ..., S. 183.

[96] Frankel und Froot weisen explizit darauf hin, daß im Falle des band-waggon-Verhaltens jeder Marktteilnehmer Geld verliert, „...if he does not go along with the herd." Frankel, Jeffrey A. and Froot, Kenneth A., Chartists, Fundamentalists, and Trading in the Foreign Exchange Market, S. 184.

[97] Vgl. Köhler, Claus, Internationalökonomie ..., S. 62.

gesehen – keiner der spekulativen Marktpartner einen Verlust. Da nicht die gesamtwirtschaftlichen, sondern die einzelwirtschaftlichen Auswirkungen das Handeln der Marktteilnehmer bestimmen, fehlt es in diesem Fall an einer Bremse spekulativer Bewegungen."[98]

Dies läßt sich beispielhaft anhand eines Devisenoptionsgeschäfts demonstrieren.[99] Der eigentliche Sinn und Zweck von Devisenoptionsgeschäften liegt zwar in der Devisenkurssicherung etwa von Unternehmen, die am internationalen Leistungsverkehr teilnehmen,[100] doch statt zur Absicherung von Kursrisiken, läßt sich dieses Instrument auch zu einer für beide Marktpartner gewinnbringenden Spekulation verwenden. Ein Marktteilnehmer, der auf eine begrenzte Aufwertung des US-Dollars spekuliert, kauft z.B. Dollar zu einem aktuellen Kassakurs von 2,00 DM/US-$. Da dieser Spekulant sich nicht sicher ist, ob der Kurs aber 2,10 DM erreicht oder gar überschreitet, bietet er eine Dreimonatskaufoption zu 2,10 DM an.[101] Aufgrund der Heterogenität der Erwartungen finden sich als Optionsnehmer solche Marktteilnehmer, die mit einem Kursanstieg über 2,10 DM hinaus rechnen.[102] Für den Fall, daß der Kurs wie erwartet steigt, jedoch unter der Marke von 2,10 DM bleibt – die Option wird dann nicht ausgeübt –, erzielt der Optionsgeber aufgrund der erhaltenen Optionsprämie einen höheren Ertrag beim Rücktausch der Dollar, verglichen mit einer Situation ohne Optionsgeschäft. Notiert der Kurs nach einem Vierteljahr aber über 2,10 DM, z.B. mit 2,20 DM, übt der Optionsnehmer die Kaufoption aus und erhält vom Optionsgeber die Dollar für 2,10 DM. Beim Verkauf zum herrschenden Kurs von 2,20 DM erzielt der Optionsnehmer einen Gewinn von 0,10 DM pro Dollar (abzüglich gezahlter Optionsprämie). Gesamtwirtschaftlich gesehen erleidet der Optionsgeber einen entsprechenden Verlust von 0,10 DM pro Dollar, da er Dollar für 2,10 DM verkauft, bei einem Marktkurs von 2,20 DM. Einzelwirtschaftlich verbucht jedoch auch der Optionsgeber im obigen Fall einen Ertrag im Umfang von 0,10 DM pro

---

[98] Köhler, Claus, Internationalökonomie ..., S. 62.

[99] Zu den Grundgedanken des folgenden Beispiels vgl. Köhler, Claus, Internationalökonomie ..., S. 62.

[100] Vgl. dazu Eilenberger, Guido, Währungsrisiken, Währungsmanagement und Devisenkurssicherung von Unternehmen, 3. überarbeitete und ergänzte Auflage, Frankfurt/M. 1990, S. 184ff.

[101] Im normalen Absicherungsgeschäft wird eine Kaufoption angeboten, sofern man eine offene Devisenposition gegen eine erwartete Kurssenkung sichern möchte. „Tendenziell wird daher ein Käufer einer Kaufoption einen Anstieg des Wechselkurses erwarten, der Verkäufer eher einen Rückgang." Frenkel, Michael, Funktionsweise und Einsatzmöglichkeiten von Devisenoptionen, in: Das Wirtschaftsstudium (WISU), 19. Jg. 1990, S. 686.

[102] Die Heterogenität der Erwartungen wird von allen Untersuchungen mit Survey-Daten bestätigt: „In reality, any survey data will immediately reveal that expectations have a distribution." Takagi, Shinji, Exchange Rate Expectations ..., S. 159.

Dollar (zuzüglich empfangene Optionsprämie), da er die Dollar zu 2,10 DM verkauft, die er anfangs zu 2,00 DM erworben hat. Der Verlust in gesamtwirtschaftlicher Sicht ist also lediglich ein Opportunity-Verlust. Wenn somit in einem spekulativen Prozeß beide Marktpartner Erträge erzielen, dann ist zu erwarten, daß eine „...spekulative Welle nicht gebremst sondern eher stimuliert wird."[103]

Insofern können die dem band-waggon-Verhalten zugrunde liegenden Wechselkursbewegungen auf der Basis von Wechselkursänderungserwartungen durchaus einen Prozeßcharakter annehmen und die Wechselkursentwicklung auch über einen etwas längeren Zeitraum in eine bestimmte Richtung lenken.[104] Das band-waggon-Verhalten bildet somit auch ein weiteres Gegenbeispiel zu einer auf Friedman zurückgehenden, viel beschworenen Standardauffassung, nach der eine destabilisierende Spekulation im Durchschnitt zu Verlusten führt und die so handelnden Akteure vom Markt verdrängt werden.[105]

Die tatsächliche Wechselkursentwicklung verdeutlicht indes, welches Gewinnpotential sich der Markt durch spekulative Transaktionen erschließen und verwirklichen kann.[106] Die folgende *Übersicht 1* zeigt dies beispielhaft anhand des D-Mark/US-Dollar-Kurses. Vom Januar 1980 bis Februar 1985 stieg der Wechselkurs in Preisnotierung von 1,71 DM auf 3,47 DM. Dies entsprach einer jahresdurchschnittlichen Abwertungsrate der D-Mark von rd. 15 v.H. Daran schloß sich eine knapp zweijährige Aufwertungsphase der D-Mark an, in deren Zuge der Kurs mit einer jahresdurchschnittlichen Veränderungsrate von 24 v.H. auf 1,58 DM zurückging. Bis Juni 1989 erreichte der Kurs dann jedoch wieder eine Marke von 2,04 DM, was einer Abwertung um rd. 19 v.H. im Jahresdurchschnitt gleichkam. Eine jahresdurchschnittliche Aufwertungsrate von ebenfalls rd. 19 v.H. brachte den Preis des Dollars bis zum Februar 1991 auf den bisherigen Tiefstwert von 1,45 DM. Danach kletterte der Kurs innerhalb von 5 Monaten um knapp 27 v.H. auf 1,84 DM am 5. Juli 1991, worauf unmittelbar anschließend wieder eine Aufwertung bis zum 2. September 1992 um gut 21 v.H. folgte.

---

[103] Köhler, Claus, Internationalökonomie ..., S. 62.

[104] Vgl. dazu auch Menkhoff, Lukas, Feedback Trading auf Devisenmärkten, in: Jahrbücher für Nationalökonomie und Statistik, Band 209, 1992, S. 127 - 144.

[105] Friedman hat 1953 argumentiert, daß destabilisierende Spekulation „...is largely equivalent to saying that speculators lose money, since speculation can be destabilizing in general only if speculators on the average sell when the currency is low in price and buy when it is high." Friedman, Milton, The Case for ..., S. 175. Zu einem prägnanten Überblick über die Vielzahl von Gegenbeispielen zu der Auffassung von Friedman sowie generell zur Spekulation bei flexiblen Wechselkursen vgl. Filc, Wolfgang, Devisenmarkt und Geldpolitik, Berlin 1981, S. 220ff.

[106] Vgl. dazu auch Köhler, Claus, Internationalökonomie ..., S. 67.

Übersicht 1

Entwicklung des D-Mark/US-Dollar-Kurses 1973 bis 1992

Zeitraum	Wechselkursentwicklung* von	Wechselkursentwicklung* bis	Jahresdurchschnittliche Veränderungsrate in v.H.**
März 1973 - Januar 1980	2,82 DM / 1 US$	1,71 DM / 1 US$	Aufwertungsrate 7% p.a.
Januar 1980 - Februar 1985	1,71 DM / 1 US$	3,47 DM / 1 US$	Abwertungsrate 15% p.a.
Februar 1985 - Dezember 1987	3,47 DM / 1 US$	1,58 DM / 1 US$	Aufwertungsrate 24% p.a.
Dezember 1987 - Juni 1989	1,58 DM / 1 US$	2,04 DM / 1 US$	Abwertungsrate 19% p.a.
Juni 1989 - Februar 1991	2,04 DM / 1 US$	1,45 DM / 1 US$	Aufwertungsrate 19% p.a.
Februar 1991 - Juli 1991	1,45 DM / 1 US$	1,84 DM / 1 US$	Abwertungsrate 84% p.a. (absolut 27%)
Juli 1991 - September 1992	1,84 DM / 1 US$	1,39 DM / 1 US$	Aufwertungsrate 21% p.a.

* gerundeter Extremwert im jeweilig angegebenen Monat
** gerundet

Quelle für die Grundzahlen: Deutsche Bundesbank, Statistische Beihefte zu den Monatsberichten der Deutschen Bundesbank, Reihe 5: Die Währungen der Welt, versch. Jahrgänge.

Wie wenig als fundamental erachtete volkswirtschaftliche Größen zur Erklärung dieser ausgeprägten Abwertungs- und Aufwertungsraten bzw. Abwertungs- und Aufwertungsphasen der D-Mark gegenüber dem US-Dollar beitragen können, wird durch einen bloßen Blick auf die *Tabelle 1* ersichtlich. So haben die Preisniveausteigerungsraten die Bundesrepublik Deutschland im Gesamtzeitraum 1980 - 1991 (nur mit Ausnahme des Jahres 1983) als die wesentlich preisstabilere Volkswirtschaft ausgewiesen. In Verbindung mit den Leistungsbilanzüberschüssen der BRD und den Leistungsbilanzdefiziten der USA zwischen 1982 und 1990 hätte dies für eine tendenziell aufwertende D-Mark gesprochen. Die Zinsdifferenzen haben hingegen im langfristigen Bereich bis 1989, im kurzfristigen Bereich bis 1990, einen deutlichen Zinsvorsprung für den US-Dollar ergeben. Höhere reale Wachstumsraten des Bruttoinlandsproduktes sprachen c.p. 1981 und im Zeitraum 1983 bis 1988 für den US-Dollar. Die tatsächliche Kursentwicklung, mit ihren ausgeprägten Aufwärts- und Abwärtsbewegungen, ist mit diesen ökonomischen Grundtatbeständen auch nicht annähernd nachvollziehbar.

Verständlich sind solche Wechselkursbewegungen nur, wenn sich die Wechselkursänderungserwartungen von den Fundamentalfaktoren lösen. Damit liefern auch die empirischen Daten Anhaltspunkte für eine Verselbständigung der Wechselkursänderungserwartungen. Untermauert wird diese Sichtweise auch durch jüngste Untersuchungsergebnisse von Frankel und Froot sowie insbesondere von Allen und Taylor, die eine eindeutige Hinwendung zur Chartanalyse und damit eine zunehmende Abkehr von der Fundamentalanalyse bei der kurzfristigen Wechselkursprognose der von ihnen befragten professionellen Devisenhändler festgestellt haben.[107] Dadurch wird ein trendverstärkendes Anlageverhalten gefördert.

Das Ausmaß der tatsächlichen Wechselkursbewegungen offenbart nun, welche Kraft der internationale Kapitalverkehr besitzt, die Wechselkurse zu bewegen, wenn sich die Wechselkursänderungserwartungen und damit die Gewinnerwartungen der Marktteilnehmer einmal in eine Richtung orientiert haben und die Spekulation auf eine Realisierung der Erwartungen hinwirkt.[108] Wie ein Vergleich der tatsächlichen Wechselkursänderungen mit der Entwicklung der Inflationsdifferenzen zwischen den USA und der BRD zeigt, haben sich auf diesem Weg nicht nur nominale, sondern auch reale Wechselkursbewegungen von beträchlichen Größenordnungen eingestellt.[109]

---

[107] Vgl. Frankel, Jeffrey A. und Froot, Kenneth A., Chartists, Fundamentalists, and ..., S. 184; Taylor, Mark P. und Allen, Helen L., The Use of Technical Analysis in the Foreign Exchange Market, in: Journal of International Money and Finance, Vol. 11, 1992, S. 304 - 314; Allen, Helen L. und Taylor, Mark P., Chart Analysis and the Foreign Exchange Market, in: Bank of England Quarterly Bulletin, Vol. 29, November 1989, S. 548 - 551. Vgl. dazu auch Allen, Helen L. und Taylor, Mark P., Charts, Noise, and Fundamentals in the Foreign Exchange Market, in: Economic Journal, Vol. 100, Supplement 1990, S. 49 - 59; MacDonald, Ronald und Taylor, Mark P., Exchange Rate Economics. A Survey, in: International Monetary Fund, IMF-Staff Papers, Vol. 39, 1992, S. 24ff.

[108] Vgl. Köhler, Claus, Internationalökonomie ..., S. 67.

[109] Die realen Wechselkursänderungen ($\hat{D}$) lassen sich gemäß Gleichung (4a) in Kapitel I.2 dieser Arbeit errechnen aus den nominalen Wechselkursveränderungen ($\hat{e}$) zuzüglich der Differenz zwischen den Inflationsraten der USA und der BRD ($\hat{P}_{USA^*} - \hat{P}_{BRD}$). Zu einer graphischen Illustration des realen DM/US-Dollar-Kurses von 1958 bis 1989, der sich auch die wesentlich stärkeren realen Wechselkursbewegungen nach 1973 entnehmen lassen vgl. Dornbusch, Rüdiger, Exchange Rate Economics, in: Llewellyn, David und Milner, Chris (Hrsg.), Current Issues in International Monetary Economics, Macmillan Education LTD, Houndmills u.a. 1990, Abbildung 2.4, S. 27.

Tabelle 1: **Inflationsraten[a], Zinssätze[b], Differenz der Inflationsraten und Zinsdifferenzen, Leistungsbilanzsalden,[c] Wachstumsraten des realen Bruttoinlandsprodukts,[d] BRD und USA 1980 - 1991**

Jahr	$\hat{P}$	$\hat{P}^*$	$\hat{P} - \hat{P}^*$	i_G	i_G^*	$(i_G - i_G^*)$	i_M	i_M^*	$(i_M - i_M^*)$	*LBS*	*LBS**	$\hat{BIP}$	$\hat{BIP}^*$	Jahr
1980	5.5	13.5	−8.0	8.50	11.46	−2.96	9.1	13.36	−4.26	−25.13	1.20	1.04	−0.16	1980
1981	6.3	10.3	−4.0	10.38	13.91	−3.53	11.3	16.38	−5.08	− 8.03	7.26	0.11	1.93	1981
1982	5.2	6.1	−0.9	8.95	13.00	−4.05	8.7	12.26	−3.56	12.41	− 5.86	−1.11	−2.55	1982
1983	3.3	3.2	0.1	7.89	11.11	−3.22	5.4	9.09	−3.69	13.54	− 40.18	1.85	3.57	1983
1984	2.4	4.3	−1.9	7.78	12.52	−4.74	5.5	10.23	−4.73	27.94	− 98.99	3.07	6.64	1984
1985	2.0	3.5	−1.5	6.87	10.62	−3.75	5.2	8.10	−2.90	48.33	−122.25	1.81	3.48	1985
1986	−0.1	1.9	−2.0	5.92	7.68	−1.76	4.6	6.81	−2.21	85.79	−145.42	2.17	2.85	1986
1987	0.2	3.7	−3.5	5.84	8.38	−2.54	3.7	6.66	−2.96	82.46	−162.22	1.49	2.64	1987
1988	1.3	4.1	−2.8	6.10	8.85	−2.75	4.0	7.61	−3.61	88.75	−128.99	3.65	4.42	1988
1989	2.8	4.8	−2.0	7.09	8.50	−1.41	6.6	9.22	−2.62	107.62	−106.41	3.80	2.51	1989
1990	2.7[e]	5.4	−2.7	8.88	8.55	0.33	7.9	8.10	−0.20	77.43	− 92.16	4.49	0.96	1990
1991	3.5[e]	4.3	−0.8	8.63	7.86	0.77	8.8	5.70	3.20	–	–	–	–	1991

[a] $\hat{P}$: Preisindex für die Lebenshaltung (Veränderung in v.H. gegenüber Vorjahr); $\hat{P}^*$: Consumer Prices (Veränderungen in v.H. gegenüber Vorjahr). – [b] i_G: Government Bond Yield (BRD), i_G^*: Government Bond Yield (Long-Term.) (USA); i_M: Money Market Rate (BRD); i_M^*: Federal Funds Rate (USA) jeweils in v.H. – [c] *LBS*: Leistungsbilanzsaldo (BRD) in Mrd. DM, *LBS**: Current Account (USA) in Mrd. US-$. – [d] Gross National Product, 1985 Prices (Veränderungen in v.H. gegenüber Vorjahr). – [e] Westdeutschland.

Quelle für die Grundzahlen: International Monetary Fund, International Financial Statistics, Yearbook 1991.

Reale Wechselkursbewegungen in einer derartigen Intensität, was den Umfang und den Wechsel zwischen realer Abwertung und realer Aufwertung anbelangt sowie die als Verursacher solcher Wechselkursfluktuationen in Betracht kommenden Wechselkursänderungserwartungen, können eine Volkswirtschaft jedoch vor erhebliche Probleme stellen, und zwar sowohl was die realwirtschaftlichen Konsequenzen, als auch was die geldpolitischen Konsequenzen anbelangt.

III. Das Wechselkursproblem

1. Realwirtschaftliche Konsequenzen realer Wechselkursveränderungen

Reale Wechselkursänderungen, also Wechselkursbewegungen, die nicht die unterschiedlichen Preisniveauentwicklungen zwischen jeweils zwei Ländern kompensieren, vermögen den freien internationalen Leistungsaustausch und damit die Wirtschaftsentwicklung eines Landes nicht unerheblich zu beeinflussen. Dies gilt insbesondere dann, wenn sich solche Wechselkursbewegungen auf der Basis verselbständigter, also von Fundamentalfaktoren losgelösten Wechselkursänderungserwartungen vollziehen. Dadurch orientieren sich reale Wechselkurse mitunter über mehrere Jahre in eine Richtung, bevor sie eine ebenso ausgeprägte oder gar stärkere Gegenbewegung einschlagen.

So können z.B. reale Abwertungen, zumal wenn es sich um trendmäßige Wechselkurssteigerungen handelt, Preisauftriebstendenzen erzeugen oder bereits bestehende Preisniveaugefahren verschärfen und dadurch ggf. die Inflationserwartungen stimulieren. Dies resultiert zum einen aus höheren Aufwendungen – gerechnet in nationalen Währungseinheiten – für Importgüter. Die Preisniveaugefahren liegen auf der Hand, wenn es sich dabei um die Verteuerung notwendiger Güter handelt, die also kurzfristig nicht oder nur sehr schwer zu substituieren sind bzw. deren Preiselastizität der Nachfrage sehr gering ist. Preisniveaugefahren entstehen aber auch, wenn es sich um substituierbare Güter handelt. Dies gilt dann, wenn sich durch die Umlenkung der Nachfrage von den verteuerten Importprodukten auf inländische Produkte der Wettbewerbsdruck für die Hersteller von Importsubstituten vermindert, und diesen damit eine Möglichkeit zu höheren Preisaufschlägen eröffnet wird.

Zum anderen lösen abwertungsbedingte Preisvorteile – gemessen an den Absatzpreisen in ausländischer Währung – im Exportgütersektor des Inlandes, bei hinreichend preiselastischem Verhalten, zusätzliche Nachfrage des Auslandes nach inländischen Produkten aus. Je geringer die Angebotselastizitäten im Exportgütersektor sind, desto stärker sind die Preisreaktionen.[110] Zusätzliche Preisimpulse werden freigesetzt, wenn die abwertungsbedingten Preissteigerungen, der verminderte Wettbewerbsdruck in den importkonkurrierenden Bereichen sowie die verbesserte Erlössituation im Exportsektor die Verhandlungsposition der Gewerkschaften im Hinblick auf die Durchsetzung höherer Lohnsteigerungen verbessert.

Spürbare Preiswirkungen ergeben sich bei realen Wechselkursfluktuationen auch dann, wenn die Marktteilnehmer Abwehrstrategien gegen unvorhersehbare Wechselkursbewegungen ergreifen. In diesem Zusammenhang haben sich seit der Wechselkursfreigabe im Jahre 1973 eine Fülle von Absicherungsinstrumenten an den Devisenmärkten etabliert.[111] Die Kosten der Nutzung solcher Kursabsicherungsmaßnahmen erhöhen allerdings die Preise im Außenhandel und haben, nach Maßgabe der Preisreagibilität der Nachfrage, Auswirkungen auf den internationalen Handel.[112]

Sofern die beschriebenen Preisauftriebstendenzen und die damit verbundenen inflationären Erwartungen die Geldpolitik zu einem restriktiveren Kurs veranlassen, um Wirkungen auf das inländische Gesamtpreisniveau zu verhindern, hat dies zumindest tendenziell wachstums- und beschäftigungsdämpfende Effekte. Auch wenn sich an eine die Preisentwicklung im Inland stimulierende Unterbewertung der Währung i.d.R. eine Phase einer eher preisdämpfenden Überbewertung der Währung ausschließt, „... besteht die Gefahr einer im Durchschnitt höheren Inflationsrate als ohne die zyklischen Wechselkursschwankungen, da die Preis- und Lohnflexibilitäten asymmetrisch sind, d.h. nach oben größer sind als nach unten.“[113]

---

[110] Für eine detaillierte theoretische Analyse der Preiswirkungen vgl. Dornbusch, Rüdiger, Exchange Rates and Prices, in: American Economic Review, Vol. 77, 1987, S. 93 - 106. Zu einer empirischen Analyse von Preisreaktionen auf Wechselkursänderungen vgl. Straube, Frank, Die Ex- und Importe von sechs EG-Staaten gegenüber den USA und Japan von 1977 bis 1988. Eine ökonometrische Analyse bilateraler Handelsströme unter besonderer Berücksichtigung von Wechselkurseffekten, München: VVF, 1991, S. 209ff. Straube gelangt dabei zu dem Ergebnis, daß es bei Wechselkursänderungen zu einer mehr oder weniger gleichmäßigen Aufteilung der preislichen Wechselkurswirkungen zwischen Exportland und Importland kommen dürfte. Vgl. Straube, Frank, a.a.O., S. 212.

[111] Vgl. dazu Eilenberger, Guido, Währungsrisiken, Währungsmanagement und ..., S. 133ff.

[112] Vgl. Herrmann, Anneliese, Kursschwankungen im Regime flexibler Wechselkurse ..., S. 26.

[113] Herrmann, Anneliese, Kursschwankungen im Regime flexibler Wechselkurse ..., S. 24. Herrmann verweist dabei auf Untersuchungen von Williamson, John, The Exchange Rate System, Washington 1983, S. 43. Die gleiche Schlußfolgerung zieht Laurence A. Krause: „However, deflationary pressure may not work with the same force as inflationary pressure if there is a bias against downward flexibility of wages and prices. In this case, deflationary exchange rate pressure will not offset fully the inflationary pressure generated. The end result is that exchange rate gyrations will ‚ratchet up‘ world inflation by becomming a net inflationary force on a global

Realwirtschaftliche Konsequenzen realer Wechselkursfluktuationen lassen sich aber auch auf einer weiteren Argumentationsebene herleiten. So ist unbestritten, „... daß durch die kurz- und langfristigen Wechselkursschwankungen der internationale Handel großen Unsicherheiten ausgesetzt ist, zumal verläßliche Wechselkursprognosen auf der Basis der vorhandenen Wechselkursmodelle nicht möglich sind.“[114] Folgt man theoretischen Überlegungen, so führt die Berücksichtigung von Wechselkursunsicherheit in Verbindung mit risikoaversem Verhalten der Marktteilnehmer zu einem eindeutigen Ergebnis, und zwar in Form einer Verringerung des internationalen Handels.[115]

So werden z.B. risikoaverse Exporteure, die – im einfachsten Fall – ausschließlich in ausländischer Währung fakturieren, und die keine Absicherung gegen Wechselkursschwankungen vornehmen oder vornehmen können, mit höheren Absatzpreisen kalkulieren, um bestehende Wechselkursunsicherheiten zu kompensieren. Unter der Annahme einer zu maximierenden streng konkaven erwarteten Nutzenfunktion der Gewinne werden die Preisaufschläge infolge einer Erhöhung der Wechselkursunsicherheit um so höher ausfallen, und damit wird die Angebotskurve der Exporteure um so weiter nach links verschoben, je risikoaverser die Exporteure sich verhalten.[116] Wird dagegen in der heimischen Währung der Exporteure fakturiert, so geht die Wechselkursunsicherheit auf die ausländischen Importeure über. Bei einem zu den Exporteuren analogen Verhalten bewirkt die Lösung des Maximierungsproblems, „... daß eine Erhöhung der Wechselkursunsicher-

---

scale.“ Krause, Laurence A., Speculation and the Dollar. The Political Economy of Exchange Rates, Bouldner, San Francisco, Oxford 1991, S. 256. Krause verweist darauf, daß dieser Sachverhalt in der Literatur als die Mundell-Laffer-Hypothese bezeichnet wird. Zu dieser Hypothese vgl. auch Corden, W. Max, Inflation, Exchange Rates, and the World Economy: Lectures on International Monetary Economics, 2. Aufl., Chicago: University of Chicago Press, 1981, S. 77 - 83.

114 Herrmann, Anneliese, Wechselkursrisiko und Außenhandel, in: Filc, Wolfgang und Köhler, Claus (Hrsg.), Kooperation, Autonomie und Devisenmarkt, Berlin 1990, S. 145.

115 Vgl. Ethier, Wilfred, International Trade and the Forward Exchange Market, in: American Economic Review, Vol. 63, 1973, S. 494 - 503; Hooper, Peter und Kohlhagen Steven W., The Effect of Exchange Rate Uncertainty on the Prices and Volume of International Trade, in: Journal of International Economics, Vol. 8, 1978, S. 483 - 511; Cushmann, David O., The Effects of Real Exchange Rate Risk on International Trade, in: Journal of International Economics, Vol. 15, 1983, S. 45 - 63; Rühmann, Peter, Wechselkursrisiko und internationaler Handel, in: Heilmann, Wolf-Rüdiger u.a. (Hrsg.), Geld, Banken und Versicherungen, 1987, Band I, Karlsruhe 1988, S. 539 - 554; Rohweder, Herold C., Wechselkursvariabilität und internationaler Handel. Eine empirische Analyse der räumlichen Handelsverflechtung im Rahmen eines TOBIT-Regressionsansatzes, München 1989, S. 14ff.; Wallner, Josef, Wechselkursunsicherheit. Ursachen, Messung und Auswirkungen, Frankfurt/M., Bern, New York, Paris 1989, S. 128ff.

116 Vgl. Rohweder, Herold C., Wechselkursvariabilität und ..., S. 14f.

heit ceteris paribus die Nachfragefunktion nach importierten Gütern zum Ursprung hin verschiebt und damit handelsreduzierend (...) wirkt."[117]

Empirische Untersuchungen ergeben jedoch auf den ersten Blick keine eindeutige Bestätigung dieser theoretischen Überlegungen. Ökonometrische Studien zum Einfluß von Wechselkursrisiken auf die Außenhandelsströme weisen nämlich sowohl signifikant handelsmindernde als auch handelssteigernde Effekte auf bzw. lassen z.T. auch keinerlei Einfluß erkennen, erzielen also nichtsignifikante Resultate.[118]

Rohweder führt dies darauf zurück, daß die in den empirischen Untersuchungen dominierend angewendete Methode der Zeitreihenanalyse nicht geeignet sei, die Bedeutung der Wechselkursunsicherheit für den internationalen Handel adäquat aufzudecken.[119] Da der Untersuchungsrahmen nur zwei Handelspartner zuläßt, vermag man mit der Zeitreihenanalyse nur die Handelsbeziehungen eines Landes entweder zu einem einzelnen anderen Land oder zu einer zusammengefaßten Ländergruppe zu analysieren. Dann aber kommt ein negativer Einfluß von Wechselkursunsicherheit auf die bilateralen Handelsströme zwischen zwei einzelnen Ländern aber vielleicht deshalb nicht zum Ausdruck, da die Handelsbeziehungen zwischen den untersuchten Ländern „...nicht losgelöst von den jeweiligen (bilateralen) Handelsbeziehungen zu weiteren Ländern betrachtet werden können."[120]

Dies läßt sich an einem Beispiel mit drei Ländern zeigen.[121] Ein Land A unterhält bilaterale Handelsbeziehungen zu den Ländern B und C. Erhöht sich nun die Wechselkursunsicherheit zwischen den Ländern A und C, und bleibt eine ebenfalls gegebene Wechselkursunsicherheit zwischen den Ländern A und B unverändert, so wird Land A seinen Waren- und Dienstleistungsaustausch mit Land B intensivieren und mit Land C einschränken. Eine Analyse der Auswirkungen von Wechselkursunsicherheit auf die Handelsbeziehungen zwischen Land A und B würde in diesem Fall keinen signifikant negativen, sondern eher einen positiven Einfluß ergeben und damit Fehlinterpretationen Vorschub leisten.[122]

---

117 Rohweder, Herold C., Wechselkursvariabilität und ..., S. 15/16.

118 Vgl. dazu Herrmann, Anneliese, Wechselkursrisiko und ..., S. 155; vgl. auch Wallner, Josef, Wechselkursunsicherheit ..., S. 166ff. Wallner analysiert dort 10 empirische Untersuchungsansätze, die den Einfluß von Wechselkursunsicherheit auf den internationalen Handel messen.

119 Vgl. Rohweder, Herold C., Wechselkursvariabilität und ..., S. 20 - 27.

120 Rohweder, Herold C., Wechselkursvariabilität und ..., S. 23.

121 Zu den folgenden beispielhaften Darlegungen vgl. Rohweder, Herold C., Wechselkursvariabilität und ..., S. 22ff.

122 Die Analyse der Beziehungen zwischen Land A und C hätte das erwartete Ergebnis gebracht. „Einen signifikant negativen Einfluß zu messen ist damit von der ‚zufällig richtigen' Wahl eines Länderpaares und Untersuchungszeitraumes abhängig." Rohweder, Herold C., Wechselkursvariabilität und ..., S. 23.

Der Gefahr von Fehlschlüssen unterliegt man auch, sofern die Handelsbeziehungen des Landes A zu einer zusammengefaßten Ländergruppe bestehend aus den Ländern B und C analysiert werden. Zunächst gilt es, das Problem der Abgrenzung des relevanten Wechselkurses des Landes A gegenüber der Ländergruppe und seiner Variabilität zu lösen: „Entweder wird die Variabilität der bilateralen Wechselkurse bestimmt und dann gemittelt, oder es wird zunächst ein gewichtetes Mittel der bilateralen Wechselkurse (d.h. ein effektiver Wechselkurs) ermittelt und danach die Variabilität dieses effektiven Wechselkurses berechnet.“[123] Mit derartigen Mittelungsverfahren ist allerdings immer ein Informationsverlust verbunden.[124]

Führt nun eine Zunahme der bilateralen Wechselkursvariabilität zwischen Land A und C zu einer erhöhten Wechselkursunsicherheit, ausgedrückt durch die Zunahme der Variabilität des berechneten effektiven Wechselkurses zwischen Land A und der Ländergruppe, und verringert Land A daraufhin seinen Außenhandel mit Land C und erhöht diesen mit Land B, so daß der Gesamtaußenhandel von Land A gegenüber der Ländergruppe unverändert bleibt, dann käme eine Zeitreihenanalyse zu dem vordergründigen Ergebnis, daß aus einer Zunahme der Wechselkursunsicherheit keine Mengeneffekte resultieren.

Da sich mit der Zeitreihenanalyse insbesondere solche handelsumlenkenden Effekte als Folge von Wechselkursunsicherheit nicht adäquat erfassen lassen, sind empirische Untersuchungen, die auf dieser Methode basieren, weniger geeignet, die Wirkungen von Wechselkursunsicherheit auf den internationalen Handel aufzuzeigen. Als Alternative oder zur Ergänzung bieten sich deshalb Querschnittsanalysen an, mit denen der Handel einer Vielzahl von Länderpaaren untersucht werden kann, ohne Ländergruppen zu bilden, und mit denen deshalb auch die Handelsverteilung zwischen den betrachteten Länderpaaren ins Zentrum des Interesses gerückt werden kann.[125] Die wenigen bislang bekannten empirischen Untersuchungen, die mit der Methode der Querschnittsanalyse arbeiten,

---

123 Rohweder, Herold C., Wechselkursvariabilität und ..., S. 24.

124 Vgl. Lanyi, Anthony and Suss, Esther C., Exchange Rate Variability: Alternative Measures and Interpretation, in: International Monetary Fund, IMF-Staff Papers, Vol. 29, 1982, S. 532.

125 Vgl. Rohweder, Herold C., Wechselkursvariabilität und ..., S. 25ff. „Während ein Zeitreihenansatz den Import oder den Export eines Handelspartners mit einem weiteren Handelspartner im Zeitablauf betrachtet, ist der Untersuchungsgegenstand eines Querschnittsansatzes durch die bilateralen Import- und Exportbeziehungen aller Handelspartner (als einzelne Länder definiert) untereinander zu einem Zeitpunkt gegeben.“ Rohweder, Herold C., Wechselkursvariabilität und ..., S. 25/26.

kommen denn auch zu signifikant handelsmindernden Effekten der Wechselkursunsicherheit.[126]

Ein weiteres Problem, das für das Zustandekommen und die Interpretation empirischer Untersuchungsergebnisse relevant ist, ergibt sich aus der Schwierigkeit, Wechselkursrisiken bzw. Wechselkursunsicherheit statistisch zu messen. „Bezüglich des am besten geeigneten statistischen Maßes zur Messung von Wechselkursrisiken besteht in der wissenschaftlichen Diskussion keine Übereinstimmung."[127] Folglich konkurrieren in den Untersuchungen eine Fülle von Risikomaßen, die grundsätzlich jedoch an der Wechselkursvariabilität anknüpfen.[128] Auch von daher ist die mangelnde Eindeutigkeit bei den empirischen Untersuchungsergebnissen eher ein methodisches Problem, als ein Hinweis auf eine mögliche Irrelevanz der Wechselkursunsicherheit für die Außenhandelsströme.

In diesem Zusammenhang stellt sich jedoch die Frage, ob nicht durch das breite Spektrum der vorhandenen und von den am Außenhandel beteiligten Unternehmen nutzbaren Wechselkursabsicherungsmaßnahmen ein Wechselkursrisiko oder Wechselkursunsicherheiten wenn schon nicht vollständig ausgeschlossen, so doch wenigstens erheblich reduziert werden können, so daß selbst starke Wechselkursschwankungen an Bedeutung für die Handelsströme verlieren. Eine solche Sichtweise verkennt, daß durch Wechselkursabsicherungsmaßnahmen immer nur einzelne, jeweils aktuell zur Disposition stehende Geschäfte (Transaktionen) gegen Wechselkursschwankungen abgesichert werden können. Der Einsatz von Kurssicherungsmaßnahmen verhindert allerdings die Wechselkursschwankungen nicht. „Im Gegenteil, werden Absicherungsinstrumente nicht zur Absicherung offener Positionen verwendet, sondern werden durch ihren Einsatz erst offene Positionen geschaffen, werden sie also als Instrument der Spekulation benutzt, dann kann das die Kurs- (...) schwankungen noch verstärken."[129]

---

126 Vgl. dazu die Arbeiten von Abrams R. K., International Trade Flows under Flexible Exchange Rates, in: Federal Reserve Bank of Kansas City, Economic Review, Vol. 65, 1980, S. 3 - 10 und von Thursby, Marie C. and Thursby, Jerry G., The Uncertainty Effects of Floating Exchange Rates: Empirical Evidence on International Trade Flows, in: Arndt, Sven W., Sweeney, Richard J. and Willet, Thomas D. (Hrsg.), Exchange Rates, Trade, and the U.S. Economy, Cambrigde (Mass.) 1985, S. 153 - 165 sowie die Arbeit von Rohweder, Herold C., Wechselkursvariabilität und ...,

127 Herrmann, Anneliese, Wechselkursrisiko und ..., S. 150.

128 Meßprobleme und verschiedene Risikomaße werden dargestellt bei Herrmann, Anneliese, Wechselkursrisiko und ..., S. 149ff. Vgl. dazu auch Lanyi, A. and Suss, E. C., Exchange Rate Variability: Alternative Measures ..., S. 527 - 560.

129 Köhler, Claus, Internationalökonomie ..., S. 49. Diese Sichtweise wurde oben anhand des spekulativen Einsatzes von Devisenoptionsgeschäften demonstriert. Vgl. Abschnitt B.II.2.b dieser Arbeit.

Deshalb läßt sich das Wechselkursänderungsrisiko, für die längerfristig angelegten Entscheidungen auf internationalen Absatz- und Beschaffungsmärkten tätig zu werden oder zu bleiben, nicht ausschließen oder absichern, zumal eine „...genaue Kenntnis über die Zeitpunkte und die jeweilige Höhe zukünftiger Fremdwährungszahlungsströme nicht vorliegt.“[130] D.h., das Problem der Wechselkursunsicherheit wird durch Absicherungsinstrumente nicht beseitigt, ggf. kann ein solches durch den spekulativen Einsatz dieser Instrumente sogar noch verstärkt werden.

Realwirtschaftliche Konsequenzen lassen sich aber nicht nur über die Argumentation erhöhter Unsicherheiten als Folge realer Wechselkursfluktuationen begründen, sondern ebenfalls über den Einfluß realer Wechselkursbewegungen auf die internationale Wettbewerbsfähigkeit der am grenzüberschreitenden Handel beteiligten Unternehmen. Insbesondere trendmäßige reale Abwertungen einer Währung verschaffen den, einem solchen Währungsgebiet zugehörigen Exportunternehmen preisliche Wettbewerbsvorteile, die nicht Ausdruck eigener Leistungsfähigkeit sind. Demgegenüber erleiden bei realen Aufwertungen nicht nur die Exportunternehmen preisliche Wettbewerbsnachteile auf den internationalen Absatzmärkten, sondern die mit einer anhaltenden Überbewertung einer Währung einhergehende relative Verbilligung von Importgütern bringt auch inlandsorientierte Industriezweige im von der Aufwertung erfaßten Währungsgebiet in Bedrängnis.[131]

Vor dem Hintergrund der beispielsweise seit Anfang der 80er Jahre eingetretenen trendmäßigen Auf- und Abwertungen der D-Mark gegenüber dem US-Dollar im Umfang von z.T. mehr als 20 v.H. im Jahresdurchschnitt über Zeiträume von jeweils mehreren Jahren wird deutlich,[132] daß sich die daraus resultierenden aufwertungsbedingten Wettbewerbsnachteile auch nicht annähernd kompensieren lassen. Weder vermögen die betroffenen Unternehmen durch Anpassung ihrer internen Kostenstrukturen (Lohnzurückhaltung, Rationalisierung) diesen Wettbewerbsnachteilen im erforderlichen Umfang zu begegnen, noch dürften sie in der Lage sein, ihre in nationalen Währungseinheiten gemessenen Absatzpreise durch Gewinnverzicht entsprechend zu reduzieren. Vielmehr dürfte der Verlust von Marktanteilen und der damit drohende Abbau von Beschäftigten den politischen

---

130 Rohweder, Herold C., Wechselkursvariabilität und ..., S. 13.

131 Vgl. Herrmann, Anneliese, Kursschwankungen im Regime flexibler Wechselkurse ..., S. 24. Köhler spricht im Zusammenhang mit dem Einfluß des Wechselkurses auf die internationale Wettbewerbsfähigkeit auch von einer Verzerrung des freien internationalen Leistungsaustausches durch einen zweiten Preis. Vgl. Köhler, Claus, Internationalökonomie ..., S. 41 und S. 68.

132 Zu Umfang und Dauer der Entwicklung des D-Mark/US-Dollar-Kurses vgl. die Übersicht in Abschnitt B.II.2.b. dieser Arbeit.

Druck in Richtung protektionistischer Maßnahmen erhöhen. Untersuchungen von Bergsten und Williamson bestätigen diese Sichtweise.[133] Sie kamen für die USA zu dem Ergebnis, „...daß ein überbewerteter Dollar der beste ‚leading indicator' für verstärkten protektionistischen Druck ist."[134]

Ein protektionistischer Druck geht allerdings nicht nur von den Ländern aus, die sich aufwertungsbedingten Wettbewerbsnachteilen gegenübersehen, sondern indirekt auch von den Sektoren, die abwertungsbedingte Wettbewerbsvorteile erzielt haben.[135] So besteht ein Anreiz für die von der Abwertung begünstigten Sektoren, ihre Produktionskapazitäten und Beschäftigung auszuweiten und höhere Marktanteile zu erschließen. Sobald jedoch die so gewonnenen Marktpositionen durch ein Umschlagen der Wechselkursentwicklung wieder in Gefahr geraten, wird auch von dieser Seite der protektionistische Druck einsetzen. „The pressure to maintain the profitability and viability of a bloated trade surplus by subsidizing exports, restricting imports and intervening to maintain the currency undervaluation can be every bit as great as the pressure to protect industries at a competitive disadvantage in deficit countries."[136]

Unabhängig von den drohenden Gefahren eines zunehmenden protektionistischen Druckes, die man gegebenenfalls noch mit ordnungspolitischen Argumenten im Zaum halten könnte, bleiben jedoch die diesen Druck erzeugenden realwirtschaftlichen Wirkungen realer Wechselkursbewegungen. Reale Aufwertungen, zumal wenn sie eine längere Zeit anhalten, führen letztlich, über Einbußen im Exportsektor und in den importkonkurrierenden Bereichen, zu gesamtwirtschaftlichen Wachstumsverlusten. Reale

[133] Vgl. Bergsten, Fred C. und Williamson, John, Exchange Rates and Trade Policy, in: Cline, William (Hrsg.), Trade Policy in the 1980's, Cambridge M/T-Press, 1983, S. 99 - 120.

[134] Herrmann, Anneliese, Kursschwankungen im Regime flexibler Wechselkurse ..., S. 24. Herrmann verweist zur Bekräftigung dieser Ergebnisse auf die mit der Dollaraufwertung (bis Anfang 1985) einhergehende Einführung von Handelskontrollen bzw. freiwilligen Selbstbeschränkungen (z.B. in den Bereichen Autos, Textilien, Stahl, Motorräder, Spezialstähle). Vgl. dazu auch Krause, Laurence A., Speculation and the Dollar. The Political Economy of Exchange Rates, Boulder, San Francisco, Oxford 1991, S. 241ff. So zieht Krause in diesem Zusammenhang den Schluß: „The immediate pressure to increase protectionism, therefore, comes from the deficit countries' desires not to suffer any of the consequences of this loss in industrial competitiveness." Krause, Laurence A., Speculation and the Dollar ..., S. 244. Auch die BIZ hat auf die Protektionismusgefahr durch starke reale Aufwertungen hingewiesen. Vgl. Bank für Internationalen Zahlungsausgleich, Wechselkursschwankungen: Ein Überblick über das Geschehen auf dem Dollardevisenmarkt von 1977 bis 1983, in: 53. Jahresbericht, Basel, Juni 1983, S. 166.

[135] Vgl. Bergsten, Fred C. und Williamson, John, Exchange Rates and ..., S. 102f. bzw. Krause, Laurence A., Speculation and the Dollar ..., S. 244.

[136] Krause, Laurence A., Speculation and the Dollar ..., S. 244.

Abwertungen hingegen erzeugen neben inflationären Impulsen Anreize, zu einer nicht leistungsbedingten und damit wiederum wechselkursanfälligen Ausdehnung der Exportkapazitäten.

Anhaltspunkte für die diesbezüglich relevanten Größenordnungen liefert Dornbusch mit dem Hinweis auf zwei Mehrländer-Simulationsrechnungen, die zum einen vom Federal Reserve Board, zum anderen von der OECD stammen.[137] Entsprechend dem Federal Reserve Modell führt eine zwanzigprozentige Aufwertung des US-Dollars zu einer Verminderung der realen Wachstumsrate in den USA um 0,5 Prozentpunkte im zweiten Jahr.[138]

Die dem gegenüberstehende, zusätzliche Inflationswirkung in den Abwertungsländern wird in diesem Modell z.B. für die Bundesrepublik Deutschland mit 1,6 Prozentpunkten im ersten, 1,4 Prozentpunkten im zweiten und 0,7 Prozentpunkten im dritten Jahr angegeben. Das OECD-Modell[139] analysiert die Folgen einer Abwertung des effektiven Dollarkurses um zehn Prozent. Diese bewirkt in den europäischen Ländern eine Verringerung der realen Wachstumsrate um 0,2 Prozentpunkte im zweiten Halbjahr, um 0,4 Prozentpunkte im dritten und um 0,3 Prozentpunkte im vierten Halbjahr nach der Wechselkursänderung. Wohingegen sich die aus der Abwertung resultierenden zusätzlichen Inflationsimpulse in den USA auf 0,4 Prozentpunkte im ersten Halbjahr, 0,7 Prozentpunkte im zweiten, 0,3 Prozentpunkte im dritten und 0,1 Prozentpunkte im vierten Halbjahr belaufen. Aus diesen Ergebnissen zieht Dornbusch ein eindeutiges Fazit: „The simulations of either model bring out clearly that exchange rates have a very strong impact on inflation and they also affect real activity.“[140]

Zu den realwirtschaftlichen Konsequenzen realer Wechselkursbewegungen zählen schließlich auch wechselkursbedingte Verlagerungen von Produktionsstätten ins Ausland. Erratische Wechselkursfluktuationen auf der einen und ausgeprägte, trendmäßige reale Aufwertungen auf der anderen Seite erweisen sich für exportorientierte Unternehmen mitunter als unkalkulierbares bzw. unüberwindliches Hindernis, leistungsbedingt erworbene Marktpositionen auf internationalen Absatzmärkten zu behaupten. Die Ver-

---

[137] Vgl. Dornbusch, Rüdiger, Equilibrium and Disequilibrium Exchange Rates ..., S. 590ff. Vgl. auch Krause, Laurence A., Speculation and the Dollar ..., S. 251f.

[138] Zu den genannten Werten des Federal Reserve Modells vgl. Dornbusch, Rüdiger, Equilibrium and Disequilibrium Exchange Rates ..., S. 590. Die Aufwertung wird dabei an einem handelsgewichteten, also effektiven Dollarkurs gemessen.

[139] Vgl. dazu auch OECD, Sensitivity Analysis: Effects of Hypothetical Exchange Rate Changes, in: OECD Economic Outlook, 30. Dezember 1981, S. 124/125.

[140] Dornbusch, Rüdiger, Equilibrium and Disequilibrium Exchange Rates ..., S. 591.

meidung negativer Auswirkungen stärker schwankender Wechselkurse auf den Absatz ist deshalb auch als eine der vielfältigen Ursachen für Direktinvestitionen im Ausland anzusehen.[141] Diese Bedeutung des Wechselkurses für Direktinvestitionen bestätigen mittlerweile auch erste empirische Untersuchungen. So kommt Cushman zu dem Ergebnis, daß die Zuflüsse an Direktinvestitionen in die USA aus Großbritannien, Frankreich, Deutschland, Kanada und Japan im Zeitraum 1963 - 1986 in signifikantem Maße negativ mit einer erwarteten Dollaraufwertung und positiv mit einer erhöhten Wechselkursvariabilität verbunden sind.[142]

Die Gefahr von Fehlallokationen der Ressourcen bzw. von nicht effizienten Faktorallokationen ist dabei jedoch sehr groß, denn die „...Entscheidungen, Investitionen in der eigenen Volkswirtschaft oder in dritten Volkswirtschaften vorzunehmen, sollten von den gleichen Faktoren abhängen wie Investitionsentscheidungen innerhalb einer Volkswirtschaft, nämlich von den Kosten der Produktion, den Preisen der Produkte sowie Angebot und Nachfrage an den Produktmärkten. Wechselkursschwankungen sollten diesen Mechanismus nicht beeinträchtigen."[143] Dieser Grundsatz ist im gegenwärtigen System flexibler Wechselkurse infolge der zu verzeichnenden Umfänge realer Wechselkursbewegungen nicht erfüllt. Dabei zeigt sich das Dilemma wechselkursbedingter Direktinvestitionen im Ausland wie folgt: Sobald nach einem erneuten Umschlagen der Wechselkursentwicklung die Belieferung der internationalen Absatzmärkte wieder kostengünstiger vom ursprünglichen Standort betrieben werden könnte, erweist sich das Engagement im Ausland entweder als einmalige Fehlinvestition oder als längerfristige bzw. dauerhafte Ertrags- bzw. Rentabilitätsbelastung. Letzteres ist dann der Fall, wenn der Produktionsstandort im Ausland neben der inländischen Produktionsstätte beibehalten wird, um je nach Wechselkurshöhe, die Belieferung der Absatzmärkte einmal stärker von dem einen, und dann stärker von dem anderen Standort vorzunehmen.

---

[141] Vgl. Deutsche Bundesbank, Die Kapitalverflechtung der Unternehmen mit dem Ausland – Stand Ende 1987 und aktuelle Entwicklung, in: Monatsberichte der Deutschen Bundesbank, 41. Jg. Nr. 4, April 1989, S. 23. Es verwundert indes nicht, daß die Bundesbank das Wechselkursargument gerade im Zusammenhang mit der Berichterstattung über die Kapitalverflechtung bis Ende 1987 hervorhebt, fällt doch dieser Berichtszeitraum genau in eine ausgeprägte Aufwertungsphase der D-Mark, in der sich der DM/US-Dollar-Kurs von 3,47 DM im Februar 1985 bis auf 1,58 DM im Dezember 1987 entwickelte. Zu einer prägnanten Darlegung der aktuellen Motive für Direktinvestionen im Ausland vgl. Oppenländer, Karl-Heinz und Gerstenberger, Wolfgang, Direktinvestitionen als Ausdruck zunehmender Internationalisierung der Märkte, in: Ifo-Schnelldienst, 45. Jg., Nr. 10/1992, S. 3 - 11.

[142] Vgl. Cushman, David O., Exchange-Rate Uncertainty and Foreign Direkt Investment in the United States, in: Weltwirtschaftliches Archiv, Band 124, 1988, S. 322 - 336.

[143] Köhler, Claus, Internationalökonomie ..., S. 69.

Bei Unsicherheit über die weitere Wechselkursentwicklung – wenn also ein erneuter Aufwertungstrend nicht ausgeschlossen werden kann – ist es vom einzelwirtschaftlichen Standpunkt durchaus rational, die mit der Direktinvestition geschaffenen zusätzlichen Kapazitäten vorzuhalten. Die Alternative, nämlich Abbau der Kapazitäten und Neuinvestition im Falle einer entsprechenden Wechselkursbewegung, wäre ein wesentlich aufwendigerer Weg. Gesamtwirtschaftlich handelt es sich jedoch um eine Verschwendung von Ressourcen mit entsprechenden volkswirtschaftlichen Kosten, wenn für eine bestimmte Produktionsmenge erheblich mehr als die dafür erforderlichen Kapazitäten bereitgehalten werden bzw. werden müssen, um den Wechselkursunsicherheiten Rechnung zu tragen.

Ein solches Beharrungsvermögen von ökonomischen Größen, also der Umstand, daß ökonomische Größen nicht auf ihr Ausgangsniveau zurückkehren, wenn der Grund für die Veränderung (etwa eine Wechselkursaufwertung) entfallen ist, wird in der Volkswirtschaftslehre auch als Hysterese bezeichnet.[144] Hinter dem Begriff Hysterese verbergen sich grundsätzlich instabile realwirtschaftliche Entwicklungen, und in den Untersuchungen zu den Ursachen von Hysterese in den Außenwirtschaftsbeziehungen spielen reale Wechselkursschwankungen eine dominierende Rolle.[145]

Die vorangehenden Ausführungen zu den realwirtschaftlichen Konsequenzen realer Wechselkursbewegungen lassen sich mit einem Zitat von Padoa-Schioppa prägnant und treffend zusammenfassen: „Real exchange rate cycles have strained trade relations and fueled protectionism, disruptet cost and profit calculations, and have led to misallocation and waste."[146] Dieses äußerst kritische Urteil über das gegenwärtige System flexibler Wechselkurse nimmt allerdings noch keinerlei Bezug auf die geldpolitischen Konsequenzen, die von den als maßgebliche Verursacher realer Wechselkursschwankungen anzusehenen Wechselkursänderungserwartungen ausgehen können.

---

144 „Von Hysterese (griech. das Zurückbleiben) wird in der Volkswirtschaftslehre gesprochen, wenn eine ökonomische Größe, die eine Veränderung erfährt, nicht auf ihr Ausgangsniveau zurückkehrt, nachdem der Grund für die Veränderung entfallen ist. Es handelt sich um eine permanente Folge einer nur temporären Ursache. Hysteretische Situationen wurden zuerst in der Makroökonomie untersucht, finden in jüngerer Zeit jedoch auch in der Außenhandelstheorie zunehmend Beachtung." Welzel, Peter, Hysterese im Außenhandel, in: Wirtschaftswissenschaftliches Studium (WiSt), 21. Jg. 1992, S. 131.

145 Vgl. dazu den präguaten Überblick über Hysterese im Außenhandel von Welzel, Peter, Hysterese im Außenhandel, S. 131 - 134.

146 Padoa-Schioppa, Tommaso, Towards a New Adjustable Peg?, S. 19.

2. Monetäre Konsequenzen von Wechselkursänderungserwartungen

Die von Fundamentalfaktoren losgelösten und deshalb als Verursacher realer Wechselkursfluktuationen in Betracht kommenden Wechselkursänderungserwartungen haben Implikationen für die Analyse, Durchführung und Wirkungsweise einer nationalen Geldpolitik. Dies resultiert zum einen unmittelbar aus den realwirtschaftlichen Konsequenzen realer Wechselkursbewegungen, durch die die Geldpolitik in einen Handlungszwang geraten kann, wie etwa zur Bekämpfung inflationärer Tendenzen aus realen Abwertungen. Zum anderen ergeben sich Implikationen aus möglichen Einflüssen von Wechselkursänderungserwartungen auf monetäre Mengenaggregate sowie auf die Zins- und Zinsstrukturentwicklung einer Volkswirtschaft, die den traditionellen Einflüssen aus monetären Steuerungsimpulsen der nationalen Geldpolitik entgegengerichtet sein können. Für die im folgenden zunächst erläuterten Einflüsse von Wechselkursänderungserwartungen auf monetäre Mengen- und Zinsaggregate ergeben sich jeweils auch erste Anhaltspunkte für deren empirische Relevanz.

a) Einflüsse von Wechselkursänderungserwartungen auf nationale monetäre Mengenaggregate

Die von Wechselkursänderungserwartungen geprägten Verhaltensweisen von Wirtschaftssubjekten können sich z.B. auf die Geldmengenexpansion und, damit zusammenhängend, auf die Kreditexpansion einer Volkswirtschaft auswirken. Geldmengenwirkungen können sich dann ergeben, wenn Wechselkursänderungserwartungen zu einer Änderung der terms of payment zwischen zwei Volkswirtschaften führen.

Bestehen beispielsweise Aufwertungserwartungen für die inländische gegenüber einer ausländischen Währung, so ist es aus der Sicht der ausländischen Importeure rational, möglichst umgehend, d.h. bereits bei der Bestellung der Güter, Vorauszahlungen zu leisten, um, bei Fakturierung in der inländischen Währung, den erwarteten wechselkursbedingten Mehraufwendungen durch frühzeitige Zahlungen zu entgehen.

Bei Fakturierung in ausländischer Währung besteht ein Interesse an Vorauszahlungen bei den inländischen Exporteuren, da sie bei späteren Zahlungseingängen geringere Exporterlöse gemessen in inländischer Währung durch die erwartete Aufwertung befürchten müssen. Die inländischen Importeure haben bei Aufwertungserwartungen für ihre Währung dagegen ein Interesse an der Einräumung und Ausnutzung von Zahlungszielen, um sich die Chancen geringerer Aufwendungen für die in ausländischer Währung fakturierten Waren zu erhalten. In den Genuß eines gewährten Zahlungsaufschubes gelangen die inländischen Importeure aber auch, sofern die Fakturierung in inländischer Währung vereinbart wurde. In diesem Fall liegt das Interesse an der Ausnutzung von Zahlungszielen durch die inländischen Abnehmer bei den ausländischen Lieferanten. Letztere versprechen sich von der erwarteten Aufwertung der inländischen Währung höhere Exporterlöse durch den hinausgezögerten Umtausch in ihre heimische Währung.

Führen gleichgerichtete Wechselkursänderungserwartungen zu einer derartigen Interessenharmonie bei den am internationalen Leistungsverkehr beteiligten Wirtschaftssubjekten, so lassen sich damit bei Aufwertungserwartungen für die inländische Währung Tendenzen zur Erhöhung der Bankguthaben der inländischen Unternehmen plausibel erklären.[147] Den inländischen Exporteuren fließen verstärkt Mittel durch Vorauszahlungen zu, die inländischen Importeure halten höhere Guthaben, weil sich die Zahlungsausgänge durch die Ausnutzung von Zahlungszielen verzögern.

Eine Unterstützung erfährt dieser Prozeß u.U. auch durch ausländische Portfolioinvestitionen im Inland. Erwirbt das Ausland, angereizt durch Aufwertungserwartungen, direkt oder indirekt inländische Wertpapiere von inländischen Nichtbanken, so kommt es auch über diesen Weg zu erhöhten Nichtbankeneinlagen bei den Kreditinstituten im Inland. Schließlich werden international operierende Unternehmen bei Aufwertungserwartungen angereizt, Guthaben in das Land mit aufwertungsverdächtiger Währung zu verlagern, wo sie sich als Einlagen inländischer Unternehmen unmittelbar geldmengenrelevant niederschlagen.

Insgesamt rechtfertigt dies die These, daß es bei Aufwertungserwartungen zu einer erhöhten monetären Expansion, gemessen an einem verstärkten Geldmengenwachstum kommen kann. Eine damit grundsätzlich verbundene erhöhte Liquiditätsausstattung der inländischen Wirtschaftssubjekte läßt es zudem plausibel erscheinen, daß die Kreditexpansion in einem von Aufwertungserwartungen betroffenen Währungsgebiet tendenziell gedämpft wird. Unternehmen, die Vorauszahlungen erhalten bzw. Unternehmen, die Zahlungsziele ausnutzen, dürften dadurch einen geringeren Bedarf an kürzerfristigen Betriebsmittelkrediten haben.

Abwertungserwartungen führen demgegenüber zu einer tendenziellen Verlangsamung der an der Geldmengenentwicklung gemessenen, bzw. Beschleunigung der an der Kreditexpansion gemessenen monetären Expansion. Die wechselkursbedingten Vorauszahlungen an inländische Exporteure dürften bei Abwertungserwartungen ausbleiben. Vielmehr besteht ein Anreiz für die ausländischen Abnehmer, auf die Einräumung von Zahlungs-

---

[147] Ebenso plausibel läßt sich bei einer derartigen Interessenharmonie ein Verzicht auf den alternativ zu Vorauszahlungen und Zahlungszielen möglichen Einsatz von Kurssicherungsmaßnahmen erklären.

zielen zu drängen. Dies geschieht in der Hoffnung auf eine kostengünstigere Beschaffung der inländischen Währung nach der erwarteten Abwertung. Bei Fakturierung in ausländischer Währung werden die inländischen Exporteure ihrerseits großzügiger bei den den ausländischen Abnehmern einzuräumenden Zahlungszielen sein, denn mit einem Hinauszögern der Zahlungseingänge steigt die Chance, die Exporterlöse in inländischer Währung abwertungsbedingt zu steigern.

Geldmengenrelevanter aber dürfte das Verhalten der inländischen Importeure sein. Bei Abwertungserwartungen werden sie verstärkt Vorauszahlungen an das Ausland zu Lasten ihrer inländischen Bankguthaben leisten. Bei Fakturierung in ausländischer Währung geschieht dies aus eigenem Ansporn, bei Fakturierung in inländischer Währung sind die ausländischen Exporteure am Erhalt von Vorauszahlungen interessiert. Verstärkt werden kann eine daraus resultierende Tendenz zu einem verminderten Geldmengenwachstum noch durch Portfolioinvestitionen von Inländern im Ausland, also durch den Kauf ausländischer Wertpapiere zu Lasten der inländischen Bankeinlagen sowie durch wechselkursbedingte Guthabenverlagerung multinationaler Unternehmen ins Ausland. Eine damit insgesamt verbundene tendenzielle Liquiditätsverknappung in der von Abwertungserwartungen betroffenen Volkswirtschaft kann somit auch der Auslöser für einen steigenden Kreditbedarf sein. Von daher vermögen Abwertungserwartungen zu einer gemessen an der Geldmengenentwicklung überproportionalen Kreditexpansion beizutragen.

Erste Anhaltspunkte zur empirischen Untermauerung dieser Auffassung liefert zum Beispiel die Deutsche Bundesbank in ihren Analysen der Geldmengenzielüberschreitungen in den Jahren 1986 und 1987, die genau in die kräftige Aufwertungsphase der D-Mark vom Februar 1985 bis Dezember 1987 fielen.[148] In diesem Zeitraum konstatierte die Bundesbank massive, aufwertungsbedingte Geldzuflüsse aus dem Ausland, die den Anstieg des Geldmengenwachstums stimuliert und damit zu den Zielüberschreitungen beigetragen haben:[149] „Die Netto-Auslandsforderungen der Kreditinstitute und der Bundesbank, deren Anstieg einen entsprechenden Liquiditätszufluß ins Inland aus dem Zahlungsverkehr der Nichtbanken mit dem Ausland

[148] Vgl. Deutsche Bundesbank, Geschäftsbericht der Deutschen Bundesbank für das Jahr 1986, S. 35ff. und Geschäftsbericht der Deutschen Bundesbank für das Jahr 1987, S. 38ff.

[149] „Dabei wurde der Anstieg der Geldbestände bis zur Jahresmitte von weiterhin recht hohen Geldzuflüssen aus dem Ausland angeregt, (...). Zum Jahresende wurde das Geldmengenwachstum, wie bereits angedeutet, (...) durch massive Geldzuflüsse aus dem Ausland stimuliert." Deutsche Bundesbank, Geschäftsbericht für das Jahr 1987, S. 38. „Unter dem Druck der außenwirtschaftlichen Einflüsse konnte die Bundesbank 1986 zum ersten Mal seit 1978 das Geldmengenziel nicht einhalten." Deutsche Bundesbank, Geschäftsbericht für das Jahr 1986, S. 35.

widerspiegelt, nahmen (1987, Anm. d. Verf.) mit 53 Mrd. DM fast ebenso stark zu wie 1986."[150] Vor diesem Hintergrund war die 1986 und 1987 im Vergleich zur Geldmengenentwicklung sehr mäßige Kreditexpansion für die Bundesbank auch keineswegs überraschend, sondern vielmehr nur ein „...Ausdruck der Substitution von Bankkrediten durch Geldzuflüsse aus dem Ausland."[151]

Über die Jahre 1986/87 hinausgehende Anhaltspunkte der empirischen Relevanz von Wechselkursänderungserwartungen für die Geldmengen- und Kreditexpansion liefern die folgenden Tabellen. *Tabelle 2* stellt dabei die Veränderungen der Sicht- und Termineinlagen von Unternehmen und Privatpersonen in Abwertungs- und Aufwertungsphasen der D-Mark dar. Ausgegangen wird dabei von der sowohl durch Untersuchungen zur Ermittlung von Wechselkurserwartungen auf der Basis von Survey-Daten als auch durch die zu beobachtende stärkere Hinwendung zu Methoden der Chartanalyse bei der kurzfristigen Wechselkursprognose im professionellen Devisenhandel gestützten Annahme,[152] daß in Abwertungsphasen auch Abwertungserwartungen und in Aufwertungsphasen auch Aufwertungserwartungen bestanden haben bzw. bestehen. Das Aggregat aus Sicht- und Termineinlagen der Unternehmen und Privatpersonen wurde deshalb gewählt, weil diese beiden Geldmengenkomponenten durch wechselkursbedingte Zahlungen unmittelbar berührt werden dürften. Empfangene Vorauszahlungen gehen bei den betroffenen Unternehmen zunächst auf den Sichtgeldkonten ein, um dann auf verzinsliche Termingeldkonten umgeschichtet zu werden. Leisten inländische Wirtschaftssubjekte Vorauszahlungen, so dürften die entsprechenden Beträge zunächst vom Terminkonto auf das Sichtgeldkonto transferiert werden. Zudem ist ein ausgeprägter Zinseinfluß auf dieses monetäre Teilaggregat eher gering einzuschätzen, da Sichteinlagen auf der einen und Termineinlagen auf der anderen Seite grundsätzlich gegenläufig auf Zinsänderungen reagieren. Gleichwohl ist nicht auszuschließen, daß bei sehr starken Zinssteigerungen das Wachstum der Termineinlagen durch Umschichtungen zu Lasten der Bargeldhaltung und der Spareinlagen zusätzliche Impulse erhalten kann.

---

[150] Deutsche Bundesbank, Geschäftsbericht für das Jahr 1987, S. 43. Die Zunahme der Netto-Auslandsforderungen belief sich 1986 auf 56 Mrd. DM. Vgl. Deutsche Bundesbank, Geschäftsbericht für das Jahr 1986, S. 40.

[151] Deutsche Bundesbank, Geschäftsbericht für das Jahr 1987, S. 43. Bereits für 1986 konstatierte die Bundesbank die generelle Gültigkeit dieses Zusammenhanges: „Der erhebliche Geldzufluß aus dem Ausland hat 1986 nicht nur das Wachstum der Geldbestände gefördert, sondern – wie stets in solchen Perioden – auch die Kreditgewährung im Inland gebremst. Über die ‚Monetesierung' ihrer Auslandsforderungen konnten sich die Nichtbanken, insbesondere die Wirtschaft, vielfach eine Neuverschuldung bei den Banken ersparen." Deutsche Bundesbank, Geschäftsbericht für das Jahr 1986, S. 41.

[152] Vgl. dazu Abschnitt B.II.2.b dieser Arbeit.

Tabelle 2

Veränderung der Sicht- und Termineinlagen von Unternehmen und Privaten in der Bundesrepublik Deutschland* in Abwertungs- und Aufwertungsphasen der D-Mark 1980 - 1992

Zeitraum	Entwicklung in Mrd. DM von bis	Jahresdurchschnittliche Veränderungsrate in %	Wechselkursentwicklung D-Mark/US-Dollar von	bis**
			Abwertung:	
12/79 - 02/85	289,7 - 380,0	+ 5,4% p.a.	1,71 DM / 1 US$ (03.01.80)	3,47 DM / 1 US$ (26.02.85)
			Aufwertung:	
02/85 - 12/87	380,0 - 465,7	+ 7,4% p.a.	3,47 DM / 1 US$ (26.02.85)	1,58 DM / 1 US$ (31.12.87)
			Abwertung:	
12/87 - 06/89	465,7 - 494,0	+ 4,0% p.a.	1,58 DM / 1 US$ (31.12.87)	2,04 DM / 1 US$ (15.06.89)
			Aufwertung:	
06/89 - 12/90	494,0 - 647,9	+19,8% p.a.	2,04 DM / 1 US$ (15.05.89)	1,49 DM / 1 US$ (31.12.90)
			Abwertung:	
01/91 - 06/91	723,2 - 733,8	+ 3,6% p.a.	1,45 DM / 1 US$ (12.02.91)	1,84 DM / 1 US$ (05.07.91)
			Aufwertung:	
06/91 - 06/92	733,8 - 845,3	+15,2% p.a.	1,84 DM / 1 US$ (05.07.91)	1,46 DM / 1 US$ (20.07.92)

* bis 1990 Bundesrepublik Deutschland, alter Gebietsstand; ab 1991 Bundesrepublik Deutschland, neuer Gebietsstand.

** Auf zwei Stellen gerundet.

Quelle für die Grundzahlen: Deutsche Bundesbank, Monatsberichte der Deutschen Bundesbank, Statistischer Teil, Konsolidierte Bilanz des Bankensystems, verschiedene Jahrgänge.

Im einzelnen liefern die Ergebnisse in *Tabelle 2* deutliche Hinweise auf einen Einfluß von Wechselkursänderungserwartungen auf die Geldmengenentwicklung. So expandierten im alten Gebietsstand der Bundesrepublik Deutschland in den Abwertungsphasen der D-Mark gegenüber dem US-Dollar von Anfang 1980 bis Anfang 1985 und von Beginn des Jahres 1988 bis zum Ende des ersten Halbjahres 1989 sowie, im neuen Gebietsstand der BRD, von Anfang Februar 1991 bis Anfang Juli 1991 die Sicht- und Termineinlagen von Unternehmen und Privatpersonen mit jahresdurchschnittlichen Änderungsraten von 5,4 v.H. und 4,0 v.H. sowie 3,6 v.H. wesentlich moderater als in den Aufwertungsphasen. Hier ergaben sich im alten Gebietsstand der BRD in den Aufwertungsphasen von Anfang 1985 bis Ende 1987 mit 7,4 v.H. und von Mitte 1989 bis Ende 1990 mit 19,8 v.H. sowie im neuen Gebietsstand von Mitte 1991 bis Mitte 1992 mit 15,2 v.H. sehr ausgeprägte jahresdurchschnittliche Zuwachsraten. Ob die extreme Höhe der beiden letztgenannten Raten durch die in diesen Phasen steigenden Zinsen entscheidend beeinflußt wurden erscheint zweifelhaft, denn der starke Zinsanstieg begann bereits Mitte 1988 und hätte demnach auch die Zuwachsraten in den Abwertungsphasen 1988/89 und insbesondere 1991 entsprechend prägen müssen.

Insgesamt stellt sich deshalb zunächst die Frage, ob die Ursachen für diese Mengenveränderungen nicht primär vom Geldangebot der nationalen Geldpolitik ausgegangen sind. Die in Zeiten starker Wechselkursanspannungen üblichen, z.T. sehr umfangreichen Devisenmarktinterventionen,[153] beeinflussen die Zentralbankgeldbereitstellung in einer Volkswirtschaft, d.h. sie führen zu Liquiditätswirkungen im Geschäftsbankensystem. Expansive Liquiditätswirkungen ergeben sich c.p. aus den in Aufwertungsphasen getätigten Stützungskäufen der schwächeren Währungen, während kontraktive Liquiditätswirkungen aus den in Abwertungsphasen vorgenommenen Verkäufen der stärkeren Devisen resultieren. Zwar ließen sich über diese Argumentation eine stärkere Geldmengenexpansion in Aufwertungsphasen der D-Mark und eine gemäßigtere Geldmengenexpansion in Abwertungsphasen der D-Mark, wie in *Tabelle 2* aufgezeigt, plausibel machen, gleichwohl ist eine solche Erklärung für die dargestellten Ergebnisse auszuschließen.

Zum einen spricht das faktische Verhalten der Bundesbank dagegen. Die Bundesbank ist nämlich stets darauf bedacht, interventionsbedingte Liquiditätswirkungen aus Devisenmarktoperationen sofort und weitgehend zu sterilisieren bzw. zu neutralisieren.[154] Zum anderen müßte sich, im Falle einer

[153] Vgl. dazu z.B. die laufende Berichterstattung der Bundesbank über ihre Devisenmarktoperationen in den Geschäftsberichten der Deutschen Bundesbank. Z.B. Geschäftsbericht für das Jahr 1991, Frankfurt 1991, S. 39.

[154] „Bei der Liquiditätssteuerung der Bundesbank ist unverkennbar, daß sie sich stets darum bemüht hat, die Auswirkungen von Devisenmarktinterventionen auf die

ursächlich auf die Bankenliquidität zurückgehenden monetären Expansion, die Geldmengenentwicklung jeweils auf der Grundlage einer in etwa vergleichbar starken Kreditexpansion vollziehen.

Dies ist jedoch in den betrachteten Zeiträumen nicht der Fall gewesen. In *Tabelle 3* sind die Veränderungen der Kreditvergabe der Kreditinstitute an Unternehmen und Privatpersonen in den abgegrenzten Abwertungs- und Aufwertungsphasen aufgeführt. Es zeigt sich, daß die in Abwertungsphasen eher gemäßigten Geldmengenexpansionsraten einhergegangen sind mit wesentlich höheren jahresdurchschnittlichen Zuwachsraten der Kreditexpansion. Eine sich in den Aufwertungsphasen jeweils beschleunigende Geldmengenexpansion wurde, im Vergleich zu den sich dabei einstellenden jahresdurchschnittlichen Zuwachsraten, von wesentlich geringeren Zuwachsraten der Kreditexpansion im Jahresdurchschnitt begleitet. Besonders deutlich wird das Auseinanderklaffen dieser Zuwachsraten, sofern man die jahresdurchschnittlichen Veränderungsraten der kurzfristigen Kreditvergabe den Geldmengenexpansionsraten gegenüberstellt.

Diese Ergebnisse erweitern daher die Gültigkeit des von der Bundesbank 1986/87 für Aufwertungsphasen angesprochenen Zusammenhanges zwischen einer von Geldzuflüssen aus dem Ausland angeregten Geldmengenentwicklung im Inland und einer damit ursächlich verbundenen Zurückhaltung der Unternehmen bei der Neuverschuldung[155] auch auf Abwertungsphasen. Allerdings kehrt sich dieser Zusammenhang in Abwertungsphasen um. Die Rationalität, bei Abwertungserwartungen für die heimische Währung ggf. Vorauszahlungen an das Ausland zu leisten sowie dem Ausland Zahlungsziele einzuräumen, läßt über die damit verbundenen zunehmenden Zahlungsausgänge und verringerten Zahlungseingängen das Aggregat aus Sicht- und Termineinlagen der Unternehmen und Privatpersonen langsamer wachsen. Die damit einhergehenden Liquiditätsverknappungen im Bereich der gewerblichen Wirtschaft machen eine stärkere Kreditaufnahme, insbesondere in Form kurzfristiger Betriebsmittelkredite, erforderlich.

Allerdings gilt es zu prüfen, ob die hier bislang getroffene Beschränkung der empirischen Analyse des Einflusses von Wechselkursänderungserwartungen auf nationale Geldmengenkomponenten (Sicht- und Termineinlagen) ausreicht. Die dargestellten Ergebnisse könnten ja auch die Folge von Sub-

---

heimische Geldbasis möglichst weitgehend zu sterilisieren." Bofinger, Peter, Festkurssysteme und geldpolitische Koordination, Baden Baden, 1991, S. 356. Die Untersuchungen von Bofinger erstrecken sich auf den Zeitraum vom 3. Quartal 1979 bis zum 4. Quartal 1987 und schließen die EWS- und Dollar-Interventionen ein. Vgl. auch Bofinger, Peter, Das Europäische Währungssystem und die geldpolitische Koordination in Europa, in: Kredit und Kapital, 21. Jg. 1988, S. 322f.

155 Vgl. Deutsche Bundesbank, Geschäftsbericht für das Jahr 1986, S. 41 und Geschäftsbericht für das Jahr 1987, S. 43f.

Tabelle 3

Veränderung der Kredite von Kreditinstituten an Unternehmen und Privatpersonen in der Bundesrepublik Deutschland in Abwertungs- und Aufwertungsphasen der D-Mark 1980 - 1992*

Zeitraum	Entwicklung in Mrd. DM von - bis	Jahresdurchschnittliche Veränderungsrate in %	Wechselkursentwicklung D-Mark/US-Dollar von	bis**
	kurzfristig:		Abwertung:	
12/79 - 02/85	236,5 - 334,9	+ 7,0% p.a.	1,71 DM / 1 US$	3,47 DM / 1 US$
	zusammen: 1039,5 - 1469,1	+ 6,9% p.a.	(03.01.80)	(26.02.85)
	kurzfristig:		Aufwertung:	
02/85 - 12/87	334,9 - 325,8	– 1,0% p.a.	3,47 DM / 1 US$	1,58 DM / 1 US$
	zusammen: 1469,1 - 1699,9	+ 5,3% p.a.	(26.02.85)	(31.12.87)
	kurzfristig:		Abwertung:	
12/87 - 06/89	325,8 - 358,2	+ 6,5% p.a.	1,58 DM / 1 US$	2,04 DM / 1 US$
	zusammen: 1699,8 - 1841,1	+ 5,5% p.a.	(31.12.87)	(15.06.89)
	kurzfristig:		Aufwertung:	
06/89 - 12/90	358,2 - 422,6	+11,6% p.a.	2,04 DM / 1 US$	1,49 DM / 1 US$
	zusammen: 1841,1 - 2067,8	+ 8,0% p.a.	(15.05.89)	(31.12.90)
	kurzfristig:		Abwertung:	
01/91 - 06/91	516,3 - 557,3	+20,1% p.a.	1,45 DM / 1 US$	1,84 DM / 1 US$
	zusammen: 2270,5 - 2367,1	+10,5% p.a.	(12.02.91)	(05.07.91)
	kurzfristig:		Aufwertung:	
06/91 - 06/92	557,3 - 592,0	+ 6,2% p.a.	1,84 DM / 1 US$	1,46 DM / 1 US$
	zusammen: 2367,1 - 2644,6	+11,7% p.a.	(05.07.91)	(20.07.92)

* bis 1990 Bundesrepublik Deutschland, alter Gebietsstand; ab 1991 Bundesrepublik Deutschland, neuer Gebietsstand.

** Auf zwei Stellen gerundet.

Quelle für die Grundzahlen: Deutsche Bundesbank, Monatsberichte der Deutschen Bundesbank, Statistischer Teil, Konsolidierte Bilanz des Bankensystems, verschiedene Jahrgänge.

stitutionsprozessen sein. So existieren mit kurzfristigen Wertpapieranlagen im Inland, aber insbesondere mit DM-Einlagen am Euromarkt enge Substitute für inländische Termineinlagen. Zumindest die Bedeutung der letzteren für die hier untersuchte Problematik wird auch aus der folgenden Aussage der Bundesbank ersichtlich: „Vor allem deutsche Großunternehmen, die leicht Zugang zum Euromarkt haben, nutzen offenbar selbst kleinste Zinsvorteile aus, um ihre nicht zuletzt aus außenwirtschaftlichen Quellen gespeisten Liquiditätsüberschüsse vorübergehend dort statt im heimischen Bankensystem anzulegen."[156]

In *Tabelle 4* wurden daher die Sicht- und Termineinlagen von Unternehmen und Privatpersonen um die Euromarkteinlagen inländischer Nichtbanken und die kurzfristigen Inhaberschuldverschreibungen bei inländischen Nichtbanken erweitert.[157] Für die drei untersuchten Aufwertungsphasen ergeben sich jedoch für das so erweiterte Aggregat mit 7,3 v.H., 20,0 v.H. und 15,0 v.H. nahezu identische jahresdurchschnittliche Veränderungsraten verglichen mit den entsprechenden Ergebnissen in *Tabelle 2*.

Die Abwertungsphasen sind für einen solchen Vergleich weniger geeignet. Eine Gegenüberstellung der ersten Phase (1980 bis Anfang 1985) muß entfallen, da für diesen Zeitraum die aus der erweiterten Geldmenge M 3 stammenden Angaben über die kurzfristigen Wertpapieranlagen und die Euromarkteinlagen inländischer Nichtbanken in der Berichterstattung der Bundesbank nicht verfügbar sind.[158] Die gegenüber dem nicht erweiterten, in der *Tabelle 2* erfaßten Aggregat in der Abwertungsphase 1988 bis zum Ende des ersten Halbjahres 1989 mit 9,7 v.H. um 5,7 Prozentpunkte höhere jahresdurchschnittliche Zuwachsrate des erweiterten Aggregats erklärt sich überwiegend aus den Folgen durch die Einführung einer Quellensteuer in der Bundesrepublik Deutschland im Januar 1989. Im Zusammenhang mit der Diskussion und der Inkraftsetzung dieser Kapitalertragssteuer in Höhe von 10% auf Zinseinkünfte kam es zu massiven Kapitalverlagerungen an

---

156 Deutsche Bundesbank, Geschäftsbericht der Deutschen Bundesbank für das Jahr 1986, S. 40.

157 Die zur Erweiterung herangezogenen Geldmengenkomponenten ergeben sich aus der Differenz zwischen den Geldmengenabgrenzungen „M 3 erweitert" und „M 3". Dabei handelt es sich um die „Einlagen von inländischen Nichtbanken bei Auslandsfilialen und Auslandstöchtern inländischer Kreditinstitute sowie Inhaberschuldverschreibungen im Umlauf bei inländischen Nichtbanken (börsenfähige Papiere bis April 1986 mit Laufzeit bis 1 Jahr einschließlich ab Mai 1986 mit Laufzeit bis unter 2 Jahren; teilweise geschätzt)". Deutsche Bundesbank, Monatsberichte der Deutschen Bundesbank, 44. Jg. Nr. 7, Juli 1992, Statistischer Teil, Tabelle I.2.a), Anm. 11, S. 4*/5*.

158 Über die erweiterte Geldmenge M 3 berichtet die Bundesbank regelmäßig seit März 1990. In den Monatsberichten finden sich dazu Jahresendwerte ab 1985 und Monatswerte ab Oktober 1988. In den Statistischen Beiheften zu den Monatsberichten Reihe 4 sind, allerdings saisonbedingte, Monatswerte ab November 1984 erfaßt.

Tabelle 4

Veränderung der Sicht- und Termineinlagen von Unternehmen und Privaten zuzüglich Euromarkteinlagen und kurzfristige Inhaberschuldverschreibungen inländischer Nichtbanken in der Bundesrepublik Deutschland* in Abwertungs- und Aufwertungsphasen der D-Mark 1987 - 1992

Zeitraum	Entwicklung in Mrd. DM von - bis	Jahresdurchschnittliche Veränderungsrate in %	Wechselkursentwicklung D-Mark/US-Dollar von	bis**
			Abwertung:	
12/87 - 06/89	520,6 - 598,4	+ 9,7% p.a.	1,58 DM / 1 US$ (31.12.87)	2,04 DM / 1 US$ (15.06.89)
			Aufwertung:	
06/89 - 12/90	598,4 - 786,6	+20,0% p.a.	2,04 DM / 1 US$ (15.05.89)	1,49 DM / 1 US$ (31.12.90)
			Abwertung:	
01/91 - 06/91	874,1 - 899,2	+ 7,0% p.a.	1,45 DM / 1 US$ (12.02.91)	1,84 DM / 1 US$ (05.07.91)
			Aufwertung:	
06/91 - 06/92	899,2 - 1034,5	+15,0% p.a.	1,84 DM / 1 US$ (05.07.91)	1,46 DM / 1 US$ (20.07.92)

* bis 1990 Bundesrepublik Deutschland, alter Gebietsstand; ab 1991 Bundesrepublik Deutschland, neuer Gebietsstand.
** Auf zwei Stellen gerundet.

Quelle für die Grundzahlen: Deutsche Bundesbank, Monatsberichte der Deutschen Bundesbank, Statistischer Teil, Konsolidierte Bilanz des Bankensystems, verschiedene Jahrgänge.

den Euromarkt, insbesondere wurden längerfristige Anlageformen im Inland aufgelöst und verlagert. So ist in diesem Zeitraum die für die Erweiterung relevante Differenz zwischen der erweiterten Geldmenge M 3 und M 3 von 55 Mrd. DM auf 104,3 Mrd. DM gestiegen, was einer jahresdurchschnittlichen Zuwachsrate von 53,2 v.H. entsprach.

In der dritten, fünfmonatigen Abwertungsphase im Jahre 1991 wuchs das erweiterte Aggregat mit einer jahresdurchschnittlichen Zuwachsrate von

7,0 v.H. zwar knapp doppelt so stark wie die rein inländischen Geldmengenkomponenten. Jedoch zeigte sich hier wieder, verglichen mit den Zuwachsraten in der vorangegangenen und in der nachfolgenden Aufwertungsphase, aber auch im Vergleich zur Kreditaufnahme gemäß *Tabelle 3*, ein wesentlich gemäßigteres Wachstum auch der erweiterten Geldmengenkomponenten in Abwertungsphasen. Insgesamt liefern die Ergebnisse der *Tabelle 4* also keine Anhaltspunkte für die These, daß das in *Tabelle 2* aufgeführte mäßige Wachstum inländischer Geldmengenkomponenten in Abwertungsphasen bzw. das erhöhte Wachstum in Aufwertungsphasen Folge von Substitutionsprozessen zwischen inländischen und nichtinländischen Geldmengenkomponenten ist.

Ein unmittelbarer Einfluß von Wechselkursänderungserwartungen auf die nationale Geldmengenentwicklung müßte darüber hinaus auch durch eine Ausstrahlung der Erwartungen auf den Bargeldumlauf bestehen. So weist auch die Bundesbank darauf hin, daß die grenzüberschreitenden Bargeldbewegungen zeitweise von Wechselkursschwankungen beeinflußt werden.[159] Bei Aufwertungserwartungen für die D-Mark existiert im Ausland ein Anreiz, erhaltene deutsche Banknoten verstärkt zu horten, während bei Abwertungserwartungen eine schnelle Rückführung der ins Ausland gelangenden Noten in die Bundesrepublik rational erscheint. Da eine Trennung des Bargeldumlaufs im Inland nicht möglich ist, sondern nur das Gesamtaggregat erfaßbar ist, müßte somit c.p. das Wachstum des gesamten Bargeldumlaufs in Aufwertungsphasen zunehmen[160] und in Abwertungsphasen tendenziell vermindert werden. Eine empirische Verifizierung dieses Zusammenhanges wird jedoch durch verschiedene Faktoren erschwert.

Zum einen unterliegt der Bargeldumlauf innerhalb eines Jahres ausgeprägten zyklischen Schwankungen,[161] wodurch die Ermittlung und der Aussagegehalt von Zuwachsraten innerhalb bestimmter Wechselkursphasen beeinflußt wird. Zum anderen wird die Entwicklung des Bargeldumlaufs mitunter auch durch Sondereinflüsse nicht unerheblich berührt. Dies war z.B. – ähnlich wie bei den Euroeinlagen – in der Abwertungsphase der D-Mark 1988/89 der Fall, als im Zusammenhang mit der Quellensteuerdiskussion die inländischen Sparer nach Auffassung der Bundesbank geradezu

---

159 Vgl. Deutsche Bundesbank, Die Deutsche Bundesbank. Geldpolitische Aufgaben und Instrumente, Sonderdrucke der Deutschen Bundesbank Nr. 7, 5. Auflage, Frankfurt/M., 1989, S. 96.

160 Vgl. dazu auch Deutsche Bundesbank, Methodische Anmerkungen zur geldpolitischen Zielgröße „M 3“, in: Deutsche Bundesbank, Monatsberichte der Deutschen Bundesbank, 40. Jg. Nr. 3, März 1988, S. 19.

161 Vgl. Deutsche Bundesbank, Der Wochenausweis der Deutschen Bundesbank, in: Deutsche Bundesbank, Monatsberichte der Deutschen Bundesbank, 42. Jg. Nr. 1, Januar 1990, S. 23f.

ins Bargeld flüchteten und es zu einer völlig aus dem Rahmen fallenden Ausweitung des Bargeldumlaufs kam.[162] Eine abwertungsbedingte Verlangsamung der Zunahme des Bargeldumlaufs läßt sich unter solchen Bedingungen nicht feststellen.

Überlagert wird ein von Wechselkursänderungserwartungen beeinflußter Bargeldumlauf aber auch durch eine in den letzten Jahren zunehmende Parallelwährungsfunktion der D-Mark in mittel- und osteuropäischen Ländern.[163] Eine solche Funktion gründet sich auf einem sehr langfristig erworbenen internationalen Vertrauen in die D-Mark als wertstabile Währung und einer damit verbundenen Ausbreitung als international anerkanntes Transaktions- und Reservemedium. Zwar mag in D-Mark-Aufwertungsphasen die Parallelwährungsfunktion zusätzliche Impulse erhalten, doch ist damit nicht eine entsprechende Rückführung der D-Mark als Parallelwährung in Abwertungsphasen verbunden. Zumal wenn zu erwarten ist, daß eine Abwertungsphase bereits mittelfristig von einer erneuten Aufwertungsphase abgelöst werden dürfte, wie die Erfahrungen der letzten Jahre mehrfach gezeigt haben. Insbesondere aber auch deshalb nicht, weil die D-Mark selbst bei ausgeprägten Abwertungen gegenüber dem US-Dollar noch an Wert gegenüber den entsprechenden Landeswährungen in Mittel- und Osteuropa gewinnen dürfte.

Schließlich kann ein bestehender Zinseinfluß auf die zinslose Bargeldhaltung die Identifizierung der Bedeutung von Wechselkursänderungserwartungen für den Bargeldumlauf erschweren oder verhindern. Auch wenn die im Ausland umlaufende DM-Bargeldmenge nicht ermittelt werden kann, so dürfte deren Umfang in Relation zu der im Inland einlaufenden Bargeldmenge wesentlich geringer einzuschätzen sein. Deshalb ist es denkbar, jedoch nicht zwingend, daß der Nettoeffekt z.B. aus einer infolge von Zinserhöhungen reduzierten Bargeldhaltung im Inland und einer im Zuge von Aufwertungserwartungen erhöhten Bargeldnachfrage im Ausland negativ ausfallen kann.

Insgesamt erscheint es somit wenig sinnvoll, die Entwicklung des Bargeldumlaufs allein mit den Wechselkursphasen zu konfrontieren. Dies wird auch deutlich, wenn man die Entwicklung des in *Tabelle 2* erfaßten monetären Aggregats aus Sicht- und Termineinlagen von Unternehmen und Privatpersonen um den Bargeldumlauf der Nichtbanken erweitert und in den verschiedenen Wechselkursphasen betrachtet.

Zwar weist auch das um den Bargeldumlauf erweiterte Aggregat, wie die Ergebnisse in *Tabelle 5* zeigen, ein beschleunigtes Wachstum in den Auf-

---

162 Vgl. Deutsche Bundesbank, Geschäftsbericht der Deutschen Bundesbank für das Jahr 1988, S. 40.

163 Vgl. Deutsche Bundesbank, Geschäftsbericht der Deutschen Bundesbank für das Jahr 1991, S. 47.

Tabelle 5

Veränderung der Sicht- und Termineinlagen von Unternehmen und Privaten zuzüglich Bargeldumlauf bei Nichtbanken in der Bundesrepublik Deutschland* in Abwertungs- und Aufwertungsphasen der D-Mark 1980 - 1992

Zeitraum	Entwicklung in Mrd. DM von - bis	Jahresdurchschnittliche Veränderungsrate in %	Wechselkursentwicklung D-Mark/US-Dollar von	bis**
			Abwertung:	
12/79 - 02/85	369,6 - 477,4	+ 5,1% p.a.	1,71 DM / 1 US$ (03.01.80)	3,47 DM / 1 US$ (26.02.85)
			Aufwertung:	
02/85 - 12/87	477,4 - 589,8	+ 7,7% p.a.	3,47 DM / 1 US$ (26.02.85)	1,58 DM / 1 US$ (31.12.87)
			Abwertung:	
12/87 - 06/89	589,8 - 636,9	+ 5,3% p.a.	1,58 DM / 1 US$ (31.12.87)	2,04 DM / 1 US$ (15.06.89)
			Aufwertung:	
06/89 - 12/90	636,9 - 796,6	+16,1% p.a.	2,04 DM / 1 US$ (15.05.89)	1,49 DM / 1 US$ (31.12.90)
			Abwertung:	
01/91 - 06/91	880,8 - 895,2	+ 4,0% p.a.	1,45 DM / 1 US$ (12.02.91)	1,84 DM / 1 US$ (05.07.91)
			Aufwertung:	
06/91 - 06/92	895,2 - 1017,9	+13,7% p.a.	1,84 DM / 1 US$ (05.07.91)	1,46 DM / 1 US$ (20.07.92)

* bis 1990 Bundesrepublik Deutschland, alter Gebietsstand; ab 1991 Bundesrepublik Deutschland, neuer Gebietsstand.

** Auf zwei Stellen gerundet.

Quelle für die Grundzahlen: Deutsche Bundesbank, Monatsberichte der Deutschen Bundesbank, Statistischer Teil, Konsolidierte Bilanz des Bankensystems, verschiedene Jahrgänge.

wertungsphasen und ein gemäßigteres Wachstum in den Abwertungsphasen auf, jeweils gemessen an den jahresdurchschnittlichen Zuwachsraten, doch basiert diese Entwicklung fast ausschließlich auf der entsprechenden Veränderung der Sicht- und Termineinlagen. Dies offenbart ein Vergleich der jeweiligen Zuwachsraten mit denen in *Tabelle 2*. Der Bargeldumlauf hat nur in der ersten Abwertungsphase (1980/85) und in der ersten Aufwertungsphase (1987/87) unterstützend gewirkt. Durch die Berücksichtigung des Bargeldumlaufs wurde im ersten Fall die monetäre Expansion noch zusätzlich gedämpft, im zweiten Fall hingegen noch weiter angeregt. In den folgenden beiden Abwertungsphasen (1987/89 bzw. 1991) wurde die monetäre Expansion durch den Bargeldumlauf tendenziell beschleunigt. So wuchs das monetäre Aggregat einschließlich Bargeld in diesen Phasen mit 5,3 v.H. (p.a.) bzw. 4,0 v.H. (p.a.) schneller als das Aggregat ohne Bargeld, für das sich gemäß *Tabelle 2* Zuwachsraten von 4,0 v.H. (p.a.) bzw. 3,6 v.H. (p.a.) ergaben. In den Aufwertungsphasen (1989/90 und 1991/92) bewirkte der Bargeldumlauf jeweils eine tendenzielle Dämpfung der starken monetären Expansion. So entwickelte sich das Aggregat einschließlich Bargeld mit Raten von 16,1 v.H. (p.a.) bzw. 13,7 v.H. (p.a.) langsamer als das Aggregat ohne Bargeld, für das die entsprechenden Zuwachsraten 19,8 v.H. (p.a.) bzw. 15,2 v.H. (p.a.) lauteten.

Wird das monetäre Aggregat aus *Tabelle 5* noch um die Sicht- und Termineinlagen der öffentlichen Haushalte erweitert, so erhält man die Geldmenge M 2. Auch die Entwicklung von M 2 weist, wie die *Tabelle 6* zeigt, eine prägnante Abhängigkeit von den Wechselkursphasen auf. Geprägt wird diese jedoch wiederum, wie aus einem Vergleich mit den jahresdurchschnittlichen Zuwachsraten in *Tabelle 2* und *Tabelle 5* hervorgeht, durch die Entwicklung der Sicht- und Termineinlagen von Unternehmen und Privatpersonen. Schließlich läßt sich durch eine zusätzliche Berücksichtigung der Spareinlagen mit gesetzlicher Kündigungsfrist eine verstärkte monetäre Expansion in den DM-Aufwertungsphasen bzw. eine gemäßigtere in den DM-Abwertungsphasen auch für die seit 1988 als monetäre Zielgröße der Deutschen Bundesbank fungierende Geldmenge M 3 aufzeigen (vgl. *Tabelle 7*). Konfrontiert man die jahresdurchschnittlichen Wachstumsraten von M 2 und M 3 jeweils mit den entsprechenden Raten der kurzfristigen Kreditvergabe der Kreditinstitute an Unternehmen und Privatpersonen (*Tabelle 3*), so ergibt sich auch dabei, bis auf einen Fall für M 3 in der Phase 1989/90, daß die Kreditvergabe in Abwertungsphasen stärker und in Aufwertungsphasen schwächer expandiert als die Geldmengenentwicklung.

Insgesamt liefern die empirischen Daten für die Bundesrepublik Deutschland somit recht zahlreiche Anhaltspunkte für die These, daß die in Abwertungsphasen bestehenden Abwertungserwartungen und die in Aufwertungsphasen bestehenden Aufwertungserwartungen einen nicht unerheblichen

Tabelle 6

Veränderung der Geldmenge M 2 in der Bundesrepublik Deutschland in Abwertungs- und Aufwertungsphasen der D-Mark 1980 - 1992*

Zeitraum	Entwicklung in Mrd. DM von - bis	Jahresdurchschnittliche Veränderungsrate in %	Wechselkursentwicklung D-Mark/US-Dollar von	bis**
			Abwertung:	
12/79 - 02/85	406,5 - 519,0	+ 4,8% p.a.	1,71 DM / 1 US$ (03.01.80)	3,47 DM / 1 US$ (26.02.85)
			Aufwertung:	
02/85 - 12/87	519,0 - 645,6	+ 8,0% p.a.	3,47 DM / 1 US$ (26.02.85)	1,58 DM / 1 US$ (31.12.87)
			Abwertung:	
12/87 - 06/89	645,6 - 691,8	+ 4,7% p.a.	1,58 DM / 1 US$ (31.12.87)	2,04 DM / 1 US$ (15.06.89)
			Aufwertung:	
06/89 - 12/90	691,8 - 870,5	+16,6% p.a.	2,04 DM / 1 US$ (15.05.89)	1,49 DM / 1 US$ (31.12.90)
			Abwertung:	
01/91 - 06/91	955,9 - 976,7	+ 5,3% p.a.	1,45 DM / 1 US$ (12.02.91)	1,84 DM / 1 US$ (05.07.91)
			Aufwertung:	
06/91 - 06/92	976,7 - 1091,3	+11,7% p.a.	1,84 DM / 1 US$ (05.07.91)	1,46 DM / 1 US$ (20.07.92)

* bis 1990 Bundesrepublik Deutschland, alter Gebietsstand; ab 1991 Bundesrepublik Deutschland, neuer Gebietsstand.

** Auf zwei Stellen gerundet.

Quelle für die Grundzahlen: Deutsche Bundesbank, Monatsberichte der Deutschen Bundesbank, Statistischer Teil, Konsolidierte Bilanz des Bankensystems, verschiedene Jahrgänge.

Tabelle 7

Veränderung der Geldmenge M 3 in der Bundesrepublik Deutschland in Abwertungs- und Aufwertungsphasen der D-Mark 1980 - 1992*

Zeitraum	Entwicklung in Mrd. DM von - bis	Jahresdurchschnittliche Veränderungsrate in %	Wechselkursentwicklung D-Mark/US-Dollar von	bis**
			Abwertung:	
12/79 - 02/85	696,6 - 898,9	+ 5,1% p.a.	1,71 DM / 1 US$ (03.01.80)	3,47 DM / 1 US$ (26.02.85)
			Aufwertung:	
02/85 - 12/87	898,9 - 1112,4	+ 7,8% p.a.	3,47 DM / 1 US$ (26.02.85)	1,58 DM / 1 US$ (31.12.87)
			Abwertung:	
12/87 - 06/89	1112,4 - 1173,3	+ 3,6% p.a.	1,58 DM / 1 US$ (31.12.87)	2,04 DM / 1 US$ (15.06.89)
			Aufwertung:	
06/89 - 12/90	1173,3 - 1329,0	+ 8,7% p.a.	2,04 DM / 1 US$ (15.05.89)	1,49 DM / 1 US$ (31.12.90)
			Abwertung:	
01/91 - 06/91	1468,0 - 1473,1	+ 0,8% p.a.	1,45 DM / 1 US$ (12.02.91)	1,84 DM / 1 US$ (05.07.91)
			Aufwertung:	
06/91 - 06/92	1473,1 - 1597,2	+ 8,4% p.a.	1,84 DM / 1 US$ (05.07.91)	1,46 DM / 1 US$ (20.07.92)

* bis 1990 Bundesrepublik Deutschland, alter Gebietsstand; ab 1991 Bundesrepublik Deutschland, neuer Gebietsstand.

** Auf zwei Stellen gerundet.

Quelle für die Grundzahlen: Deutsche Bundesbank, Monatsberichte der Deutschen Bundesbank, Statistischer Teil, Konsolidierte Bilanz des Bankensystems, verschiedene Jahrgänge.

Einfluß auf nationale monetäre Mengenaggregate einer Volkswirtschaft ausüben.[164] Hinzu kommen Auswirkungen von Wechselkursänderungserwartungen auf die nationale Zins- und Zinsstrukturentwicklung.

b) Einflüsse von Wechselkursänderungserwartungen auf die nationale Zins- und Zinsstrukturentwicklung

Als Ausgangspunkt der theoretischen Analyse des Einflusses von Wechselkursänderungserwartungen auf die nationale Zinsentwicklung läßt sich zunächst die ungedeckte Zinsparitätenbedingung heranziehen. Diese besagt, daß eine bestehende Zinsdifferenz zwischen Inland und Ausland $(i - i^*)$ von einer erwarteten Änderungsrate des Wechselkurses $(\hat{e}^{erw})$ gerade ausgeglichen wird:[165]

(2a) $$\hat{e}^{erw} = i - i^* \text{ bzw.}$$

(2b) $$i = i^* + \hat{e}^{erw}.$$

Ein Anleger verhält sich danach z.B. gegenüber einer Anlage im Inland und einer höher verzinslichen Anlage im Ausland indifferent, sofern er eine Aufwertung der Inlandwährung $(\hat{e}^{erw} < o)$ im Umfang der Zinsdifferenz erwartet.

Läßt man die darin enthaltene Annahme der Risikoneutralität fallen und unterstellt statt dessen Risikoaversion, so werden verzinsliche Anlageformen im Inland und im Ausland nicht länger als perfekte Substitute angesehen, sondern es wird möglichen Risiken, die mit der Anlage im Ausland verbunden sind, Rechnung getragen. Sofern Wirtschaftssubjekte nämlich Risiken

---

[164] Zur Untermauerung dieser Sichtweise trägt auch eine neuere Untersuchung der Bundesbank bei. Vgl. Deutsche Bundesbank, Zum Einfluß von Auslandstransaktionen auf Bankenliquidität, Geldmenge und Bankkredite, in: Deutsche Bundesbank, Monatsbericht Januar 1993, 45. Jg. Nr. 1, S. 19 - 34. Vgl. auch Rohde, Armin, Internationale Einflüsse auf die nationale Geldpolitik: Die Rolle von Wechselkursänderungserwartungen, in: Köhler, Claus und Pohl, Rüdiger (Hrsg.), Währungspolitische Probleme im integrierten Europa, Berlin 1992, S. 139 - 151. Aufschlußreich ist in diesem Zusammenhang auch ein kurzer Blick auf die Entwicklung der Geldmenge in den USA. Während in der Aufwertungsphase des US-Dollars gegenüber der D-Mark von Anfang Februar 1991 bis Anfang Juli 1991 die Geldmenge M 2 in den USA um 4,58 v.H. (p.a.) gewachsen ist, stieg dieses Aggregat in der folgenden Abwertungsphase des US-Dollars nur mit einer Rate von 1,84 v.H. (p.a.). Eigene Berechnungen auf der Basis der Daten in den International Financial Statistics des Internationalen Währungsfonds.

[165] Vgl. zu den Annahmen, die diesem Zusammenhang zugrunde liegen, Filc, Wolfgang, Theorie und Empirie des Kapitalmarktzinses, Stuttgart: Deutscher Sparkassenverlag 1992, S. 134ff.

mit einer Anlage im Ausland verbinden ist es plausibel, „...daß risikoscheue Anleger hierfür eine Risikoprämie als Kompensation fordern. (...) Folglich kann eine internationale Zinsdifferenz nicht zur Gänze mit Wechselkursänderungserwartungen erklärt werden.“[166] Vielmehr entspricht die erwartete Wechselkursänderungsrate dann der internationalen Zinsdifferenz zuzüglich einer Risikoprämie (rp):[167]

$$\hat{e}^{erw} = (i - i^*) + rp. \tag{36}$$

Durch Umstellung lassen sich Beziehungen zwischen Inlandszins, Auslandszins, Wechselkursänderungserwartungen und Risikoprämie herstellen:

$$i = i^* + \hat{e}^{erw} - rp. \tag{36b}$$

Zinserhöhungen im Ausland können danach z.B. einhergehen mit einem unveränderten oder sogar sinkenden Inlandszins, sofern sie, bei gegebener und unveränderter Risikoprämie, von einer die Zinssteigerung gerade kompensierenden oder sogar überkompensierenden Aufwertungserwartung für die Inlandswährung $(\hat{e}^{erw} < o)$ begleitet werden. Zinssteigerungen im Inland stellen sich unter den gemachten Annahmen ein, sofern die Aufwertungserwartungen die Zinserhöhungen im Ausland nur teilweise kompensieren. Zinsvorteile für Auslandsanlagen bedingen nach dieser Sicht im Gleichgewicht Aufwertungserwartungen gegenüber der Inlandswährung, Zinsnachteile für Auslandsanlagen erfordern dagegen Abwertungserwartungen gegenüber der Inlandswährung.[168]

Erklärungen für das Zustandekommen eines solchen internationalen Zinsgleichgewichts verdeutlichen jedoch, daß die Wechselkursänderungserwartungen in diesem Zusammenhang als endogene Größe betrachtet werden, die sich zudem ausschließlich an Fundamentalfaktoren ausrichten. So stören Zinserhöhungen im Ausland das internationale Zinsgleichgewicht. Die gestiegenen Auslandszinsen ziehen Mittel aus dem Inland an. Dadurch wertet die Inlandswährung ab. Dies wiederum erzeugt im Gegenzug Aufwertungserwartungen für die inländische Währung. Dieser Prozeß hält solange an, bis die Aufwertungserwartungen die Zinsdifferenz gerade kompensieren, „...denn solange der Zinsvorsprung des Auslandes nicht durch eine entsprechende Aufwertungserwartung gegenüber der Inlandswährung kompensiert wird, bleibt es profitabel, im Inland Mittel aufzunehmen, um sie in ausländischer Währung anzulegen und damit den Wechselkurs hoch-

166 Filc, Wolfgang, Theorie und Empirie ..., S. 137/138.

167 Vgl. dazu auch Abschnitt B.II.2.a., bzw. Gaab, Werner, Devisenmärkte und Wechselkurse ..., S. 65.

168 Vgl. Filc, Wolfgang, Theorie und Empirie ..., S. 138f.

zutreiben."[169] Denkbar ist aber auch, daß die Wechselkurse sich nach einer Zinserhöhung im Ausland nicht ändern. Denn wird z.B. die zinspolitische Maßnahme im Ausland als Ausdruck einer restriktiven Geldpolitik interpretiert, die nach Auffassung der Teilnehmer am Devisenmarkt und an den Finanzmärkten zu Einschränkungen in der Produktion und beim Realeinkommen führen wird, und die deshalb später zu einer Abwertung der Auslandswährung gegenüber der Inlandswährung Anlaß gibt, „...so können sich Aufwertungserwartungen gegenüber der Inlandswährung auch bei unveränderten oder gar sinkenden Wechselkursen (...) herausbilden."[170]

Begrenzt wird das Ausmaß der Wechselkursänderungserwartungen auch in diesem Fall, ebenso wie im vorangehend geschilderten, vom Umfang der internationalen Zinsdifferenz. Einflüsse auf die inländische bzw. nationale Zinsentwicklung ergeben sich bei solchen endogen, auf der Basis von Fundamentalfaktoren erzeugten Wechselkursänderungserwartungen nur im beschränkten Maße. Dies ist z.B. der Fall, wenn es im Zuge des zuerst beschriebenen Arbitrageprozesses, durch die Nachfrage nach höher verzinslichen Auslandsanlagen im Inland zu Mittelverknappungen kommt, durch die die Zinsen im Inland tendenziell ansteigen. Im ungünstigsten Fall gerät die Zinspolitik des Inlandes in einen Handlungszwang, die Zinserhöhungen des Auslandes im gleichen Umfang nachzuvollziehen, etwa wenn es gilt, die ansonsten u.U. drohende Abwertung der Inlandswährung zu verhindern.

Geht man jedoch davon aus, daß sich die Wechselkursänderungserwartungen von den Fundamentalfaktoren lösen, sich also verselbständigen können, weil die mit Wechselkursänderungen verbundenen Gewinnmöglichkeiten ein eigenständiges Motiv für grenzüberschreitende Kapitalströme bilden,[171] so können die Einflüsse auf die nationale Zinsentwicklung ungleich gravierender sein, und es können sich ungleich größere Handlungszwänge für die nationale Zinspolitik ergeben. Zu Störungen des internationalen Zinsgleichgewichts (gemäß Gleichung 36b) kommt es unter diesen Voraussetzungen nicht durch Zinsänderungen, sondern durch Neueinschätzungen der Wechselkursänderungserwartungen. Diese sind dann der Auslöser für internationale Kapitalströme und bewirken Wechselkursänderungen. Durch die mit solchen Wechselkursänderungen verbundenen realwirtschaftlichen Konsequenzen kann die nationale Zinspolitik in eine Dilemmasituation geraten. Grundsätzlich gilt zwar, daß die nationale Zinspolitik „...natürlich in erster Linie auf binnenwirtschaftliche Ziele gerichtet

[169] Filc, Wolfgang, Theorie und Empirie ..., S. 139.
[170] Filc, Wolfgang, Theorie und Empirie ..., S. 139.
[171] Vgl. dazu Abschnitt B.II.2.b dieser Arbeit.

(ist). Aber bei freiem grenzüberschreitenden Geld- und Kapitalverkehr muß die Zinspolitik auch auf die internationalen Kapitalströme achten."[172]

Gefährden nun die durch Wechselkursänderungserwartungen ausgelösten Kapitalströme bzw. die in deren Gefolge zu verzeichnenden Wechselkursänderungen mit ihren realwirtschaftlichen Konsequenzen die binnenwirtschaftliche Zielerreichung, so müßte die nationale Zinspolitik Zinsdifferenzen gegenüber dem Ausland realisieren, durch die die bestehenden Wechselkursänderungserwartungen zumindest kompensiert, wenn nicht sogar überkompensiert werden. Die in den letzten Jahren zu beobachtenden tatsächlichen Wechselkursänderungen, wie sie z.B. in der *Tabelle 1* anhand des D-Mark/Dollar-Kurses aufgeführt worden sind, vermitteln einen Eindruck, welches Gewinnpotential in der Vergangenheit durch welchselkursinduzierte Kapitalströme zu erschließen gewesen ist. Davon bleiben Wechselkursänderungserwartungen nicht unberührt. Selbst wenn man unterstellt, daß ex ante die jeweils bestehenden Wechselkursänderungserwartungen wesentlich geringer sind, als die ex post in bestimmten Zeiträumen realisierten Wechselkursänderungen, so sind sie aber „...doch so hoch, daß Veränderungen der Zinsspannen um ein oder zwei Prozentpunkte gegen wechselkursinduzierte Kapitaltransaktionen wenig auszurichten vermögen."[173] Die Schaffung noch darüber hinausgehender Zinsdifferenzen würde aber die Zinsentwicklung im Ausland schnell in einen Konflikt zu den binnenwirtschaftlichen Erfordernissen geraten lassen.

Beeinflußt wird die nationale Zinsentwicklung aber auch dadurch, daß das Durchwirken der zinspolitischen Impulse einer Zentralbank vom Geldmarkt zum Kapitalmarkt unter dem Einfluß von Wechselkursänderungserwartungen nicht mehr jederzeit gewährleistet erscheint. Das für eine Wirksamkeit der Geldpolitik wichtige Durchwirken der zinspolitischen Impulse läßt sich dabei, mit einem Blick auf die empirischen Zusammenhänge in der Bundesrepublik Deutschland, grundsätzlich wie folgt skizzieren:[174]

Ihren Ausgang nehmen die zinspolitischen Impulse einer Zentralbank generell am Geldmarkt und dort insbesondere beim direkt kontrollierbaren Zins für Tagesgeld. *Abbildung 1* verdeutlicht den engen Zusammenhang der

---

[172] Köhler, Claus, Der deutsche Kapitalmarkt im internationalen Zinszusammenhang, in: Bruns, Georg und Häuser, Karl (Hrsg.), Strukturwandel am deutschen Kapitalmarkt, Schriftenreihe des Instituts für Kapitalmarktforschung an der J. W. Goethe-Universität Frankfurt/M., Kolloquien-Beiträge Nr. 31, Frankfurt/M. 1989, S. 97.

[173] Köhler, Claus, Der deutsche Kapitalmarkt ..., S. 100.

[174] Zu einer ausführlichen Darstellung der Zinszusammenhänge an den monetären Märkten vgl. Köhler, Claus, Geldwirtschaft. Erster Band, Geldversorgung und Kreditpolitik, 2. veränderte Auflage, Berlin 1977, S. 164 ff, insbesondere S. 184ff. Vgl. auch Rohde, Armin, Mengensteuerung und Zinssteuerung. Eine Analyse monetärer Steuerungsstrategien, Berlin 1985, S. 81 - 87 und S. 102 - 121.

Geldmarktsätze in der Bundesrepublik Deutschland anhand der Entwicklung des Tagesgeldsatzes und des Dreimonatssatzes. Vom Geldmarkt strahlen die Impulse auf den Bankeneinlagenmarkt und dabei unmittelbar auf die Verzinsung der kürzerfristigen Termineinlagen aus. *Abbildung 2* zeigt eine hohe Korrelation zwischen dem Dreimonatssatz am Geldmarkt und dem Zinssatz für Festgelder mit vereinbarter Laufzeit von 1 Monat bis einschließlich 3 Monaten.

Abbildung 1

Tagesgeld- und Dreimonatsgeldsätze
1982 - 1993 (Monatsdurchschnitte)

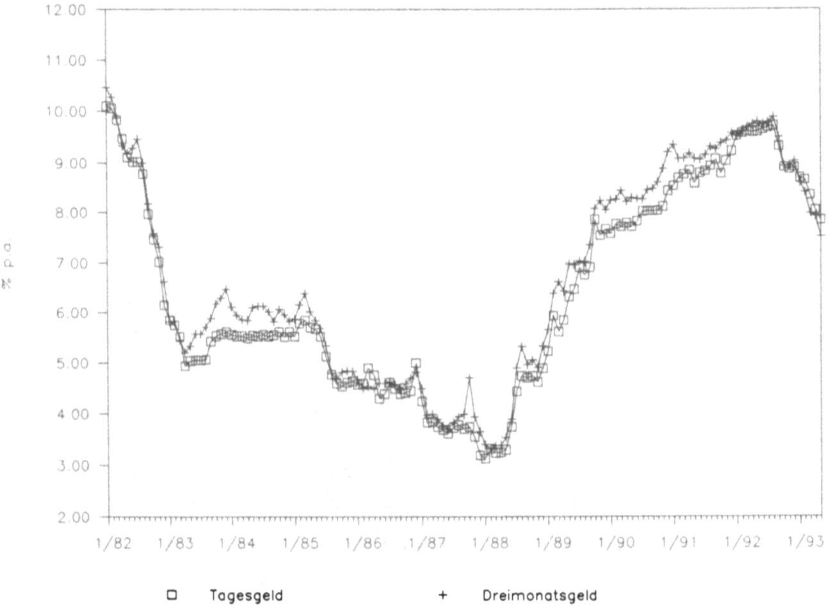

Regression Ausgabe:	
Konstante	0.32
Std Fehler Y	0.26
R im Quadrat	0.98
Beobachtungen	137.00
Toleranz	135.00
X Koeffizient(en)	1.00
Std Fehler Koef.	0.01

Quelle für die Grundzahlen: Deutsche Bundesbank, Monatsberichte der Deutschen Bundesbank, Statistischer Teil, versch. Jahrgänge.

Durch ein Bestreben der Banken, eine bestimmte Zinsmarge aufrechtzuerhalten, ließe sich nun eine Brücke zu den Sollzinsen am Bankenkreditmarkt schlagen. *Abbildung 3* offenbart jedoch für die Bundesrepublik Deutschland eine im Zeitablauf zwar immer positive, jedoch stark schwankende Zinsmarge. Die Differenz zwischen dem Zinssatz für Kontokorrentkredite und dem Satz für Festgelder nahm im Zeitraum 1982 bis Anfang 1993 Werte zwischen 2,03 Prozentpunkten (Anfang 1989) und 4,35 Pro-

Abbildung 2

Geldmarktsätze und Habenzinsen
1982 - 1993 (Monatsdurchschnitte)

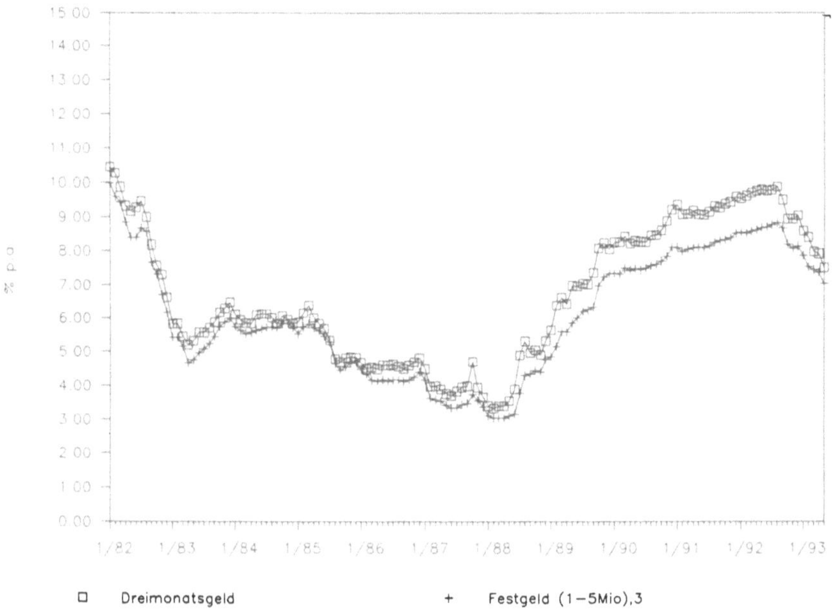

Regression Ausgabe:

Konstante	0.09
Std Fehler Y	0.23
R im Quadrat	0.98
Beobachtungen	137.00
Toleranz	135.00
X Koeffizient(en)	0.89
Std Fehler Koef.	0.01

Quelle für die Grundzahlen: Deutsche Bundesbank, Monatsberichte der Deutschen Bundesbank, Statistischer Teil, versch. Jahrgänge.

zentpunkten (Anfang 1993) an.[175] Diese Schwankungen sprechen zwar nicht gegen einen Einfluß der Bundesbank auf die Sollzinsen, sie lassen aber auf eine wenig kontinuierliche und damit nur schwer prognostizierbare Ausstrahlung der Habenzinsen auf die Sollzinsen schließen.

Gleichwohl entzieht sich die Sollzinsentwicklung aber nicht einer sehr direkten Abhängigkeit von den zinspolitischen Impulsen der Bundesbank. So verdeutlicht die *Abbildung 4* einen engen Zusammenhang zwischen der Entwicklung des Diskontsatzes auf der einen und der Entwicklung der

Abbildung 3

*Zinsmarge**

1982 - 1993

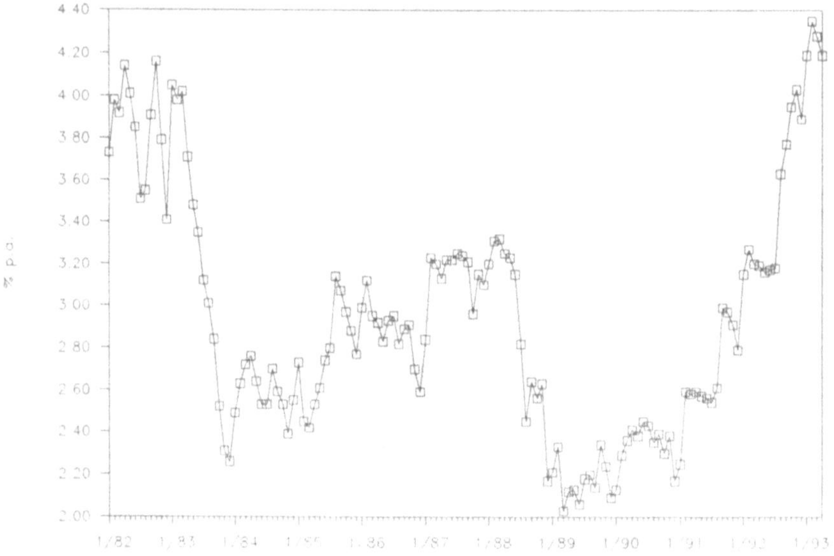

* Zinsmarge: Differenzen aus Zinssätzen für Kontokorrentkredite (von 1 bis unter 5 Mio. DM) und Zinssätzen für Festgelder mit vereinbarter Laufzeit von 1 Monat bis 3 Monate einschließlich von 1 bis unter 5 Mio. DM); durchschnittliche Zinssätze in % p.a.

Quelle für die Grundzahlen: Deutsche Bundesbank, Monatsberichte der Deutschen Bundesbank, Statistischer Teil, Tab. Zinssätze: Soll- und Habenzinsen, verschiedene Jahrgänge.

175 Eine Ausdehnung des Betrachtungszeitraumes zurück bis Februar 1975 ergibt Extremwerte von 0,59 Prozentpunkten (Ende 1979) und 4,83 Prozentpunkten (April 1975).

Zinsen für Wechseldiskontkredite und Kontokorrentkredite auf der anderen Seite. Die *Tabelle 8* zeigt, daß der durchschnittliche Abstand zwischen dem Diskontsatz und dem Zins für Wechseldiskontkredite zwischen 1975 und 1992 bei rund 2 Prozentpunkten liegt. Die Zinssätze für Kontokorrentkre-

Abbildung 4

Diskontsatz und Kreditzinsen
1982 - 1993

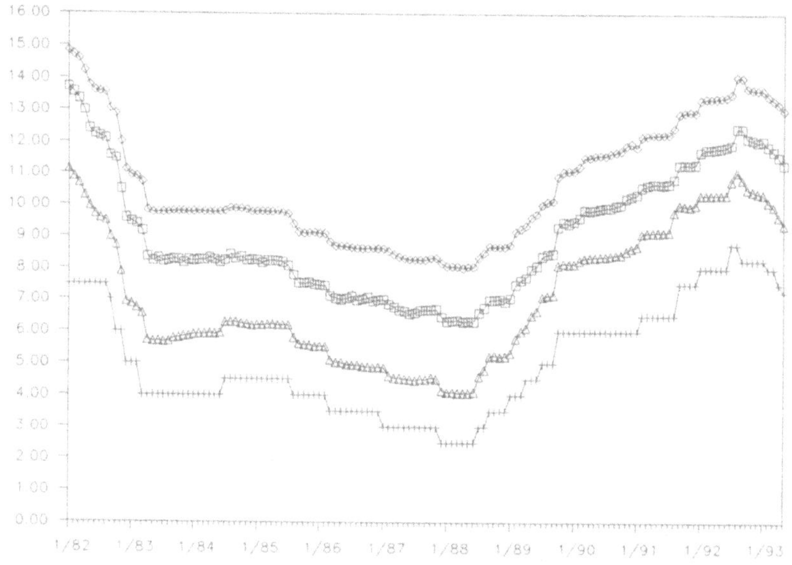

◇ Kontokorrentkredite (< 1 Mio. DM) (durchschnittliche Zinssätze)
□ Kontokorrentkredite (1 - 5 Mio. DM) (durchschnittliche Zinssätze)
△ Wechseldiskontkredite (durchschnittliche Zinssätze)
+ Diskontsatz

Regression (Diskontsatz und Kontokorrentzins (< 1 Mio. DM)):

Konstante	5.17
Std Fehler Y	0.42
R im Quadrat	0.95
Beobachtungen	137.00
Toleranz	135.00
X Koeffizient(en)	1.07
Std Fehler Koef.	0.02

Quelle für die Grundzahlen: Deutsche Bundesbank, Monatsberichte der Deutschen Bundesbank, Statistischer Teil, versch. Jahrgänge.

dite halten sich im Schnitt um knapp 4 Prozentpunkte (Kredite ein Betrag von 1 bis unter 5 Mio. DM) bzw. 5,4 Prozentpunkte (Kredite von unter 1 Mio. DM) oberhalb des Diskontsatzes. Die Werte für den in der *Abbildung 4* berücksichtigten Zeitraum 1982 bis 1992 weichen nur geringfügig von den Durchschnittswerten des Gesamtzeitraumes ab, bei allerdings geringeren Standardabweichungen. Läßt man schließlich die Jahre 1981 und 1982 aus der Gesamtzeitraumbetrachtung heraus, weil der Diskontsatz in diesen Jahren dauerhaft von den zinspolitischen Absichten der Bundesbank abgekoppelt wurde,[176] so fallen die durchschnittlichen Abstände der betrachteten Sollzinsen zum Diskontsatz mit Werten von 1,83, 3,75 und 5,19 Prozentpunkten etwas geringer aus, und die Standardabweichungen nähern sich den geringen Werten des Zeitraumes 1982 bis 1992 an. Diese Ergebnisse zeigen, wie groß der Stellenwert des Diskontsatzes für die Transmission der zinspolitischen Impulse der Bundesbank innerhalb des finanziellen Bereiches nach wie vor ist.

Während die empirischen Daten somit eine starke Ausstrahlung der am Geldmarkt ihren Ausgang nehmenden zinspolitischen Impulse der Bundesbank auf den Bankeneinlagen- und Bankenkreditmarkt bis in die jüngste Zeit dokumentieren, ist der „...Einfluß der Deutschen Bundesbank auf die Renditen am Rentenmarkt dagegen (...) geringer geworden."[177] Grundsätzlich vollzieht sich der Einfluß der Geldpolitik auf die Renditen am Rentenmarkt über die sogenannte Geldmarktabhängigkeit des Kapitalmarktes." Mit diesem Ausdruck wird die führende Rolle des Geldmarktes auf den Kreditmärkten bezeichnet, die sich darin äußert, daß die trendmäßige Entwicklung des Kapitalmarktes hinsichtlich seines Volumens (Emissionen), der Höhe und Struktur seiner Zinsen und hinsichtlich der Laufzeiten vornehmlich von der Entwicklung des Geldmarktes abhängt."[178] Begründet wird eine derartige Geldmarktabhängigkeit des Kapitalmarktes durch hohe Marktanteile der Kreditinstitute auf der Nachfrage- und auf der Angebotsseite am Rentenmarkt. Dadurch bestimmt die von der Zentralbankpolitik am Geldmarkt erzeugte Liquiditätslage der Kreditinstitute auch das Geschehen am Kapital-

---

176 So blieb der Diskontsatz z.B. vom 19. September 1980 bis zum 26. August 1982 unverändert auf der Höhe von 7,5 v.H., während vom 20. Februar 1981 bis zum 6. Mai 1982 die Lombardkreditgewährung ausgesetzt wurde. In dieser Phase wurden vielmehr Sonderlombardkredite zu Sätzen von bis zu 12 v.H. gewährt. Vgl. Deutsche Bundesbank, Monatsberichte der Deutschen Bundesbank, Statistischer Teil, Tabelle V.1 und V.2.

177 Köhler, Claus, Der deutsche Kapitalmarkt ..., S. 97.

178 Häuser, Karl, Die Geldmarktabhängigkeit des deutschen Kapitalmarktes, in: Ehrlicher, Werner und Simmert, Diethard B. (Hrsg.), Geld und Währungspolitik in der Bundesrepublik Deutschland, Beihefte zu Kredit und Kapital, Heft 7, Berlin 1982, S. 309.

Tabelle 8

Abstand zwischen Sollzinsen und Diskontsatz in der Bundesrepublik Deutschland 1975 - 1992 (in Prozentpunkten)

Ausgewählte Zeiträume	Zinssatz für Wechseldiskontkredite abzüglich Diskontsatz				Zinssatz für Kontokorrentkredite (1- b. u. 5 Mio.) abzüglich Diskontsatz				Zinssatz für Kontokorrentkredite (unter 1 Mio.) abzüglich Diskontsatz			
	Mittelwert	Standardabweichung	Maximum	Minimum	Mittelwert	Standardabweichung	Maximum	Minimum	Mittelwert	Standardabweichung	Maximum	Minimum
01/1982 bis 07/1992	1,98	0,46	3,64	1,33	3,94	0,53	6,22	3,06	5,54	0,45	7,34	4,75
02/1975 bis 07/1992	1,98	0,69	4,68	1,16	3,98	0,82	7,09	2,86	5,37	0,79	7,94	3,75
02/1975 - 12/1980 und 01/1983 - 07/1992	1,83	0,46	3,28	1,16	3,75	0,42	5,28	2,86	5,19	0,54	6,74	3,75

Eigene Berechnungen; Quelle für die Grundzahlen: Deutsche Bundesbank, Monatsberichte der Deutschen Bundesbank, Statistischer Teil, Tabelle Zinssätze, Soll- und Habenzinsen und Tabelle Zinssätze, Diskont- und Lombardsatz der Deutschen Bundesbank, verschiedene Jahrgänge.

markt, so daß sich Geldmarktzinsen und Kapitalmarktzinsen tendenziell parallel entwickeln.[179]

Während sich die Beziehungen zwischen Geldmarktzinsen und Kapitalmarktzinsen gemäß einer empirischen Untersuchung von Jander über den Einfluß der Geldpolitik der Bundesbank auf die Kapitalmarktentwicklung für den Zeitraum 1970 bis 1985 noch mit „Einschränkungen als relativ eng darstellen",[180] wird dieser Zusammenhang jedoch spätestens seit Mitte der 80er Jahre durch einen stärkeren Einfluß des Auslandes im Gefolge des erreichten Grades an Freizügigkeit um grenzüberschreitenden Geld- und Kapitalverkehr immer wieder, z.T. nachhaltig, gestört.[181] Dahinter steht die Überlegung, daß ausländische Wirtschaftssubjekte, sofern sie z.B. eine Aufwertung der Inlandswährung erwarten, dazu übergehen, die Inlandswährung nachzufragen, um Wechselkursgewinne zu realisieren. Hinzu kommt eine zinstragende Anlage der entsprechenden Beträge in fungiblen festverzinslichen Wertpapieren. Dabei spielt die jeweilige Höhe der direkten Verzinsung eine untergeordnete Rolle, vielmehr erhoffen sich die ausländischen Wirtschaftssubjekte, bei zunehmend gleichgerichtetem Verhalten weiterer ausländischer Anleger, zusätzliche Erträge aus Wertpapierkurssteigerungen. Da in diesem Zusammenhang der sogenannte Kurshebel um so größer ist, je länger die Restlaufzeit der entsprechenden Wertpapiere ist,[182] dürfte sich das Ausland vorwiegend auf längerfristige Papiere konzentrieren. Bei einem hinreichend starken Engagement des Auslandes im Inland steigen dadurch die inländischen Wertpapierkurse, und die Zinsen am inländischen Kapital-

---

179 „Zum Kauf von Wertpapieren werden die Banken angeregt, wenn sie über reichlich liquide Mittel verfügen. Kaufen sie in einer solchen Situation, dann steigen die Kurse der Wertpapiere; die Renditen sinken. Das wird aber immer dann der Fall sein, wenn die Bundesbank den Geldmarkt flüssig und die Geldmarktzinsen niedrig hält." Köhler, Claus, Der deutsche Kapitalmarkt ..., S. 97. Vgl. auch Häuser, Karl, Die Geldmarktabhängigkeit ..., S. 312.

180 Jander, Sigurd, Der Einfluß der Geldpolitik auf die Kapitalmarktentwicklung, Berlin 1986, S. 164. Auch für Jander ist dies „...zum einen das Ergebnis einer grundsätzlich wohl vorhandenen, wenn auch im Zeitablauf unterschiedlich ausgeprägten Geldmarktabhängigkeit des Kapitalmarkts, zum anderen ist diese Geldmarktabhängigkeit natürlich in gewissem Maße darauf zurückzuführen, daß sich die Geldpolitik in der Regel am Verlauf der Inflationsraten bzw. – eng damit verknüpft – an der Konjunkturentwicklung orientiert, Marktdaten und geldpolitischer Einfluß also richtungsmäßig meist übereinstimmen." Jander, Sigurd, a.a.O., S. 164. Hinsichtlich der „Einschränkungen" verweist Jander a.a.O. insbesondere auf die Rolle von Inflationserwartungen, die sich, gemäß dem Fisher-Theorem, in den Kapitalmarktzinsen niederschlagen und den Zusammenhang zwischen Geldmarktzinsen und Kapitalmarktzinsen zeitweilig beeinträchtigt haben.

181 Vgl. Köhler, Claus, Der deutsche Kapitalmarkt ..., S. 97.

182 Vgl. Andreas, Kurt, Kapitalmarkt, in: Kloten, Norbert und v. Stein, Johann Heinrich (Hrsg.), Obst/Hintner, Geld-, Bank- und Börsenwesen, 37., völlig neu gestaltete Auflage, Stuttgart 1982, S. 795.

markt sinken. Dies kann sich ggf. sogar unabhängig und deshalb auch entgegengesetzt zu der Zins- und Liquiditätsentwicklung am inländischen Geldmarkt vollziehen.[183]

Kommt es hingegen zu Abwertungserwartungen gegenüber der inländischen Währung, so stößt das Ausland seine inländischen Kapitalmarktanlagen ab und wechselt in andere Währungen. Dies löst Zinssteigerungstendenzen am inländischen Kapitalmarkt aus. Köhler spricht in diesem Zusammenhang vom dualen Effekt spekulativer Transaktionen,[184] durch den auf der einen Seite das Tempo der Wechselkursveränderungen beschleunigt wird und auf der anderen Seite der nationale Zinszusammenhang geringer werden kann. Dieser duale Effekt kann noch verstärkt werden, sofern die durch Wechselkursänderungserwartungen ausgelösten Kapitalströme zusätzlich über Zinsänderungen im Ausland und/oder über Änderungen der Risikoprämie beeinflußt werden. Wie aus der internationalen Zinsgleichung (36b) ablesbar ist, wird z.B. bei anfangs gegebenem inländischen Zinsniveau der Anreiz zu Kapitalströmen ins Inland als Folge von Aufwertungserwartungen gegenüber der inländischen Währung ($\hat{e}^{erw} < o$) noch erhöht, sofern gleichzeitig die Zinsen im Ausland (i^*) sinken bzw. die geforderte Risikoprämie für Auslandsanlagen (rp) ansteigt.

Über die von Wechselkursänderungserwartungen induzierten Kapitalströme und deren Niederschlag am inländischen Kapitalmarkt kann es aber nicht nur zu Einflüssen auf das Kapitalmarktzinsniveau kommen, sondern

---

183 Vgl. Köhler, Claus, Der deutsche Kapitalmarkt ..., S. 97. „Bis vor etwa zehn Jahren konnte man auf dem inländischen Geld- und Kapitalmarkt grundsätzlich gleichgerichtete Zinsbewegungen beobachten. Die Dominanz geldpolitischer Impulse war gewährleistet, weil die Banken als starkes Bindeglied zwischen den beiden Märkten wirkten und Außenimpulse ein vergleichsweise geringes Gewicht hatten. (...) Das Kapitalmarktgeschehen wird (seitdem, Anm. des Verf.) nicht selten sehr stark von ausländischen Marktteilnehmern beeinflußt mit der Konsequenz, daß nicht in erster Linie das inländische Geldmarktzinsniveau, sondern vielmehr Auslandszinsen und Wechselkurserwartungen die Zinsbildung am Kapitalmarkt bestimmen." Hesse, Helmut und Roth, Gisela, Die Zinsstruktur als Indikator der Geldpolitik?, in: Kredit und Kapital, 25. Jg. 1992, S. 13. Auch Jander hat bereits für den Zeitraum 1970 - 1985 auf die zeitweilige Bedeutung des Auslandes für die Kapitalmarktzinsentwicklung hingewiesen. Neben der Auslandszinsentwicklung sah Jander jedoch insbesondere in den auch vom Ausland beeinflußten Inflationserwartungen den zentralen Grund für einen Auslandseinfluß: „Zu nennen sind hier Wechselkursverschiebungen, die über steigende Importpreise inflationsbeschleunigend wirken können, Zinsentwicklungen im Ausland, die über die Vorstellung von der Zinsparitätentheorie auf die inländischen Märkte ausstrahlen, (...) in den letzten Jahren aber auch die Geldmengenentwicklung, sofern diese den oberen Zielbereich überschreitet oder, in den USA, von den kurzfristigen Erwartungen über den mutmaßlichen Verlauf abweicht und dabei in quantitätstheoretischer Vorstellung inflationsbeschleunigend wirkt." Jander, Sigurd, Der Einfluß der Geldpolitik ..., S. 165.

184 Vgl. Köhler, Claus, Internationalökonomie ..., S. 62.

gleichzeitig können damit auch Einflüsse auf die Zinsstruktur bzw. auf die Fristigkeitsstruktur der Zinssätze verbunden sein. Dies resultiert aus der Präferenz des Auslandes für längerfristige Kapitalmarktpapiere, wodurch deren Renditen im Vergleich zu denen der kürzerfristigen Papiere stärkeren Auslandseinflüssen ausgesetzt sein dürften. Hinzu kommt, daß, aufgrund bestehender Substitutionsbeziehungen, die Renditen kurzfristiger Kapitalmarktpapiere grundsätzlich einen recht engen Bezug zu den von den geldpolitischen Impulsen unmittelbar betroffenen Zinsen am Geldmarkt und am Bankeneinlagenmarkt aufweisen.[185]

In Phasen mit Aufwertungserwartungen kann es deshalb zu einer Abflachung der Zinsstrukturkurve am inländischen Kapitalmarkt kommen, sofern durch den Auslandserwerb inländischer Kapitalmarktpapiere insbesondere die Zinsen am langen Ende des Kapitalmarktes tendenziell sinken. Hingegen kann in Phasen mit Abwertungserwartungen und einem damit verbundenen Ausstieg des Auslandes aus den längerfristigen Kapitalmarktpapieren mit einer tendenziell steileren Renditestrukturkurve gerechnet werden.

Erste Anhaltspunkte der empirischen Relevanz von Wechselkursänderungserwartungen für einen Einfluß auf die Zinsentwicklung am deutschen Kapitalmarkt vermittelt die *Tabelle 9*. Dort ist der prozentuale Anteil des Auslandes am Erwerb festverzinslicher Wertpapiere in der Bundesrepublik Deutschland und die Wechselkursentwicklung der D-Mark gegenüber dem US-Dollar jeweils für bestimmte Zeiträume zwischen Januar 1980 und September 1992 aufgeführt. In den drei betrachteten Abwertungsphasen der D-Mark von Januar 1980 bis Februar 1985 bzw. von Januar 1988 bis Juni 1989 und von Februar 1991 bis Anfang Juli 1991 war der jeweilige Auslandsanteil am Erwerb festverzinslicher Wertpapiere mit Werten von 7,1 v.H. und 2,0 v.H. nicht nur relativ gering, sondern im dritten Fall mit –1,6 v.H. sogar negativ, weil in diesem Zeitraum das Ausland Wertpapieranlagen netto aufgelöst hat. In den dargestellten Aufwertungsphasen der D-Mark von März 1985 bis Dezember 1987 und von Juli 1991 bis September 1992 war der Auslandsanteil mit Werten von 41,5 v.H. bzw. 38,9 v.H. dagegen sehr ausgeprägt.

Nicht ganz so prägnant erscheint dieser Anteil – auf den ersten Blick – mit 15,3 v.H. in der Aufwertungsphase von Mitte Juni 1989 bis Mitte Februar 1991. Läßt man jedoch die ersten drei Quartale des Jahres 1990 aus der Betrachtung heraus, so ergab sich mit 29,2 v.H. wiederum ein relativ hoher Auslandsanteil. Für eine solche Ausgrenzung sprechen die beson-

---

[185] Zu den Substitutionsbeziehungen vgl. auch Kath, Dietmar, Die Zins- und Laufzeitstruktur der finanziellen Märkte in der Bundesrepublik Deutschland, in: Ehrlicher, Werner und Simmert, Diethard B. (Hrsg.), Geld- und Währungspolitik in der Bundesrepublik Deutschland, Beihefte zu Kredit und Kapital, Heft 7, Berlin 1982, S. 319 - 336, insbesondere S. 325ff.

Tabelle 9

Wechselkursentwicklung und Anteil des Auslandes am Erwerb festverzinslicher Wertpapiere in der Bundesrepublik Deutschland 1980 - 1992

Zeitraum	Wechselkursentwicklung* D-Mark/US-Dollar-Kurs		Anteil des Auslandes am Erwerb festverzinslicher Wertpapiere
01/1980 - 02/1985	1,71 DM / 1 US$ (03.01.80)	3,47 DM / 1 US$ (26.02.85)	7,1 v.H.
03/1985 - 12/1987	3,47 DM / 1 US$ (26.02.85)	1,58 DM / 1 US$ (31.12.87)	41,5 v.H.
01/1988 - 06/1989	1,58 DM / 1 US$ (31.12.87)	2,04 DM / 1 US$ (15.06.89)	2,0 v.H.
07/1989 - 02/1991	2,04 DM / 1 US$ (15.06.89)	1,45 DM / 1 US$ (12.02.91)	15,3 v.H. 29,2 v.H.**
03/1991 - 06/1991	1,45 DM / 1 US$ (12.02.91)	1,84 DM / 1 US$ (05.07.91)	– 1,6 v.H.
07/1991 - 09/1992	1,84 DM / 1 US$ (05.07.91)	1,39 DM / 1 US$ (02.09.92)	38,9 v.H.

* gerundet
** ohne 1. - 3. Quartal 1990

Quelle für die Grundzahlen: Deutsche Bundesbank, Statistische Beihefte zu den Monatsberichten der Deutschen Bundesbank, Reihe 2: Wertpapierstatistik, Tabelle 1b, versch. Jahrgänge, Reihe 5, Die Währungen der Welt, versch. Jahre; eigene Berechnungen.

deren Umstände im Jahre 1990. So kam es im ersten Halbjahr 1990, im Zuge der Diskussionen um die am 1. Juli 1990 in Kraft getretene Wirtschafts-, Währungs- und Sozialunion mit der damaligen DDR, zu einem starken Rückzug des Auslandes vom deutschen Kapitalmarkt.[186] Aus der

[186] Allein im ersten Quartal 1990 hat das Ausland seine Anlagen am deutschen Kapitalmarkt um rd. 11,4 Mrd. DM netto verringert. Vgl. Deutsche Bundesbank, Statistische Beihefte zu den Monatsberichten der Deutschen Bundesbank, Reihe 2, Wertpapierstatistik, Tabelle 1b, Februar 1991, Nr. 2.

damaligen Sicht des Auslandes mögen die damit verbundenen Unwägbarkeiten, insbesondere im Hinblick auf die Durchführung und den Umfang der finanziellen Belastungen einer deutschen Wiedervereinigung, zu Abwertungserwartungen gegenüber der D-Mark geführt haben. Gleichwohl blieb der nominale D-Mark/US-Dollar-Kurs im ersten Halbjahr 1990 praktisch unverändert.[187]

Im dritten Quartal 1990, als die Tendenz zur DM-Aufwertung erneut einsetzte, begann das Ausland sich jedoch wieder stärker mit Kapitalanlagen in der Bundesrepublik Deutschland zu engagieren. Allerdings wurde eine Anlage in festverzinslichen Wertpapieren dabei noch weitgehend gemieden: „Entgegen ihrem früher üblichen Portfolioverhalten erwarben Ausländer im August und September hauptsächlich Bankschuldverschreibungen zu Lasten des Kaufs von öffentlichen Anleihen, wobei es sich insbesondere um variabel verzinsliche und damit weitgehend kursrisikofreie Papiere handelte."[188] Erst ab Oktober verlagerte sich das Anlageinteresse der ausländischen Kapitalgeber wieder auf festverzinsliche Kapitalmarktpapiere. Insgesamt rechtfertigen diese Sonderfaktoren also eine Ausgrenzung der ersten drei Quartale.

Aus diesen Zusammenhängen wird aber bereits deutlich, daß die Richtung der Wechselkursänderungserwartungen nicht zwangsläufig über den gesamten Zeitraum einer ex-post feststellbaren Kursänderungsperiode Bestand haben muß. Dies läßt sich auch anhand der Darstellung der Aufwertungsphase der D-Mark von Februar 1985 bis Dezember 1987 in *Tabelle 10* zeigen. Nimmt man das Interesse des Auslandes an deutschen Kapitalmarktanlagen, gemessen am Anteil des Auslandes am Erwerb festverzinslicher Wertpapiere, als Indiz für Wechselkursänderungserwartungen, dann zeigt sich, daß bereits im ersten Halbjahr 1987 die Aufwertungsphantasie gegenüber der D-Mark, im Vergleich zum zweiten Halbjahr 1986, an Triebkraft verloren hat. Im zweiten Halbjahr 1987 scheinen die ausländischen Anleger bereits Abwertungserwartungen gehegt zu haben, während die Aufwertung sich aber noch bis Ende 1987 fortgesetzt hat. Daß es sich bei dem hier dargestellten Engagement des Auslandes am deutschen Kapitalmarkt auch tatsächlich um von D-Mark/US-Dollar-Kursen bzw. -Kurserwartungen induzierte Kapitaltransaktionen handelt, läßt sich auf den ersten Blick aus einer regionalen Analyse der Wertpapierkäufe des Auslandes in der Bundesrepublik Deutschland nicht entnehmen. Die Statistik weist nämlich in diesem Zusammenhang eine eindeutige Dominanz der europäischen

---

[187] Ende Dezember 1989 betrug der DM-Dollar-Kurs rd. 1,70 DM und Mitte Juni 1990 rd. 1,69 DM.

[188] Deutsche Bundesbank, Die Wirtschaftslage in der Bundesrepublik Deutschland im Herbst 1990, in: Monatsberichte der Deutschen Bundesbank, 42. Jg. Nr. 12, Dezember 1990, S. 20.

Staaten auf.[189] Allerdings konzentrieren sich diese Geschäfte wiederum schwergewichtig auf Großbritannien und mit Abstand auf die Schweiz. Der Grund dafür ist darin zu sehen, daß die international disponierenden institutionellen Investoren ihre Wertpapiergeschäfte über die großen Finanzzentren (insbesondere über London) tätigen. Da sich nun ausländische Anlagen in deutschen Wertpapieren mangels Informationen über die jeweiligen Gläubiger der Titel nur dem Land des unmittelbaren Partners der Kauf- oder Verkaufstransaktion zuordnen lassen,[190] ergeben sich in der Statistik die hohen Anteile Großbritanniens am Erwerb bzw. an der Veräußerung von deutschen Wertpapieren.

Tabelle 10

Anteil des Auslandes am Erwerb festverzinslicher Wertpapiere in der Bundesrepublik Deutschland 1985 - 1991 (in v.H.)

Jahr	Erstes Halbjahr	Zweites Halbjahr
1985	23,6 v.H.	37,6 v.H.
1986	55,8 v.H.	58,9 v.H.
1987	49,0 v.H.	- 0,5 v.H.
1988	2,3 v.H.	2,3 v.H.
1989	1,5 v.H.	32,7 v.H.
1990	- 9,5 v.H.	18,5 v.H.
1991	11,4 v.H.	41,7 v.H.

Eigene Berechnungen; Quelle für die Grundzahlen: Deutsche Bundesbank, Statistische Beihefte zu den Monatsberichten der Deutschen Bundesbank, Reihe 2, Wertpapierstatistik, Tabelle 1b, verschiedene Jahre.

Zusätzliche Hinweise auf die zinspolitische Bedeutung der von Wechselkursänderungserwartungen abhängigen Auslandseinflüsse auf den deutschen Kapitalmarkt lassen sich der *Abbildung 5* entnehmen. Dargestellt ist dort der Tagesgeldzins als Indikator der zinspolitischen Vorstellungen der Deutschen Bundesbank und die Umlaufsrendite festverzinslicher Wertpapiere

[189] Vgl. Deutsche Bundesbank, Statistische Beihefte zu den Monatsberichten der Deutschen Bundesbank, Reihe 3, Zahlungsbilanzstatistik, Tabelle 5e, Wertpapieranlagen nach Ländergruppen und Ländern, versch. Jahre.

[190] Vgl. Deutsche Bundesbank, Die Zahlungsbilanzstatistik der Bundesrepublik Deutschland. Inhalt, Aufbau und methodische Grundlagen, Sonderdrucke der Deutschen Bundesbank Nr. 8, 2. Auflage, Frankfurt/M. 1990, S. 101.

mit einer Restlaufzeit von über 9 bis 10 Jahren stellvertretend für den Kapitalmarktzins. Die Umlaufsrendite für Papiere mit dieser Restlaufzeit wurde gewählt, weil das Ausland infolge des mit Zunahme der Restlaufzeit größeren „Kurshebels“ eine Präferenz für längerfristige Wertpapiere haben dürfte. Zinspolitisch interessant für die Beurteilung der Frage, ob der nationale Zinszusammenhang durch Einflüsse des Auslandes gestört wird, sind Phasen, in denen sich Geldmarktzins und Kapitalmarktzins über einen längeren Zeitraum nicht parallel bzw. nicht einmal tendenziell in die gleiche Richtung entwickeln. Sieben solcher Zeiträume lassen sich zwischen Juli 1985 und Juli 1992 erkennen. In der *Tabelle 11* finden sich die diesen sieben Phasen zugehörigen Zinsdaten. Zusätzlich sind in dieser Tabelle noch die Rendite für Anleihen der öffentlichen Hand, ebenfalls mit einer

Abbildung 5

Tagesgeld- und Kapitalmarktzins
1985 - 1992 (Monatsdurchschnitte)

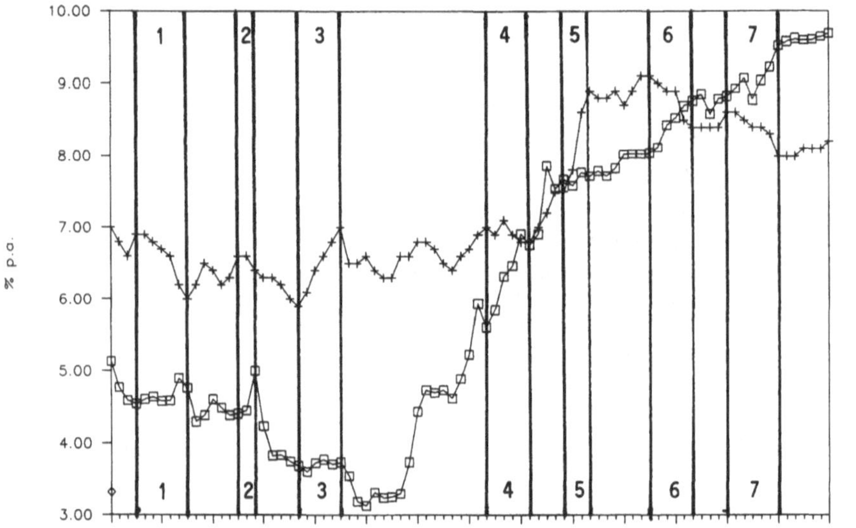

□ Tagesgeldsatz

\+ Umlaufsrendite tarifbesteuerter festverzinslicher Wertpapiere Restlaufzeit von über 9 bis 10 Jahren

Quelle für die Grundzahlen: Deutsche Bundesbank, Monatsberichte der Deutschen Bundesbank, Statistischer Teil, Tabelle V.6, versch. Jahrgänge und Statistische Beihefte zu den Monatsberichten der Deutschen Bundesbank, Reihe 2, Wertpapierstatistik, Tabelle 8c, versch. Jahre.

Restlaufzeit von über 9 bis 10 Jahren, und die allgemeine Umlaufsrendite aufgeführt. Die explizite Berücksichtigung der Rendite öffentlicher Anleihen soll dem Umstand Rechnung tragen, daß ausländische Anleger, unter den Gesichtspunkten Bonitätseinschätzung und Fungibilität, zu einer Bevorzugung von Staatsanleihen tendieren. Schließlich enthält die *Tabelle 11* noch die in den jeweiligen Phasen zu verzeichnenden prozentualen Anteile des Auslandes am Erwerb festverzinslicher Wertpapiere in der Bundesrepublik Deutschland, die einen Hinweis auf bestehende Wechselkursänderungserwartungen geben sollen.

Im einzelnen stellen sich die Störungen des nationalen Zinszusammenhanges in den sieben Phasen wie folgt dar: Im ersten Zeitraum (Oktober 1985 - April 1986) ist der Geldmarktzins leicht angestiegen, während die Kapitalmarktzinsen recht kräftig gefallen sind. In dieser sieben Monate währenden Phase betrug der Anteil des Auslandes am Erwerb festverzinslicher Wertpapiere am deutschen Kapitalmarkt über 50 v.H. Wie stark die Aufwertungserwartungen gegenüber der D-Mark in dieser Phase gewesen sein müssen, läßt ein vergleichender Blick auf die entsprechenden Zinskonstellationen in den USA vermuten. Wie aus *Tabelle 12* ersichtlich, betrug im Oktober 1985 der Zins auf langfristige amerikanische Staatsanleihen 10,67 v.H., während der Zins langfristiger Staatspapiere in Deutschland mit 6,70 v.H. (*Tabelle 11*) gut 4 Prozentpunkte niedriger notierte. Die, wie man der Reduktion der Federal Funds Rate bis April 1986 entnehmen kann, auf Zinssenkungen ausgerichtete amerikanische Geldpolitik hat die auch am Kapitalmarkt sichtbar werdenden starken Zinssenkungstendenzen unterstützt. Trotz der damit verbundenen ausgeprägten Wertpapierkurssteigerungstendenzen haben sich die internationalen Anleger offenkundig höhere Erträge aus einer erwarteten D-Mark-Aufwertung versprochen.

In der zweiten, von Oktober 1986 bis Dezember 1986 währenden Phase, die wie der erste Zeitraum noch in der Aufwertungsperiode der D-Mark lag, standen einem steigenden Geldmarktzins erneut fallende Kapitalmarktzinsen gegenüber. Der Anteil des Auslandes am Erwerb von deutschen Rentenpapieren lag in diesen drei Monaten bei 83,7 v.H. Dies vollzog sich vor dem Hintergrund einer anziehenden Federal Funds Rate und bei ebenfalls nachgebenden Kapitalmarktzinsen in den USA.

Der dritte Zeitraum (von Mai 1987 bis Oktober 1987), mit fast unverändertem Geldmarktzins, aber stark steigenden Kapitalmarktzinsen, fiel mit einem kräftigen Abbau der Wertpapieranlagen des Auslandes in Deutschland zusammen. Der prozentuale Anteil am Gesamterwerb belief sich auf −11,3 v.H. In den USA spiegelte sich die auch in dieser Phase anziehende Federal Funds Rate in steigenden Kapitalmarktzinsen wider. Dies, in Verbindung mit einer bereits seit Februar 1985 aufwertenden D-Mark und in Verbindung mit einer 1987 bereits im zweiten aufeinanderfolgenden Jahr

Tabelle 11

Zinsentwicklung in verschiedenen Zeiträumen und Anteil des Auslandes am Erwerb festverzinslicher Wertpapiere in der Bundesrepublik Deutschland

Zeiträume	Tagesgeldzins	Umlaufsrendite Laufzeit von über 9 bis 10 Jahren	Anleihen der öffentl. Hand Laufzeit von über 9 bis 10 Jahren	Umlaufsrendite (allg.)	Anteil des Auslandes am Erwerb (im jew. Zeitraum)
Okt. 1985 - Apr. 1986	von 4,54% auf 4,76%	von 6,90% auf 6,00%	von 6,70% auf 5,70%	von 6,60% auf 5,60%	50,2%
Okt. 1986 - Dez. 1986	von 4,41% auf 5,00%	von 6,60% auf 6,40%	von 6,30% auf 6,10%	von 6,00% auf 6,00%	83,7%
Mai 1987 - Okt. 1987	von 3,69% auf 3,74%	von 5,90% auf 7,00%	von 5,70% auf 6,90%	von 5,40% auf 6,50%	−11,3%*
Mrz. 1989 - Aug. 1989	von 5,61% auf 6,76%	von 7,00% auf 6,80%	von 7,00% auf 6,80%	von 7,00% auf 6,90%	38,3%**
Dez. 1989 - Mrz. 1990	von 7,67% auf 7,72%	von 7,50% auf 8,90%	von 7,30% auf 8,80%	von 7,80% auf 9,00%	−20,0%
Okt. 1990 - Mrz. 1991	von 8,04% auf 8,76%	von 9,10% auf 8,40%	von 9,00% auf 8,40%	von 9,20% auf 8,60%	41,2%***
Jul. 1991 - Jan. 1992	von 8,83% auf 9,52%	von 8,60% auf 8,00%	von 8,60% auf 8,00%	von 8,90% auf 8,30%	42,7%****

* Jun. - Okt. *** Nov., Dez., Feb.; (Dez. 1990: 64,9%).
** Apr. - Aug. **** Jul. - Dez.

Quelle für die Grundzahlen: Deutsche Bundesbank, Monatsberichte der Deutschen Bundesbank, Statistischer Teil, Tabelle V.6 sowie Statistische Beihefte zu den Monatsberichten der Deutschen Bundesbank, Reihe 2, Wertpapierstatistik, Tab. 1b., Tab. 8b u. Tab. 8c, verschiedene Jahre; Anteile des Auslandes: eigene Berechnungen.

über dem offiziellen Zielkorridor expandierenden Geldmenge in der Bundesrepublik Deutschland, kann bei den internationalen Anlegern zu einem temporären Umschwung der Wechselkursänderungserwartungen zu Lasten der D-Mark beigetragen haben.

In der vierten Phase (von März 1989 bis August 1989) stieg der Geldmarktzins recht kräftig an, während die Kapitalmarktzinsen leicht rückläufig waren. Dies vollzog sich vor dem Hintergrund von zwei Diskontsatz- und Lombardsatzanhebungen der Bundesbank mit Wirkung vom 21.4 und

Tabelle 12

Zinsentwicklung in verschiedenen Zeiträumen zwischen 1985 und 1992 in den USA

			Gov. Bond Yield	
	Zeiträume	Federal Funds Rate	Med.-Term.	Long-Term.
(1)	Okt. 85 - Apr. 86	von 7,99% auf 6,99%	von 9,25% auf 6,86%	von 10,67% auf 7,50%
(2)	Okt. 86 - Dez. 86	von 5,85% auf 6,91%	von 6,56% auf 6,43%	von 7,43% auf 7,11%
(3)	Mai 87 - Okt. 87	von 6,85% auf 7,29%	von 8,02% auf 8,75%	von 8,61% auf 9,52%
(4)	Mrz. 89 - Aug. 89	von 9,85% auf 8,99%	von 9,61% auf 8,13%	von 9,36% auf 8,11%
(5)	Dez. 89 - Mrz. 90	von 8,45% auf 8,28%	von 7,77% auf 8,63%	von 7,84% auf 8,59%
(6)	Okt. 90 - Mrz. 91	von 8,11% auf 6,12%	von 8,07% auf 7,35%	von 8,72% auf 8,11%
(7)	Jul. 91 - Jan. 92	von 5,82% auf 4,03%	von 7,38% auf 5,40%	von 8,27% auf 7,03%

Quelle: IMF, International Financial Statistics, versch. Jahre.

vom 30.6.1989, wodurch der Diskontsatz von 4 v.H. auf 5 v.H. und der Lombardsatz von 6 v.H. auf 7 v.H. erhöht wurden, und einem Auslandsanteil am Erwerb festverzinslicher Wertpapiere von über 38 v.H. In den USA kam es in dieser Phase auf breiter Front zu beachtlichen Zinssenkungen. Mit einem Zins von 8,11 v.H. im August 1989 betrug der Zinsvorteil langfristiger öffentlicher Anleihen in den USA gegenüber der Bundesrepublik Deutschland aber immer noch mehr als 1,3 Prozentpunkte.

Nachdem die Bundesbank zwischenzeitlich (mit Wirkung vom 6.10.1989) den Diskontsatz und den Lombardsatz jeweils um einen Prozentpunkt auf 6 v.H. bzw. 8 v.H. angehoben hatte, ergab sich im fünften Zeitraum (von Dezember 1989 bis März 1990) bei nunmehr fast konstantem Geldmarktzins ein sehr ausgeprägter Renditenanstieg am deutschen Kapitalmarkt, wobei das Ausland im großen Umfang DM-Wertpapiere netto verkauft hat, so daß sich ein Anteilswert in Höhe von –20 v.H. ergab. Hintergrund könnten DM-Abwertungsbefürchtungen im Zusammenhang mit der zu diesem Zeitpunkt diskutierten deutsch-deutschen Wirtschafts-, Währungs- und Sozialunion gewesen sein. Die zinspolitischen Impulse in der BRD und in den USA haben jedenfalls keinen Anlaß für einen derartig massiven Rückzug des Auslandes vom deutschen Kapitalmarkt gegeben. Die amerikanische Geldpolitik hat nämlich auch in dieser Phase weiterhin auf Zinssenkungen hingewirkt. So sank die Federal Funds Rate bis zum März 1990 auf 8,28 v.H., während diese ein Jahr zuvor noch 9,85 v.H. betragen hatte. Der deutsche Tagesgeldsatz ist demgegenüber im Verlauf dieser zwölf Monate von 5,61 v.H. auf 7,72 v.H. gestiegen.

Als sich im zweiten Halbjahr 1990 die im ersten Halbjahr unterbrochene Aufwertungstendenz der D-Mark fortsetzte, stellte sich eine sechste Phase gegenläufiger Zinsentwicklungen am Geldmarkt und am Kapitalmarkt ein. Während der Geldmarktzins von Oktober 1990 bis März 1991 stark anstieg, kam es zu einem kräftigen Rückgang der Kapitalmarktzinsen. Hintergrund der Geldmarktentwicklung waren die Lombardsatzerhöhungen der Bundesbank am 2.11.1990 und am 1.2.1991, durch die der Lombardsatz von 8,0 v.H. auf 9,0 v.H. angehoben wurde, sowie eine Diskontsatzerhöhung am 1.2.1991 von 6,0 v.H. auf 6,5 v.H. Die Senkung der Kapitalmarktzinsen vollzog sich derweil wiederum bei einem stark steigenden Engagement des Auslandes am deutschen Rentenmarkt.[191] Unterstützend wirkten sich dabei die auch in dieser Phase anhaltenden Zinssenkungen in den USA aus, die nun sowohl am amerikanischen Geldmarkt als auch am Kapitalmarkt zu niedrigeren Zinsen als in Deutschland führten.

Der siebte Zeitraum (von Juli 1991 bis Januar 1992) fällt erneut in eine Aufwertungsphase der D-Mark. Begleitet von Diskont- und Lombardsatzerhöhungen am 16.8. und 20.12.1991, in deren Zuge der Diskontsatz von 9,0 v.H. auf 9,75 v.H. angehoben wurden, kam es zu starken Zinserhöhungen am Geldmarkt, während sich gleichzeitig ausgeprägte Zinssenkungen am Kapitalmarkt einstellten. Zu verzeichnen war in dieser Phase ein mit knapp 42 v.H. wiederum sehr hoher Anteil des Auslandes am Erwerb festverzinslicher Wertpapiere. Wie in der vorangegangenen Phase vollzog sich dies bei weiteren Zinssenkungen in den USA.

Neben den hier betrachteten Phasen gegenläufiger Zinsentwicklung am Geldmarkt und am Kapitalmarkt hat es im betrachteten Gesamtzeitraum

---

[191] Statistisch erfaßbar lag der Höhepunkt des Engagements des Auslandes mit knapp 65% im Dezember 1990. Ein ähnlich hoher Wert dürfte sich jedoch auch in der ersten Hälfte des Februars 1991 ergeben haben. Statistisch nachvollziehbar ist dies mit dem veröffentlichten Zahlenmaterial der Bundesbank allerdings nicht, da über das Auslandsengagement nur Monatswerte vorliegen. Zeitungsberichten zufolge hat das Interesse des Auslandes an deutschen Wertpapieren bis zum Wechselkurshöhepunkt am 12. Februar 1991 angehalten und ist danach, im Zuge der einsetzenden Abwertungstendenzen der D-Mark, abgeflaut. Über den gesamten Monat Februar 1991 ergab sich somit noch ein Anteil des Auslandes von 37,5%.

weitere Phasen gegeben, in denen sich das Ausland ebenfalls im bedeutenden Umfang mit Wertpapierkäufen am deutschen Rentenmarkt engagiert hat bzw. in denen sich die ausländischen Anleger durch umfangreiche Verkäufe zeitweilig stark vom Markt zurückgezogen haben und in denen es zu den damit verknüpfbaren Zinsreaktionen am Kapitalmarkt gekommen ist. Diese Phasen sind hier aber deshalb nicht gesondert aufgeführt worden, weil es jeweils zu einem tendenziellen Gleichlauf von Geldmarktzinsen und Kapitalmarktzinsen gekommen ist, und die zinspolitischen Intentionen somit eine Unterstützung von den Auslandseinflüssen erfahren haben. Die aufgezeigten Phasen offenbaren aber mit Zeiträumen von bis zu sieben Monaten recht ausgeprägte und anhaltende Störungen der nationalen Zusammenhänge.[192]

Die folgenden *Abbildungen 6* und *7* fassen die Störungen der nationalen Zinszusammenhänge in den angesprochenen sieben Phasen zwischen 1985 und 1992 noch einmal anhand einer Darstellung der Entwicklung des Zinsgefälles zwischen Geldmarkt und Kapitalmarkt zusammen. Dabei zeigt sich, sowohl bei der Gegenüberstellung der Rendite festverzinslicher Wertpapiere mit einer Restlaufzeit von 9 bis 10 Jahren und des Tagesgeldsatzes, als auch beim Vergleich der allgemeinen bzw. durchschnittlichen Umlaufsrendite mit dem Dreimonatsgeldmarktsatz, daß in den Phasen 1, 2, 4, 6 und 7, in denen sich das Ausland verstärkt am deutschen Rentenmarkt engagiert hat, die jeweiligen Differenzen aus Kapitalmarktzins abzüglich Geldmarktzins deutlich abgenommen haben, während in den Phasen 3 und 5, in denen sich das Ausland von deutschen Rentenmarktanlagen netto gelöst hat, das entsprechende Zinsgefälle jeweils angestiegen ist.

Nimmt man ein solches Zinsgefälle zwischen einem Kapitalmarktzins (längerfristiger Zins) und einem Geldmarktzins (kurzfristiger Zins) als vereinfachte Darstellung der Zinsstruktur, so liefern die empirischen Daten nicht nur Anhaltspunkte für einen zeitweilig ausgeprägten Einfluß des Auslandes auf das Zinsniveau am deutschen Kapitalmarkt, sondern ebenso auf

---

192 Hinweise darauf, daß sich dahinter von Wechselkursänderungserwartungen beeinflußte Portfoliodispositionen des Auslandes verbergen, liefert auch die Bundesbank, wenn sie ausführt: „Vor allem über das schwankende Engagement der professionellen ausländischen Anleger am deutschen Rentenmarkt – insbesondere der institutionellen Investoren in den großen Finanzzentren (wie London) – wird der deutsche Kapitalmarkt in den internationalen Zinszusammenhang eingebunden. Da der Anlageerfolg – soweit eine offene DM-Position besteht – sowohl von der Zins- als auch von der Wechselkursentwicklung bestimmt wird, tragen die ausländischen Anleger außerdem wesentlich zur Wechselkursabhängigkeit des deutschen Kapitalmarktes bei." Deutsche Bundesbank, Der Wertpapierverkehr der Bundesrepublik Deutschland mit dem Ausland in der zweiten Hälfte der achtziger Jahre, in: Deutsche Bundesbank, Monatsberichte der Deutschen Bundesbank, 43. Jg. Nr. 4, April 1991, S. 26.

Abbildung 6

*Zinsgefälle: Geldmarkt – Rentenmarkt I**

1985 - 1992; (Monatswerte)

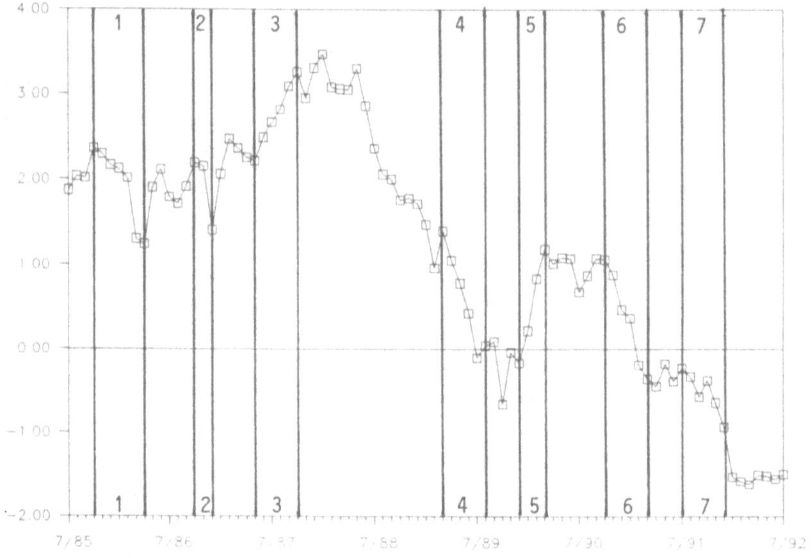

* Differenzen zwischen Umlaufsrenditen festverzinslicher Wertpapiere mit mittleren Restlaufzeiten von über 9 bis 10 Jahren und Tagesgeldzins; Monatsdurchschnitte.

Quelle für die Grundzahlen: Deutsche Bundesbank, Statistische Beihefte zu den Monatsberichten der Deutschen Bundesbank, Reihe 2, Wertpapierstatistik, Tab. 8c und Monatsberichte der Deutschen Bundesbank, Statistischer Teil, Tab. Zinssätze: Geldmarktsätze nach Monaten, versch. Jahrgänge.

die Zinsstrukturentwicklung. Betrachtet man vor diesem Hintergrund noch zusätzlich den in der *Abbildung 8* aufgezeigten engen Zusammenhang zwischen der Zinsentwicklung am Geldmarkt, repräsentiert durch den Dreimonatssatz, und dem Zins für kurzlaufende Wertpapiere am Rentenmarkt, dargestellt durch die Umlaufsrendite von festverzinslichen Wertpapieren mit einer mittleren Restlaufzeit von über 1 bis 2 Jahren,[193] so spiegelt sich der

[193] Im Rahmen einer durchgeführten einfachen Regressionsrechnung mit dem Geldmarktsatz als unabhängiger Variablen und der Umlaufsrendite als abhängiger Variablen errechnete sich für den abgebildeten Zeitraum ein Korrelationskoeffizient von 0,98. Auch bei einer Ausdehnung des Zeitraumes bis zum Januar 1980 blieb der Korrelationskoeffizient und damit die Straffheit des Zusammenhanges unverändert.

Abbildung 7

*Zinsgefälle: Geldmarkt – Rentenmarkt II**

1985 - 1992; (Monatswerte)

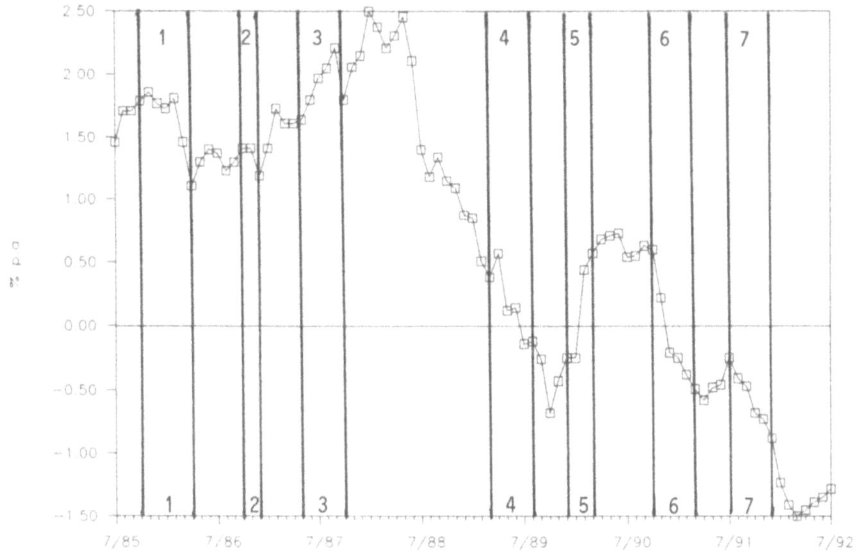

* Differenzen zwischen Umlaufsrenditen (im Umlauf befindliche festverzinsliche Wertpapiere insgesamt) und Zinssätzen für Dreimonatsgeld; Monatsdurchschnitte.

Quelle für die Grundzahlen: Deutsche Bundesbank, Monatsberichte der Deutschen Bundesbank, Statistischer Teil, Tab. Zinssätze: Geldmarktsätze nach Monaten und Tab. Kapitalmarkt: Renditen inländischer Wertpapiere, verschiedene Jahrgänge.

Auslandseinfluß auch in der Entwicklung der Fristigkeitsstruktur der Zinssätze am Rentenmarkt wider. Die *Abbildung 9* dokumentiert einen solchen Einfluß in den betrachteten sieben Phasen anhand der Entwicklung des Zinsgefälles zwischen der Umlaufsrendite von festverzinslichen Wertpapieren mit einer mittleren Restlaufzeit von 9 bis 10 Jahren und solchen mit einer Restlaufzeit von 1 bis 2 Jahren. In der *Abbildung 10* zeigt die Entwicklung der Differenz zwischen den von der Bundesbank geschätzten Renditenstrukturdaten für zehnjährige und einjährige börsennotierte Bundeswertpapiere ein durch den Auslandseinfluß zu erwartendes Verlaufsmuster. Wenngleich in diesem Fall der Anstieg des Renditengefälles in den Phasen 3 und 5 beim ausschließlichen Vergleich der Anfangs- und Endwerte der Zinsdifferenz weniger deutlich hervorsticht, so läßt sich ein Anstieg zumindest innerhalb der beiden Phasen konstatieren.

Abbildung 8

Geldmarktzins und Zins für Kurzläufer
1982 - 1993 (Monatswerte)

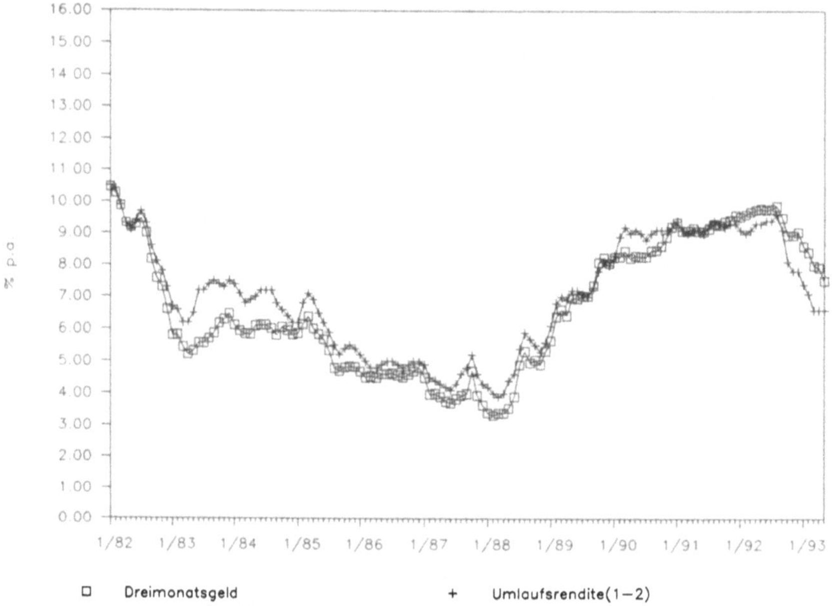

Regression Ausgabe:	
Konstante	1.43
Std Fehler Y	0.49
R im Quadrat	0.92
Beobachtungen	137.00
Toleranz	135.00
X Koeffizient(en)	0.84
Std Fehler Koef.	0.02

Quelle für die Grundzahlen: Deutsche Bundesbank, Monatsberichte der Deutschen Bundesbank, Statistischer Teil, versch. Jahrgänge.

Die bloße Betrachtung des Zinsgefälles zwischen langfristigen und kurzfristigen Zinsen läßt jedoch die Besonderheiten des Auslandseinflusses auf die Zinsstruktur nicht erkennen. So ergibt sich z.B. eine Verringerung des Zinsgefälles bzw. eine Abflachung der Zinsstruktur auch ohne Auslandseinfluß, sofern sich die kurzfristigen und langfristigen Zinsen – etwa aufgrund der sogenannten Geldmarktabhängigkeit des Kapitalmarktes – tendenziell in die gleiche Richtung bewegen. Dies ist dann der Fall, wenn bei einer geld-

Abbildung 9

*Zinsgefälle am Rentenmarkt**
1985 - 1992 (Monatsdurchschnitte)

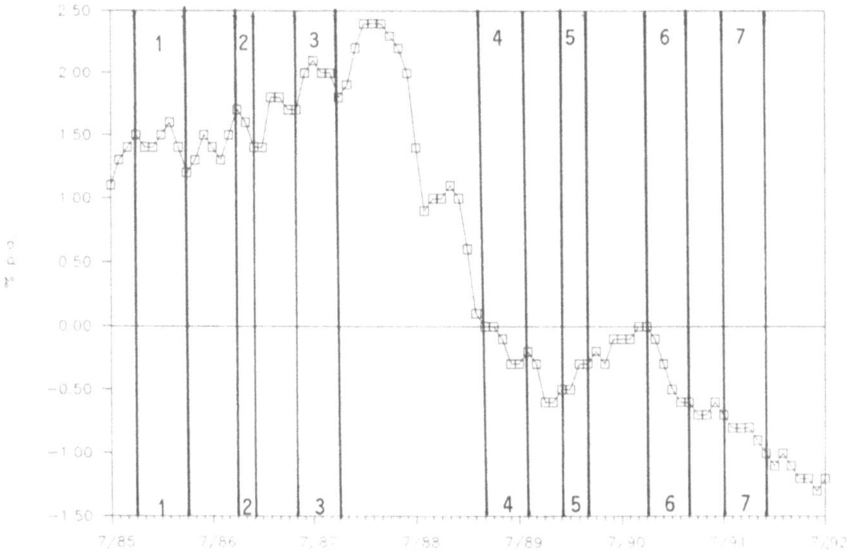

* Differenzen zwischen Umlaufsrenditen tarifbesteuerter festverzinslicher Wertpapiere mit mittleren Restlaufzeiten von über 9 bis 10 Jahren und über 1 bis 2 Jahren.

Quelle für die Grundzahlen: Deutsche Bundesbank, Statistische Beihefte zu den Monatsberichten der Deutschen Bundesbank, Reihe 2, Wertpapierstatistik, Tab. 8c, versch. Jahre.

politisch induzierten Zinserhöhung die längerfristigen Zinsen einen geringeren Anstieg als die kurzfristigen Zinsen aufweisen. Eine damit verbundene Abflachung der Zinsstruktur vollzieht sich jedoch vor dem Hintergrund eines steigenden Kapitalmarktzinsniveaus. Folge des oben beschriebenen Auslandseinflusses ist hingegen eine tendenziell gegenläufige Entwicklung von kurzfristigen und langfristigen Zinsen, so daß sich eine Abflachung der Zinsstruktur beim Wirksamwerden des Auslandseinflusses auf der Basis eines tendenziell sinkenden Kapitalmarktzinsniveaus ergibt. Davon kann die Geldpolitik, ebenso wie von den aufgezeigten Auslandseinflüssen auf nationale monetäre Mengenaggregate, jedoch nicht unbeeinflußt bleiben.

Abbildung 10

Renditenstruktur am Rentenmarkt
1985 - 1992

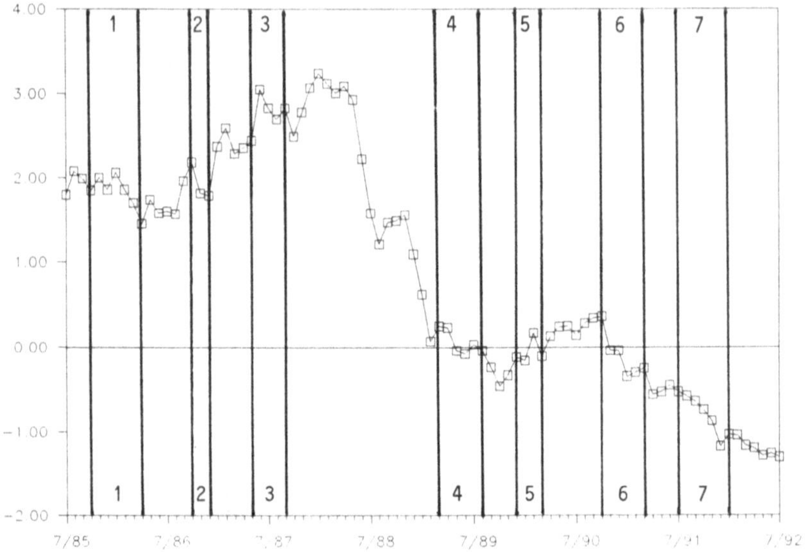

□ Renditenstruktur: Differenz zwischen der Rendite zehn- und einjähriger Bundeswertpapiere; Monatsendstände; Schätzwerte der Deutschen Bundesbank.

Quelle für die Grundzahlen: Deutsche Bundesbank, Statistische Beihefte zu den Monatsberichten der Deutschen Bundesbank, Reihe 2, Wertpapierstatistik, Tab. 8d, Renditenstruktur am Rentenmarkt – Schätzwerte, verschiedene Jahre.

3. Wechselkursproblem und Implikationen für die nationale Geldpolitik

Das Wechselkursproblem konfrontiert die nationale Geldpolitik mit dem Dilemma, daß geldpolitische Steuerungsmaßnahmen, je nach Situation in der sie getroffen werden, höchst unterschiedliche Auswirkungen auf monetäre Größen einer Volkswirtschaft haben können. Zum einen kann, etwa nach einer restriktiv motivierten Zinserhöhung am Geldmarkt, das gesamte Zinsspektrum an den monetären Märkten bis hin zu den Kapitalmarktzinsen nach oben in Bewegung geraten (Geldmarktabhängigkeit des Kapitalmarktes). Über eine hinreichend hohe Zinsreagibilität der Kreditnachfrage bzw. der gesamtwirtschaftlichen Güternachfrage vermögen die restriktiven zinspolitischen Impulse zudem auf eine gemäßigtere monetäre Expansion, gemessen an den Zuwachsraten der Kreditgewährung des Bankensystems und der nationalen Geldmengenaggregate, hinwirken. Unter Einschluß der von Wechselkursänderungserwartungen geprägten Auslandseinflüsse auf die nationale Zins- und Geldmengenentwicklung sind ggf. zusätzlich unterstützende Impulse denkbar. Sofern nämlich mit den restriktiven geldpolitischen Maßnahmen in der Folgezeit Einschränkungen der realen Wirtschaftsaktivität verbunden werden, kann dies zu Abwertungserwartungen gegenüber der Inlandswährung Anlaß geben. Abwertungserwartungen können sich aber zum einen dämpfend auf die Geldmengenexpansion auswirken und zum anderen die Zinsniveausteigerungen am Kapitalmarkt unterstützen bzw. verstärken.

Auf der anderen Seite ist es aber auch möglich, daß die restriktiven zinspolitischen Maßnahmen von den Marktteilnehmern als Ausdruck eines entschiedenen, auf Preisniveaustabilisierung ausgerichteten Kurses der Geldpolitik interpretiert werden. Neben einer Dämpfung der Inflationserwartungen könnten sich aus dieser Situation Aufwertungserwartungen gegenüber der inländischen Währung einstellen oder bereits bestehende Aufwertungserwartungen zusätzlich verstärken. Unmittelbare Folge daraus könnte eine Zunahme der an Geldmengenaggregaten gemessenen monetären Expansion sein. Zudem könnten die von den Aufwertungserwartungen geprägten Portfoliodispositionen des Auslandes tendenzielle Zinsniveausenkungen am Kapitalmarkt hervorrufen, die die aus den restriktiven Maßnahmen c.p. resultierenden Zinssteigerungstendenzen, ggf. im Verbund mit den verringerten Inflationserwartungen kompensieren bzw. sogar überkompensieren. Ein solches Ergebnis steht den traditionellen Vorstellungen von den Wirkungen einer restriktiven Zinspolitik auf die monetären Größen diametral entgegen. Würde man unter solchen Bedingungen versuchen, eine an den monetären Mengen- und Zinsaggregaten als zu expansiv eingestufte Entwicklung mit weiteren geldpolitischen Restriktionen zu begegnen, so ließe sich nicht ausschließen, daß auf diesem Weg eine Aufwertungserwartung weiter stimuliert und somit die monetäre Expansion zusätzlich angeregt würde.[194]

Sofern sich im Zuge dieser Wirkungskette die Zinsstrukturkurve nicht nur abflacht, sondern sogar in einen inversen Verlauf übergehen würde,

---

[194] Dies deckt sich im übrigen auch mit der Auffassung der Bundesbank, die anläßlich der Kommentierungen zu den Geldmengenzielüberschreitungen in den Jahren 1986 und 1987 in ihren Geschäftsberichten konstatierte: „Der Versuch, die monetäre Expansion durch zins- und liquiditätspolitische Maßnahmen einzudämmen, hätte vermutlich die Aufwertungstendenzen weiter verschärft." Deutsche Bundesbank, Geschäftsbericht für das Jahr 1986, S. 36. Und 1987 ähnlich: „Der Versuch, die monetäre Expansion mit zins- und liquiditätspolitischen Maßnahmen einzudämmen, hätte angesichts der außenwirtschaftlichen Konstellation in Perioden, in denen Aufwertungserwartungen für die D-Mark vorherrschten (...) die Tendenz zu Devisenzuflüssen verstärkt." Deutsche Bundesbank, Geschäftsbericht für das Jahr 1987, S. 38/40.

liefe die Geldpolitik zudem Gefahr, durch zinsbedingte Umschichtungen von niedriger verzinslichen Geldkapital- und Kapitalmarktanlagen in höher verzinsliche, zur Geldmenge zählende Anlageformen, die Geldmengenexpansion noch weiter anzuregen.[195] Insofern kann eine nationale Geldpolitik unter dem Einfluß internationaler Faktoren, und hier insbesondere wegen des Wechselkursproblems, nicht mehr gesichert davon ausgehen, daß restriktive zins- und liquiditätspolitische Maßnahmen jederzeit auch die daran geknüpften restriktiven Zins- und Geldmengenwirkungen zeitigen.

Problemverschärfend für die Geldpolitik wirkt sich aus, daß einzelne nationale geldpolitische Maßnahmen nicht unbedingt zwangsläufig die Wechselkursänderungserwartungen berühren oder prägen. Wechselkursänderungserwartungen werden vielmehr von einem weiteren Spektrum ökonomischer und insbesondere auch nichtökonomischer nationaler und internationaler Tatbestände sowie subjektiver Empfindungen der Devisenmarktteilnehmer beeinflußt, ohne daß sich auch dabei, wie im Fall einer zinspolitischen Restriktion gezeigt, die Richtung der Erwartungsbildung a priori eindeutig bestimmen läßt. Eine Prognostizierbarkeit und damit Kalkulierbarkeit von Wechselkursänderungserwartungen erscheint deshalb wenig erfolgversprechend. Somit lassen sich auch die mit den Wechselkursänderungserwartungen verknüpfbaren geldpolitischen Konsequenzen nicht vorausschauend in das monetäre Steuerungskalkül einbeziehen. In einem Umfeld, in dem Wechselkursänderungserwartungen entgegengesetzte Einflüsse auf Geldaggregate und/oder Zinssätze auszuüben vermögen und, wie die empirische Analyse gezeigt hat, auch tatsächlich ausüben, sind solche monetären Größen als Indikatoren bzw. Zwischenziele der nationalen Geldpolitik wenig geeignet.[196] Zum einen ist im Falle unvorhersehbarer und quantitativ bedeutsamer Auslandseinflüsse nicht mehr gewährleistet, daß

---

[195] In der inversen Zinsstruktur hat man z.B. 1992 einen wichtigen Grund für das sehr hohe Geldmengenwachstum gesehen: „Die vergleichsweise hohe Verzinsung der befristeten Einlagen bei den Kreditinstituten hat im Jahre 1992 dazu beigetragen, daß die Entscheidung der Anleger zwischen Geldhaltung und Geldkapitalbildung in verstärktem Maße zugunsten der Termineinlagen ausfiel. Diese aus der Zinskonstellation (...) resultierenden Portfolioentscheidungen bewirkten eine zunehmende Nachfrage nach Geld." Sachverständigenrat zur Begutachtung der gesamtwirtschaftlichen Entwicklung, Jahresgutachten 1992/93, Ziffer 162.

[196] Vgl. Köhler, Claus, Internationalökonomie ..., S. 17. Köhler verweist a.a.O. zudem darauf, daß auch in einer Volkswirtschaft ohne derartige internationale Einflüsse – in Nationalökonomien statt in Internationalökonomien – eine Verwendung solcher monetärer Zwischenzielgrößen bereits problematisch ist, da u.a. Konjunktureinflüsse Abweichungen von einem stetigen Zielpfad solcher Zwischenzielgrößen notwendig machen. Zur Zwischenzielproblematik vgl. auch Rohde, Armin, Anmerkungen zum geldmengenzielorientierten Konzept der Deutschen Bundesbank, in: Heilmann, Wolf-Rüdiger u.a. (Hrsg.), Geld, Banken und Versicherungen 1987, Band I, Karlsruhe 1988, S. 525 - 538.

diese Indikatorgrößen die geldpolitischen Impulse unverzerrt bzw. dominierend abbilden. Zum anderen kann auf diese Weise der Zusammenhang dieser Größen zu den endgültigen Zielen der allgemeinen Wirtschaftspolitik und damit auch der Geldpolitik gestört bzw. gelockert werden.

Vor diesem Hintergrund sind denn auch Vorschläge, statt der Geldmenge die Zinsstruktur als Indikator bzw. Zwischenziel der Geldpolitik heranzuziehen, mit großen Vorbehalten zu betrachten. Empfehlungen in dieser Richtung stammen aus den USA, wo sich, allerdings noch unabhängig von den geschilderten Einflüssen von Wechselkursänderungserwartungen, vielmehr begründet durch das massive Auftreten von Finanzinnovationen, bereits seit Beginn der 80er Jahre eine empirisch fundierte Skepsis hinsichtlich des Zusammenhanges zwischen Geldmengenentwicklungen und der Entwicklung des Realeinkommens und/oder des Preisniveaus ausgebreitet hat, die Benjamin Friedman wie folgt resümiert: „It is difficult to escape the conclusion that, not just for a year or a calendar quarter but over an entire half-decade, money growth has simply been irrelevant to any outcome that matters for monetary policy.“[197] Auf der Suche nach einer Alternative zur Geldmenge wurde daraufhin in verschiedenen, vorwiegend empirischen Untersuchungen, die insbesondere aus den Reihen des Federal Reserve Systems kamen, die Zinsstruktur als ein der Geldmenge überlegener geldpolitischer Indikator herausgestellt.[198]

Für die Bundesrepublik Deutschland stammen diesbezügliche Vorschläge von Gebauer, der den Indikatorwechsel von der Geldmenge zur Zinsstruktur jedoch ausdrücklich mit der zunehmenden Bedeutung realer und monetärer außenwirtschaftlicher Einflüsse auf die Geldpolitik der Bundesbank

[197] Friedman, Benjamin M., Monetary Policy Without Quantity Variables, in: American Economic Review, Papers and Proceedings, Vol. 87, No. 2, 1988, S. 440. Vgl. dazu auch McCallum, Bennett T., On Consequences and Criticisms of Monetary Targeting, in: Journal of Money, Credit, and Banking, Vol. 17, No. 4, November 1985, Part 2, S. 570 - 597, insbes. S. 585ff. sowie Kuttner, Kenneth N., Inflation and the Growth Rate of Money, in: Federal Reserve Bank of Chicago, Economic Perspectives, Vol. XIV, No. 1, January/February 1990, S. 2 - 11 oder Hesse, Helmut und Roth, Gisela, Die Zinsstruktur ..., S. 3f.

[198] Vgl. Bernanke, Ben S., On the Predictive Power of Interest Rates and Interest Rate Spreads, in: Federal Reserve Bank of Boston, New England Economic Review, November/December 1990, S. 51 - 68; Laurent, Robert D., Term-Structure Spreads, the Money Supply Mechanism, and Indicators of Monetary Policy, Federal Reserve Bank of Chicago, Working Paper Series, No. 16, September 1990; Laurent, Robert D., Testing the „spread“, in: Federal Reserve Bank of Chicago, Economic Perspectives, Vol. XIII, No. 4, July/August 1989, S. 22 - 34; McNees, Stephen K., How Well Do Financial Markets Predict the Inflation Rate?, in: Federal Reserve Bank of Boston, New England Economic Review, September/October 1989, S. 31 - 46. Zur theoretischen Fundierung eines solchen Ansatzes vgl. Hesse, Helmut und Roth, Gisela, Die Zinsstruktur ..., S. 7ff.

begründet.[199] Gebauer geht bei seinem Vorschlag, trotz des expliziten Hinweises, „...daß exogene (außenwirtschaftliche) Einflüsse (auch, Anm. d. Verf.) auf die längerfristigen Kapitalmarktzinssätze ...“[200] wirken, von einer direkten Steuerungsmöglichkeit des Verlaufs der Zinsstrukturkurve durch die Geldpolitik aus, und zwar bewerkstelligt über eine unmittelbare Kontrolle der Geldmarktsätze.[201]

Diese Sichtweise unterstellt allerdings, daß die Steuerung der kurzfristigen Geldmarktzinsen niemals Einfluß auf Wechselkursänderungserwartungen und damit auf die Portfoliodispositionen des Auslandes haben, durch die insbesondere das lange Ende des Kapitalmarktes berührt wird. Damit geht Gebauer von einer jederzeitigen Kompensierungsmöglichkeit der Auslandseinflüsse auf den Verlauf der Zinsstrukturkurve aus. Die Geldpolitik wäre danach in der Lage, zu jedem Zeitpunkt jeden gewünschten Verlauf der Zinsstrukturkurve zu gewährleisten. Während der Verlauf der Zinsstrukturkurve somit zu einer exogenen Größe würde, wäre das jeweilige Zinsniveau, also der Durchschnitt aus kurz- und langfristigen Zinsen, eine endogene Größe.[202]

Die empirischen Daten, insbesondere die nachweisbaren, mitunter ausgeprägt gegenläufigen Entwicklungen von Geldmarktzinsen und längerfristigen Kapitalmarktzinsen, sprechen jedoch gegen die Auffassung von Gebauer. So hat es in der Bundesrepublik seit Mitte der 80er Jahre immer wieder Phasen gegeben, in denen die Zinsstruktur durch die von Wechselkursänderungserwartungen geprägten Portfoliodispositionen des Auslandes dominiert worden ist, weshalb Hesse und Roth in den internationalen Kapitalbewegungen denn auch den Haupteinwand gegen die Zinsstruktur als

---

199 „Die zunehmende Bedeutung außenwirtschaftlicher Einflüsse ist jedoch geeignet, die Geldmengensteuerung als praktischen, zentralbankpolitischen Ausdruck des Monetarismus grundsätzlich in Frage zu stellen.“ Gebauer, Wolfgang, Zinsstrukturpolitik, Geld und Währung Working Papers, Johann Wolfgang Goethe-Universität Nr. 6, Frankfurt/M. 1988, S. 6. Zu den Vorschlägen Gebauers im einzelnen vgl. auch a.a.O., S. 28 sowie Gebauer, Wolfgang, Zinsstrukturtheorie und Zentralbankpolitik, in: Bub, Norbert; Duwendag, Dieter; Richter, Rudulf (Hrsg.), Geldwertsicherung und Wirtschaftsstabilität: Festschrift für Helmut Schlesinger zum 65. Geburtstag, Frankfurt/M. 1989, S. 71 - 86 sowie Gebauer, Wolfgang, Geld versus Zins: Überlegungen zu einer europäischen Zentralbankpolitik, in: Heilmann, Wolf-Rüdiger u.a. (Hrsg.), Geld, Banken und Versicherungen, 1990, Band II, Karlsruhe 1992, S. 949 - 980.

200 Gebauer, Wolfgang, Zinsstrukturpolitik ..., S. 29.

201 Vgl. Gebauer, Wolfgang, Zinsstrukturpolitik ..., S. 29.

202 Käme es beispielsweise über Auslandseinflüsse zu einer Senkung der langfristigen Zinssätze und wollte die Geldpolitik einen vorher gegebenen Verlauf der Zinsstrukturkurve aufrechterhalten, so müßten die kurzfristigen Zinsen im gleichen Umfang gesenkt werden. Dies impliziert dann jedoch ein niedrigeres Zinsniveau.

Indikator der Geldpolitik sehen.[203] Nur solange Auslandseinflüsse eine vernachlässigbare Rolle spielen, solange also der Geldmarktzins dominanter Einflußfaktor auf den Kapitalmarktzins ist, sind nach Hesse und Roth die Voraussetzungen für einen Zinsstrukturindikator gegeben.[204] Bezüglich der intensiven Diskussion über die Vorteilhaftigkeit eines Zinsstrukturindikators in den USA führen Hesse und Roth aus: „Dort bilden die Finanzinnovationen den wesentlichen Störfaktor für die Geldpolitik; im Vergleich dazu spielen internationale Kapitalbewegungen eine relativ geringe Rolle. Die weltweit schnell fortschreitende Integration der Finanzmärkte wird den Zinsstrukturindikator allerdings auch in den Volkswirtschaften schwächen, deren Märkte bislang als von internationalen Einflußfaktoren isoliert galten."[205]

Schließlich sind auch Ansätze mit Skepsis zu betrachten, die, trotz internationaler Einflüsse auf das nationale monetäre Wachstum, an der Geldmenge als Indikator festzuhalten streben, indem z.B. versucht wird, die international bedingten Geldmengenwirkungen durch offenmarktpolitische Maßnahmen zu kompensieren. Sofern die Geldpolitik z.B. ein infolge bestehender Aufwertungserwartungen gegenüber der eigenen Währung anziehendes Geldmengenwachstum verhindern oder rückgängig machen will, muß diese, über die Sterilisierung möglicher Liquiditätswirkungen als Folge etwaig durchgeführter Interventionen am Devisenmarkt hinaus, den Nichtbanken Alternativen zu deren geldmengenrelevanten Einlageformen im Geschäftsbankensystem offerieren. So könnten den inländischen Nichtbanken im Wege der Offenmarktpolitik kurzfristige Wertpapiere angeboten werden, um sie z.B. zur Auflösung ihrer zur Geldmenge zählenden Termineinlagen zu bewegen. Dazu bedarf es jedoch grundsätzlich eines zinsmäßigen Anreizes. Da aber nicht zu erwarten ist, daß die Geschäftsbanken einem drohenden Einlagenverlust tatenlos zusehen, werden sie mit entsprechenden Zinserhöhungen für ihre befristeten Verbindlichkeiten antworten, was die Attraktivität von Bankeinlagen wiederum fördert. Eine somit durchaus denkbare Zinskonkurrenz zwischen der Notenbank und den Geschäftsbanken könnte also, zumal wenn dadurch die Aufwertungserwartungen zusätzliche Impulse erhalten, die monetäre Expansion letztlich sogar noch verstärken.

Aber selbst wenn ein Wettbewerb um die Termineinlagen der Nichtbanken ausbleiben und es der Notenbank gelingen würde, die Mittel im gewünschten Umfang an sich zu ziehen, bliebe zu fragen, was aus der Sicht einer Geldmengensteuerungsstrategie damit gewonnen wäre. Zwar würde das Wachstum der offiziell abgegrenzten Geldmenge durch den Rückgang

[203] Vgl. Hesse, Helmut und Roth, Gisela, Die Zinsstruktur ..., S. 13 und S. 19.

[204] Hesse, Helmut und Roth, Gisela, Die Zinsstruktur ..., S. 19/20.

[205] Hesse, Helmut und Roth, Gisela, Die Zinsstruktur ..., S. 20.

der Nichtbankeneinlagen im Geschäftsbankensystem gedämpft, doch stellen die Anlagen bei der Notenbank aus der Sicht der Nichtbanken mehr oder weniger vollständige Substitute zu den zur Geldmenge zählenden Bankeinlagen dar. Die für die Ausgabeentscheidungen relevante Liquiditätsausstattung der Nichtbanken, die ja durch die Wahl eines Geldmengenindikators erfaßt werden soll, würde durch die vorgenommenen Umstrukturierungen der Anlagen von den Banken zur Notenbank somit nicht berührt.[206] D.h., der durch Offenmarktoperationen mit Nichtbanken von der Notenbank direkt beeinflußte Geldmengenindikator stellt durch die Bereitstellung und Nutzung substitutiver Anlageformen nicht länger die für die reale Wirtschaftsaktivität relevante Geldmengenabgrenzung dar. Derartige Neutralisationen der z.B. durch Wechselkursänderungserwartungen bewirkten Änderungen des Geldmengenwachstums sind ökonomisch gesehen deshalb von geringem Wert. Eine dadurch gewährleistete Einhaltung eines stetigen Zielpfades für die Geldmengenentwicklung gerät auf diese Weise zum reinen Selbstzweck.

Insofern überrascht denn auch die positive Grundeinstellung der Deutschen Bundesbank im Hinblick auf die Eröffnung einer diesbezüglichen Kompensationsmöglichkeit. So wurde die Bundesbank mit einer zum 1. November 1992 in Kraft getretenen Novellierung des § 42 des Bundesbankgesetzes vom Gesetzgeber ermächtigt, bis zu einem Betrag von 50 Mrd. DM sogenannte Liquiditätspapiere auszugeben.[207] Im Vorfeld der erstmaligen Anwendung dieser Ermächtigung[208] hat die Bundesbank, insbesondere vor dem Hintergrund eines auch nach ihrer Erkenntnis durch Aufwertungserwartungen gegenüber der D-Mark (EWS-Turbulenzen vom Herbst 1992) stark aufgeblähten Geldmengenwachstums,[209] die ihr damit eingeräumten direkten Einwirkungsmöglichkeiten auf das Wachstum der Geldmenge besonders betont.[210]

---

[206] Die Liquiditätsausstattung steigt ggf. sogar noch an, sofern nämlich die verbrieften Anlagen bei der Notenbank eine höhere Fungibilität haben als die ursprünglichen Termineinlagen.

[207] Bis zu diesem Zeitpunkt besaß die Bundesbank nur eine sogenannte Offenmarktmunition am Geldmarkt in Höhe von rd. 16 Mrd. DM, bestehend aus der Möglichkeit für gut 8 Mrd. DM Mobilisierungspapiere (§ 42 BbankG) und 8 Mrd. DM Liquiditätspapiere (§ 42a BbankG) zur Liquiditätsabschöpfung insbesondere im Bankensystem zu verwenden.

[208] Für Anfang März 1993 hatte die Bundesbank einen Rahmen von 25 Mrd. DM zur Ausschreibung von „Bundesbank-Liquiditäts-U-Schätzen" in drei Tranchen mit Laufzeiten von 3,6 und 9 Monaten vorgegeben. Vgl. Deutsche Bundesbank, Ausschreibung von Bundesbank-Liquiditäts-U-Schätzen, in: Deutsche Bundesbank, Monatsbericht Februar 1993, 45. Jg. Nr. 2, S. 15ff.

[209] Vgl. Deutsche Bundesbank, Zum Einfluß von Auslandstransaktionen auf Bankenliquidität, Geldmenge und Bankkredite, in: Deutsche Bundesbank, Monatsbericht Januar 1993, 45. Jg. Nr. 1, S. 19 - 34.

Da die von der Bundesbank in diesem Zusammenhang angebotenen „Bundesbank-Liquiditäts-U-Schätze“ mit Laufzeiten von 3, 6 und 9 Monaten aus der Sicht der Nichtbanken eindeutig als Substitute zu entsprechend liquiden Termineinlagen gelten können, vermag die Bundesbank mit einer derartigen direkten Geldmengensteuerung allenfalls eine Umschichtung innerhalb des liquiden Anlagespektrums der Nichtbanken zu bewirken. Eine Verringerung der gesamten Liquiditätsausstattung der Nichtbanken findet dagegen nicht statt. Mit einem auf diese Weise zwar besser kontrollierbaren Wachstum der als Zwischenziel der Bundesbank dienenden Geldmenge M 3 sind jedoch die aus Wechselkursänderungserwartungen resultierenden Liquiditätswirkungen bei Nichtbanken nicht zu neutralisieren. Die aus internationalen Einflüssen begründbaren Zweifel an der Indikatorqualität der Geldmenge M 3 lassen sich somit nicht durch die mit der Änderung von § 42 BbankG geschaffenen Kompensationsmöglichkeiten beseitigen.

Vor diesem Hintergrund läßt sich deshalb zusammenfassend noch einmal die These bekräftigen, daß die auf dem Wechselkursproblem basierenden internationalen Einflüsse auf nationale Zins- und monetäre Mengenaggregate grundsätzlich gegen eine Eignung von Zinsniveau, Zinsstruktur oder Geldmenge als Indikatoren bzw. Zwischenziele der nationalen Geldpolitik sprechen. Will die Geldpolitik den als Ursache für die internationalen Einflüsse auf die nationalen monetären Aggregate anzusehenden spekulativen Kapitalbewegungen wirksam begegnen, so bedarf es einer effektiven internationalen geldpolitischen Koordination. Ein Zwang zur internationalen Koordination der Geldpolitik ergibt sich u.U. zusätzlich aus dem Leistungsbilanzproblem.

IV. Das Leistungsbilanzproblem

Eine internationale Eingebundenheit der nationalen Geldpolitik und damit letztlich ein Erfordernis zur internationalen geldpolitischen Koordination, kann sich in einem System flexibler Wechselkurse auch aus dem Umstand hoher Leistungsbilanzsalden ergeben. Ein Problem für die Geldpolitik

[210] So „...erweitert die Bundesbank (mit der Neuregelung von § 42 BbankG, Anm. d. Verf.) – über die Steuerung des Tagesgeldsatzes hinaus – ihre Einwirkungsmöglichkeiten auf den Finanzierungskreislauf durch ein liquiditätspolitisches Instrument, mit dem sie direkt liquide Mittel absaugen kann, und zwar nicht nur von Banken, sondern auch von Nichtbanken im In- und Ausland. Die Begebung von Liquiditätspapieren bietet sich besonders zur Neutralisierung großer Devisenzuflüsse zur Bundesbank im Gefolge von Währungsunruhen an, da ihre Liquiditätswirkung grundsätzlich über die gleichen Kanäle verläuft. Mit der Einbeziehung der Nichtbanken haben die Liquiditätspapiere besondere Vorteile gegenüber anderen Notenbankinstrumenten.“ Deutsche Bundesbank, Die Wirtschaftslage in Deutschland im Winter 1992/93, Überblick, in: Deutsche Bundesbank, Monatsbericht Februar 1993, 45. Jg. Nr. 2, S. 14.

ergibt sich, wie in den folgenden Abschnitten gezeigt wird, insbesondere dann, wenn Leistungsbilanzsalden nicht durch autonome Kapitalbewegungen, also ohne zusätzliche Wechselkurs- und Zinsanreize, ausgeglichen werden, sondern über das Wirksamwerden des sogenannten Zinsarbitragemechanismus. Die daraus resultierenden Wechselkursänderungen mitsamt ihren möglichen Folgen, aber auch die Konsequenzen des generell mit Leistungsbilanzsalden verbundenen Aufbaus von internationalen Gläubiger- und Schuldnerbeziehungen, können nämlich zu einem Abweichen der nationalen Geldpolitik von einer auf binnenwirtschaftliche Erfordernisse ausgerichteten Vorgehensweise Anlaß geben. Zudem lassen diese Zusammenhänge auch Maßnahmen zur Begrenzung oder Verringerung von Leistungsbilanzsalden plausibel und gerechtfertigt erscheinen.

1. Grundsätzliche Betrachtungen zum Leistungsbilanzproblem

Einen Überblick über die Entwicklung des Umfanges der Leistungsbilanzsalden z.B. in den sieben größten westlichen Industrienationen von 1975 bis 1991 vermittelt die *Tabelle 13.* Dabei zeigen sich insbesondere seit Anfang der achtziger Jahre recht ausgeprägte Überschüsse und Defizite in den Leistungsbilanzsalden dieser Länder.

So erreichten die USA 1987 ein Rekorddefizit in ihrem internationalen Leistungsverkehr von über 163 Mrd. US-Dollar, nachdem bereits in den Jahren von 1983 bis 1986 jeweils sprunghafte Defizitzunahmen zu verzeichnen waren. Das Vereinigte Königreich verbuchte 1989 mit gut 35,5 Mrd. US-Dollar den höchsten Passivsaldo in seiner Leistungsbilanz, während Kanada mit einem Defizit von 25,5 Mrd. US-Dollar und Italien mit einem Defizit von gut 21,1 Mrd. US-Dollar im Jahre 1991 ihre Spitzenwerte realisierten. Ebenfalls zu den Ländern mit einer überwiegend defizitären Leistungsbilanz im Betrachtungszeitraum zählt Frankreich, das mit 14,9 Mrd. US-Dollar im Jahre 1990 seinen höchsten Fehlbetrag erzielte.

Japan hingegen verzeichnete 1987 mit rund 87 Mrd. US-Dollar den ausgeprägtesten Überschuß in seiner Leistungsbilanz, nachdem der Aktivsaldo im Jahre 1986 bereits 85,85 Mrd. US-Dollar betragen hatte. Nach einem Rückgang der Überschüsse bis 1990 auf 35,76 Mrd. US-Dollar kletterte der positive Leistungsbilanzsaldo im Jahre 1991 wieder auf einen Betrag von 72,9 Mrd. US-Dollar. In der Bundesrepublik Deutschland stieg der Leistungsbilanzüberschuß, nach einer permanenten Zunahme seit 1982, im Jahre 1989 auf einen Spitzenwert von 57,43 Mrd. US-Dollar. Im Zuge der Deutschen Einheit reduzierte sich der Aktivsaldo in der deutschen Leistungsbilanz 1990 zunächst auf einen aber immer noch beachtlichen Betrag von rd. 47,1 Mrd. US-Dollar, um im Jahre 1991 jedoch in einen Passivsaldo von gut 19,8 Mrd. US-Dollar umzuschlagen.

Tabelle 13: **Leistungsbilanzsalden der sieben größten westlichen Industrieländer in Mrd. US$, 1975 - 1991 in Relation zum Bruttoinlandsprodukt, 1974 - 1991**

Current balances
$ billion

	1975	1976	1977	1978	1979	1980	1981	1982	1983	1984	1985	1986	1987	1988	1989	1990	1991
United States	18.13	4.21	−14.51	−15.14	−0.29	2.32	5.03	−11.44	−43.62	−98.82	−121.73	−147.53	−163.48	−126.66	−101.14	−90.43	−3.68
Japan	−0.68	3.68	10.92	16.54	−8.76	−10.75	4.77	6.85	20.80	35.00	49.17	85.85	87.01	79.63	57.15	35.76	72.90
Germany	4.33	3.70	4.01	8.90	−5.41	−13.83	−3.55	5.11	5.30	9.81	16.42	39.50	45.88	50.64	57.43	47.09	−19.83
France	2.65	−3.44	−0.44	7.00	5.20	−4.14	−4.66	−12.24	−4.77	−1.16	−0.24	1.93	−4.96	−4.72	−5.59	−14.91	−6.59
Italy	−0.58	−2.82	2.47	6.20	5.89	−9.79	−8.94	−5.66	1.68	−2.30	−3.59	2.43	−1.45	−5.73	−10.80	−14.71	−21.14
United Kingdom	−3.33	−1.69	−0.26	2.15	−0.96	6.61	13.56	8.12	5.71	2.39	3.58	0.10	−7.33	−28.78	−35.54	−30.25	−11.15
Canada	−4.55	−4.15	−4.06	−4.30	−4.15	−0.96	−5.12	2.28	2.49	2.08	−2.27	−8.20	−8.75	−12.58	−19.33	−22.03	−25.51

Current balances of OECD countries as a percentage of GDP

	1974	1975	1976	1977	1978	1979	1980	1981	1982	1983	1984	1985	1986	1987	1988	1989	1990	1991
United States	0.1	1.1	0.2	−0.7	−0.7	0.0	0.1	0.2	−0.4	−1.3	−2.6	−3.0	−3.5	−3.6	−2.6	−1.9	−1.6	−0.1
Japan	−1.0	−0.1	0.7	1.6	1.7	−0.9	−1.0	0.4	0.6	1.8	2.8	3.7	4.3	3.6	2.7	2.0	1.2	2.2
Germany[a)]	2.8	1.0	0.8	0.8	1.4	−0.7	−1.7	−0.5	0.8	0.8	1.6	2.6	4.4	4.1	4.2	4.8	3.0	−1.2
France	−1.5	0.8	−1.0	−0.1	1.4	0.9	−0.6	−0.8	−2.2	−0.9	−0.2	0.0	0.3	−0.6	−0.5	−0.6	−1.3	−0.6
Italy	−4.3	−0.3	−1.3	1.0	2.1	1.6	−2.2	−2.2	−1.4	0.4	−0.6	−0.8	0.4	−0.2	−0.7	−1.2	−1.3	−1.8
United Kingdom	−3.8	−1.4	−0.8	−0.1	0.7	−0.2	1.2	2.6	1.7	1.2	0.6	0.8	0.0	−1.1	−3.4	−4.2	−3.1	−1.1
Canada	−0.9	−2.7	−2.1	−2.0	−2.0	−1.8	−0.4	−1.7	0.8	0.8	0.6	−0.6	−2.3	−2.1	−2.6	−3.5	−3.8	−4.3
Total of the above countries	−0.4	0.5	0.0	0.0	0.4	−0.1	−0.5	0.0	−0.1	−0.2	−0.7	−0.8	−0.3	−0.5	−0.4	−0.5	−0.6	−0.1

a) Percentage of GNP

Quelle: Ausschnitte aus OECD, Wirtschaftsausblick, 52, Dezember 1992, Tabelle R 20, S. 236 und Tabelle R 21, S. 237.

Der *Tabelle 13* läßt sich ebenfalls entnehmen, daß die Leistungsbilanzsalden der betrachteten Länder seit Anfang der achtziger Jahre nicht nur absolut, sondern auch in Relation zu den jeweiligen Sozialprodukten auf bemerkenswerte Größenordnungen gestiegen sind. Die Überschüsse in der Bundesrepublik Deutschland erreichten z.B. 1989 einen Anteil am Bruttoinlandsprodukt von 4,8 v.H., nachdem der prozentuale Anteil auch in den Jahren 1986 bis 1988 jeweils über 4 v.H. gelegen hat. Japan erzielte 1986 einen maximalen Anteilswert (gemessen am Bruttosozialprodukt) von 4,3 v.H. Der Anteil des kanadischen Leistungsbilanzdefizits am Bruttosozialprodukt erreichte 1991 ebenfalls mit einem Wert von 4,3 v.H. seine bislang extremste Größenordnung. Im gleichen Rahmen bewegte sich der Anteilswert im Vereinigten Königreich im Jahre 1989. Die Leistungsbilanzdefizite in den USA beliefen sich 1986 und 1987 in Relation zum Sozialprodukt auf 3,5 v.H. bzw. auf 3,6 v.H. Bezüglich eines Vergleichs dieser Relationen mit den entsprechenden Werten in den vorangegangenen Jahrzehnten kommt Hesse zu dem Ergebnis: „Mitte der achtziger Jahre betrugen die auf die Sozialprodukte bezogenen Überschüsse bzw. Fehlbeträge der Leistungsbilanzen der sieben größten Industriestaaten etwa das dreieinhalbfache der entsprechenden Werte in den sechziger und siebziger Jahren.“[211] Insgesamt haben die Leistungsbilanzsalden damit Größenordnungen angenommen, wie es die Befürworter des Übergangs zu flexibleren Wechselkursen Anfang der siebziger Jahre nicht für wahrscheinlich erachtet haben.[212]

Gesamtwirtschaftlich bedeutet ein Leistungsbilanzdefizit, daß die Wirtschaftsteilnehmer einer Volkswirtschaft insgesamt Ausgabenüberschüsse aufweisen. D.h. sie haben innerhalb eines bestimmten Zeitraumes für den Import von Waren und Dienstleistungen und für Vermögensübertragungen an das Ausland mehr aufgewendet, als sie gleichzeitig durch Waren- und Dienstleistungsexporte und aus Vermögensübertragungen eingenommen haben.[213] Finanziert werden solche Ausgabenüberschüsse durch Nettokapitalimporte aus anderen Ländern, so daß Leistungsbilanzdefizite über eine Zunahme der externen Netto-Verschuldung letztlich zu einer Abnahme des Nettovermögens einer Volkswirtschaft gegenüber dem Ausland führen. Leistungsbilanzüberschüsse sind hingegen das Ergebnis von Einnahmeüberschüssen der Wirtschaftsteilnehmer einer Volkswirtschaft in einer Periode und führen zu einer Aufstockung der Nettoauslandsforderungen, was letztlich eine Zunahme des Nettovermögens einer Volkswirtschaft gegenüber

[211] Hesse, Helmut, Außenwirtschaftliches Gleichgewicht: Ursachen und Bewertung von Leistungsbilanzsalden, in: Aus Politik und Zeitgeschichte, Beilage zur Wochenzeitung Das Parlament, B 18/90, 27. April 1990, S. 39.

[212] Vgl. dazu auch Abschnitt B.I.1 dieser Arbeit.

[213] Vgl. Hesse, Helmut, Außenwirtschaftliches Gleichgewicht ..., S. 39.

dem Ausland bedeutet. Insofern sind die hohen Leistungsbilanzsalden seit Anfang der achtziger Jahre von hohen Änderungen im Netto-Auslandsvermögensstatus der jeweiligen Länder begleitet worden.[214]

Die hinter diesen Aussagen stehenden saldenmechanischen Betrachtungen von Leistungsbilanzdefiziten bzw. Leistungsbilanzüberschüssen[215] lassen sich heranziehen, um nähere Anhaltspunkte für Ursachen und Implikationen von Leistungsbilanzsalden in systematischer Form aufzuzeigen. Unter der vereinfachenden Annahme einer gänzlichen Vernachlässigung oder – weniger stringent – eines ständigen Ausgleichs der Übertragungsbilanz läßt sich aus dem volkswirtschaftlichen Rechnungswesen der folgende definitorische Zusammenhang herstellen:[216]

$$(S - I) + (T - G) = LBS = KBS + DBS. \tag{38}$$

Der linke Teil der Gleichung (38) ergibt sich aus der Wirtschaftskreislaufanalyse und besagt: In einer offenen Volkswirtschaft mit Staat ist die Differenz aus privater Ersparnis (S) abzüglich der privaten Netto-Investition (I) zuzüglich des Budgetsaldos, bestehend aus Staatseinnahmen (T) abzüglich Staatsausgaben (G) ex post immer gleich dem Außenbeitrag, der – unter der oben gemachten Annahme – mit dem Leistungsbilanzsaldo (LBS) übereinstimmt. Der rechte Teil der Gleichung (38) ergibt sich aus der Zahlungsbilanzstatistik und gibt den inneren Zusammenhang der Teilbilanzen wie folgt wieder: Der Saldo der Kapitalbilanz (KBS) plus der Saldo der Devisenbilanz (DBS) entsprechen bei vollständiger Erfassung und periodengerechter Zuordnung aller Transaktionen dem Saldo der Leistungsbilanz.[217]

[214] Nach einer Aufstellung der Deutschen Bundesbank vom Januar 1993 hat sich als Folge der Leistungsbilanzüberschüsse z.B. das Netto-Auslandsvermögen der Bundesrepublik Deutschland ausgehend von 60 Mrd. US-Dollar im Jahre 1985 auf 341 Mrd. US-Dollar im Jahre 1991 erhöht. Das Netto-Auslandsvermögen von Japan ist in diesem Zeitraum von 130 Mrd. US-Dollar auf 383 Mrd. US-Dollar angestiegen, während die USA 1985 noch eine Netto-Gläubigerposition von 139 Mrd. US-Dollar innehatten, wiesen sie – als Folge der Leistungsbilanzdefizite – 1991 eine Netto-Schuldnerposition von 362 Mrd. US-Dollar auf. Vgl. Deutsche Bundesbank, Die Entwicklung des deutschen Auslandsvermögens und der Kapitalerträge, in: Deutsche Bundesbank, Monatsbericht Januar 1993, 45. Jg. Nr. 1, S. 45.

[215] Vgl. dazu im einzelnen Stützel, Wolfgang, Volkswirtschaftliche Saldenmechanik. Ein Beitrag zur Geldtheorie, 2. Auflage, Tübingen 1978, Kapitel 4, S. 124 - 207.

[216] Vgl. dazu auch Pohl, Rüdiger, Kapitalexporte der Bundesrepublik Deutschland. Bestandsaufnahme – Ursachen – wirtschaftspolitische Perspektiven, in: Hamburger Beiträge zur Wirtschafts- und Währungspolitik in Europa, herausgegeben von Wilhelm Nölling, Heft 6, Hamburg, Juli 1989, S. 19ff.

[217] Ein positiver Kapitalbilanzsaldo ($KBS > o$) ist in diesem Fall Ausdruck von Netto-Kapitalexporten.

Die einen Leistungsbilanzüberschuß ($LBS > o$) bedingenden Einnahmeüberschüsse aller Wirtschaftsteilnehmer einer Volkswirtschaft spiegeln sich in Gleichung (38) z.B. in einem Überschuß der privaten Ersparnis über die privaten Netto-Investitionen ($S > I$) und/oder in einem Budgetüberschuß des Staates ($T > G$) wider.[218] Eine damit einhergehende Aufstockung der Netto-Auslandsforderungen ist das Ergebnis von privaten Kapitalexporten ($KBS > 0$) und/oder eines Zuwachses der Devisenreserven der Notenbank ($DBS > 0$).

Leistungsbilanzdefizite ($LBS < 0$) ergeben sich, wenn die privaten Wirtschaftsteilnehmer Ausgabenüberschüsse aufweisen, d.h. wenn der Umfang der privaten Ersparnis hinter der Höhe der privaten Netto-Investitionen zurückbleibt ($S < I$) und/oder wenn der Staat Ausgabenüberschüsse verzeichnet, die in Budgetdefiziten ($T < G$) zum Ausdruck kommen. Eine Zunahme der Netto-Verschuldung gegenüber dem Ausland resultiert in solchen Fällen aus privaten Netto-Kapitalimporten ($KBS < 0$) und/oder aus Abnahmen der Devisenreserven der Notenbank ($DBS < 0$).

Eine Ursachenanalyse von Leistungsbilanzsalden darf sich jedoch nicht auf eine solchermaßen vordergründige Betrachtung der difinitorischen Zusammenhänge beschränken. Vielmehr ist in einem weiteren Schritt näher zu untersuchen, auf welche Weise die ggf. identifizierten Ausgabeüberschüsse bzw. Einnahmeüberschüsse entstanden sind. So ist beispielsweise für den Fall von Leistungsbilanzdefiziten der Frage nachzugehen, ob ein Überhang der privaten Investitionen über die private Ersparnis ($S < I$) auf einen Anstieg der Investitionstätigkeit oder auf einem Rückgang bzw. schwächeren Anstieg der privaten Ersparnis zurückzuführen ist. Entsprechend ist ein etwaiges Budgetdefizit darauf zu überprüfen, auf welcher konkreten Staatseinnahmen- und Staatsausgabenentwicklung ein solches beruht.

Selbst wenn es auf diesem Weg gelingt, eine konkrete Ursache für einen zu analysierenden Leistungsbilanzsaldo festzumachen, so ist damit eine wirtschaftspolitische Bewertung eines solchen Saldos noch weitgehend offen.[219] Sieht man beispielsweise die Ursache für ein Leistungsbilanzdefizit in einem Budgetdefizit, das allein durch einen Anstieg der Staatsausgaben bedingt ist, so hängt die wirtschaftspolitische Beurteilung des daraus resultierenden Leistungsbilanzsaldos maßgeblich davon ab, welchen Verwendungszwecken die erhöhten Staatsausgaben zugeführt wurden. Sofern die zusätzlichen staatlichen Mittel ausschließlich in eine konsumtive Verwendung geflossen sind, ergibt sich eine andere Einschätzung eines Lei-

---

218 Vgl. auch Chrystal, K. Alec und Wood, Geoffrey E., Are Trade Deficits a Problem?, in: Federal Reserve Bank of St. Louis, Review, Vol. 70, No. 1, January/ February 1988, S. 8.

219 Vgl. Pohl, Rüdiger, Kapitalexporte der ..., S. 23.

stungsbilanzdefizits, als wenn die Mittel eine investive Verwendung im Inland gefunden haben.

Eine investive Verwendung der zusätzlichen Staatsausgaben kann als Maßnahme zur Verbesserung der Wachstumschancen und Stärkung der internationalen Wettbewerbsfähigkeit einer Volkswirtschaft aufgefaßt werden. Wenn somit ein Land „... die Aussicht bietet, daß es in Zukunft stärker expandiert als andere Länder (oder im Vergleich zu früher), ist ein stärkerer Kapitalimport die Folge. Entsprechend entsteht ein Defizit in der Leistungsbilanz, denn die Inländer antizipieren sozusagen das höhere Einkommen in der Zukunft; es wird mehr konsumiert und investiert als früher, und diese Überschußnachfrage wird zum Teil durch das Ausland befriedigt. Ein so entstandenes Leistungsbilanzdefizit ist keineswegs unsolide oder ungleichgewichtig."[220]

Eine andere u.U. weniger günstige Einschätzung dürfte ein Leistungsbilanzdefizit erfahren, sofern dessen Ursache in einer ausschließlich konsumtiven Verwendung der zusätzlichen Staatsausgaben gesehen wird. Das Defizit in der Leistungsbilanz ist dann nur Folge eines Einkommens- bzw. Nachfrageeffektes, ohne daß damit verbesserte Wachstumsmöglichkeiten und eine größere internationale Attraktivität der Volkswirtschaft verknüpft werden könnten.[221] Nach Auffassung der Deutschen Bundesbank lebt ein Land in einem solchen „... Fall sozusagen von der ‚Substanz', denn den steigenden Auslandsschulden stehen keine realen Gegenwerte im Inland gegenüber."[222]

In der Realität wird eine wirtschaftspolitische Bewertung von Leistungsbilanzsalden auf der Grundlage der Größen, die auf der linken Seite von Gleichung (38) stehen, jedoch dadurch erschwert, als zum einen eine strikte Differenzierung oder Isolierung einzelner Ursachen, etwa eine eindeutige Unterscheidung von investiven und konsumtiven Staatsausgaben, nicht ohne weiteres möglich erscheint, so daß viel Raum für normative Interpretationsmöglichkeiten verbleibt. Zum anderen sind die Konstellationen der Aggregatgrößen private Ersparnis, private Investitionen und Budgetsaldo, die letztlich Einnahmeüberschüsse oder Ausgabenüberschüsse der Gesamtheit der Wirtschaftsteilnehmer eine Volkswirtschaft reflektieren, selbst auf ein weites Spektrum von Einflußfaktoren zurückzuführen. Insofern sind Leistungsbilanzsalden das endogene Ergebnis der vielfältigen grundlegenden Faktoren, die auf die private Ersparnis, die privaten Investitionen und den

---

220 Kauffmann, Barbara und Scheide, Joachim, Die amerikanischen Defizite im Kreuzfeuer der Kritik, in: Institut für Weltwirtschaft, Kieler Diskussionsbeiträge, Nr. 150, März 1989, S. 25.

221 Vgl. Kauffmann, Barbara und Scheide, Joachim, Die amerikanischen Defizite ..., S. 26.

222 Deutsche Bundesbank, Die Zahlungsbilanzstatistik ..., S. 13.

Budgetsaldo einwirken.[223] Schließlich kann auch die grundsätzliche Frage gestellt werden, ob sich ein Leistungsbilanzsaldo am „... Saldo zwischen privater Ersparnis und privater Investition zuzüglich dem Budgetsaldo ausrichtet oder ob sich der Leistungsbilanzsaldo aufgrund ‚autonomer' Export- und Importdispositionen entwickelt und die binnenwirtschaftlichen Salden sich als notwendige Folge herausbilden..."[224] Vor diesem Hintergrund muß es schwerfallen, Leistungsbilanzsalden eindeutig z.B. als ungleichgewichtig zu bewerten und daraus ggf. wirtschaftspolitische Empfehlungen oder Forderungen hinsichtlich einer Begrenzung oder gar eines Ausgleichs von Leistungsbilanzsalden zu begründen, zumal wenn dabei wohlfahrtstheoretische Aspekte berücksichtigt werden.[225]

Anhaltspunkte für eine wirtschaftspolitische Bewertung von Leistungsbilanzsalden bietet allerdings die rechte Seite von Gleichung (38), die die Finanzierung von Leistungsbilanzsalden beleuchtet. So weist Köhler darauf hin, daß dabei insbesondere die Finanzierung von Leistungsbilanzdefiziten u.U. eine Saldenbegrenzung erfordert: „Die Mittel zur Finanzierung der Leistungsbilanzdefizite müssen in einem System offener Volkswirtschaften

223 Vgl. Pigott, Charles, Economic Consequences of Continued U.S. External Deficits, in: Federal Reserve Bank of New York, Quarterley Review, Winter – Spring 1989, Vol. 13, No. 4/Vol. 14, No. 1, S. 6. Pigott nennt dabei (S. 5) die folgenden Einflußfaktoren: Handelsbeschränkungen, Produktivität, Qualität der erzeugten Produkte und andere Bestimmungsfaktoren der nationalen Wettbewerbsfähigkeit. Auch die von Köhler aufgeführten Faktoren, Rohstoff- und Kapitalausstattung sowie Niveau der Arbeitsproduktivität, lassen sich hier einbringen. Vgl. Köhler, Claus, Geldwirtschaft. Dritter Band, Wirtschaftspolitische Ziele und wirtschaftspolitische Strategie, Berlin 1983, S. 70. Schließlich sind auch die zur kurzfristigen, makroökonomischen Erklärung von Leistungsbilanzsalden herangezogenen Faktoren hier zu nennen, z.B. Wechselkurs und Wechselkursentwicklung, Niveau und Entwicklung von Preisen, Zinsen, Löhnen und Konjunktur jeweils im Inland und im Ausland. Vgl. Hesse, Helmut, Außenwirtschaftliches Gleichgewicht ..., S. 41ff.

224 Heinemann, Hans-Joachim, Sind Salden im internationalen Kapitalverkehr Zeichen für Ungleichgewichte?, in: Köhler, Claus und Pohl, Rüdiger (Hrsg.), Währungspolitische Probleme ..., S. 127.

225 Vgl. dazu auch die kontroverse Diskussion von Issing und Masuch mit Schröder in der Zeitschrift Kredit und Kapital: Issing, Otmar und Masuch, Klaus, Zur Frage der normativen Interpretation von Leistungsbilanzsalden, in: Kredit und Kapital, 22. Jg. 1989, S. 1 - 17; Schröder, Wolfgang, Anmerkungen zur normativen Interpretation von Leistungsbilanzsalden, in: Kredit und Kapital, 22. Jg. 1989, S. 508 - 519; Issing, Otmar und Masuch, Klaus, Leistungsbilanzsalden und Wirtschaftspolitik. Eine Replik, in: Kredit und Kapital, 23. Jg. 1990, S. 121 - 124. Vgl. auch Issing, Otmar, Leistungsbilanzungleichgewichte und Leistungsbilanzziele, in: Bub, Norbert; Duwendag, Dieter; Richter, Rudolf (Hrsg.), Geldwertsicherung und Wirtschaftsstabilität, Festschrift für Helmut Schlesinger zum 65. Geburtstag, Frankfurt/M. 1989, S. 87 - 100; Heinemann, Hans-Joachim, Sind Salden im internationalen Kapitalverkehr ..., a.a.O., S. 125 - 137, insbes. S. 132; Homburg, Stefan, Leistungsbilanz und Wechselkurs, in: Wirtschaftswissenschaftliches Studium (WiSt), 19. Jg. 1990, S. 114/115.

aus vorhandenen Währungsreserven oder auf dem Kreditwege aufgebracht werden. Dies ist der einzige Grund, weshalb man die Forderung nach einem außenwirtschaftlichen Gleichgewicht erhebt. Defizitländer haben im allgemeinen nur in geringem Umfange Währungsreserven, und auch ihre Verschuldungsfähigkeit ist begrenzt."[226] Als Zeichen von außenwirtschaftlichen Ungleichgewichten kann deshalb gewertet werden, wenn sich im Zuge von Leistungsbilanzsalden die Wechselkurse dauerhaft in die gleiche Richtung bewegen oder die Devisenreserven ständig steigen oder fallen.[227]

Die eigentlichen Ursachen für Leistungsbilanzsalden spielen bei dieser Sichtweise eine eher nachgelagerte Rolle. Die Konstatierung von Ungleichgewichten und die daran ggf. zu knüpfenden Forderungen nach einer Begrenzung von Leistungsbilanzsalden basieren allein auf möglichen Problemen, die im Gefolge der Saldenfinanzierung auftreten können.[228] Um dies zu verdeutlichen, wird im folgenden die Finanzierung von Leistungsbilanzsalden näher betrachtet.

2. Finanzierung von Leistungsbilanzsalden und Implikationen für die nationale Geldpolitik

Sofern den Leistungsbilanzsalden ausschließlich autonome Kapitalbewegungen im gleichen Umfang gegenüberstehen,[229] d.h. sofern z.B. Leistungsbilanzüberschüsse von entsprechend dimensionierten autonomen

---

[226] Köhler, Claus, Internationalökonomie ..., S. 63. Vgl. dazu auch Köhler, Claus, Geldwirtschaft. Zweiter Band ..., S. 155f.

[227] Vgl. Heinemann, Hans-Joachim, Sind Salden im internationalen Kapitalverkehr ..., S. 127. Vgl. auch Kauffmann, Barbara und Scheide, Joachim, Die amerikanischen Defizite ..., S. 26 (Anmerkung 1).

[228] So wird in einer Studie der Federal Reserve Bank of New York von Pigott darauf hingewiesen, daß selbst dann, wenn ein Leistungsbilanzdefizit hauptsächlich auf ein verbessertes Investitionsklima ($I > S$) in einem Land zurückgeführt werden könnte, ein solches Ergebnis „nonetheless (...) does not necessarily imply that policy makers can safely ignore the external imbalance; measures to reduce the deficit still may be needed if problems arising from its financing and other consequences are sufficiently great." Pigott, Charles, Economic Consequences of ..., S. 6. Allerdings ist darauf hinzuweisen, daß die jeweiligen Ursachen für Leistungsbilanzsalden jedoch die aus der Finanzierung möglicherweise resultierenden Probleme beeinflussen können.

[229] „Autonome Kapitalbewegungen werden ihrer selbst wegen unabhängig von anderen internationalen Transaktionen durchgeführt..." Filc, Wolfgang, Internationale Kapitalbewegungen, in: Geigant, Friedrich; Sobotka, Dieter; Westphal, Horst M. (Hrsg.), Lexikon der Volkswirtschaft, 5. unveränderte Auflage, Landsberg/Lech 1983, S. 319. Zu den autonomen Kapitalbewegungen zählt z.B. nach Auffassung des Sachverständigenrates (aus dem Jahre 1969) der Teil des Kapitalverkehrs, der „...weder auf zahlungsbilanzbedingten Fördermaßnahmen noch auf solchen Verschiebungen der Zinsrelationen beruht, die mit den außenwirtschaftlichen Ungleich-

Kapitalexporten und Leistungsbilanzdefizite von entsprechend dimensionierten autonomen Kapitalimporten gerade kompensiert werden, vollzieht sich die Finanzierung der Leistungsbilanzsalden ohne zusätzliche Wechselkursbewegungen. In einem solchen, heutzutage eher theoretischen Fall, würden sich auch keine besonders zu berücksichtigende Konsequenzen für eine nationale Geldpolitik ergeben.

„Soweit nicht autonome Kapitalbewegungen die Leistungsbilanz ausgleichen, geschieht das über die Zinsarbitrage.“[230] Die Zinsarbitrage sorgt bei freiem Kapitalverkehr dafür, daß das sogenannte Zinsarbitragegleichgewicht zwischen zwei Ländern grundsätzlich immer erfüllt ist. Vereinfacht ausgedrückt entspricht bei Gültigkeit des Zinsarbitragegleichgewichts die Zinsdifferenz zwischen zwei Ländern $(i - i^*)$ dem Swapsatz, d.h. der (prozentualen) Differenz zwischen dem Devisenterminkurs (TK) und dem Devisenkassakurs (KK). Liegt etwa der Auslandszins über dem Inlandszins $(i^* > i)$, so führt die Zinsarbitrage zu einem negativen Swapsatz $(TK < KK)$. Im Ergebnis wird somit ein höherer Zinsertrag im Ausland durch die Kosten für eine Wechselkurssicherung der angelegten Beträge als Folge eines Devisentermingeschäfts gerade kompensiert, so daß kein Zinsanreiz für eine Kapitalanlage im Ausland mehr besteht.

Über Leistungsbilanzsalden, denen keine autonomen Kapitalbewegungen gegenüberstehen, kommt es allerdings ständig zu Störungen des Zinsarbitragegleichgewichts. Beispielsweise bietet ein Land im Falle von Leistungsbilanzdefiziten seine Währung am Devisenmarkt an und fragt Fremdwährungen nach. Dies bedingt c.p. eine Abwertung der Währung des Defizitlandes, d.h. der Devisenkassakurs sinkt.[231] Damit wird die Differenz zwischen Devisenterminkurs und Devisenkassakurs geringer als die Zinsdifferenz. Dies löst Zinsarbitragegeschäfte aus, in deren Folge Geld ins Defizitland

---

gewichten (gemeint sind Leistungsbilanzsalden bzw. Salden in den Bilanzen der laufenden Posten, Anm. d. Verf.) zusammenhängen (...)“. Sachverständigenrat zur Begutachtung der gesamtwirtschaftlichen Entwicklung, Im Sog des Booms, Jahresgutachten 1969/70, Stuttgart und Mainz 1969, Ziffer 11, S. 5. Bereits ein Jahr zuvor grenzte der Sachverständigenrat den autonomen Kapitalexport ab und zwar als den „...Teil des Kapitalexports, der den auf mittlere Sicht herrschenden Marktverhältnissen und den öffentlichen Verpflichtungen gegenüber dem Ausland entspricht (‚autonomer Kapitalexport‘)...“ Diesen hat der Sachverständigenrat unterschieden von „...dem Teil des Kapitalverkehrs, der ein Reflex des Konjunkturgefälles zwischen dem Inland und dem Ausland ist (‚konjunkturabhängiger Kapitalexport‘) oder der in der Absicht herbeigeführt wird, Zahlungsbilanzungleichgewichte zu kompensieren (‚zahlungsbilanzbedingter Kapitalexport‘).“ Sachverständigenrat zur Begutachtung der gesamtwirtschaftlichen Entwicklung, Alternativen außenwirtschaftlicher Anpassung, Jahresgutachten 1968/69, Stuttgart und Mainz 1968, Ziffer 87, S. 25.

230 Köhler, Claus, Internationalökonomie ..., S. 64.

231 In der Mengennotierung aus der Sicht des Defizitlandes bzw. in der Preisnotierung aus der Sicht der Überschußländer.

fließt.“ Dieser Prozeß verläuft simultan mit der Entstehung des Leistungsbilanzdefizits und den daraus resultierenden Zahlungsverpflichtungen. Der Zinsarbitragemechanismus finanziert unter diesen Bedingungen das Defizit der Leistungsbilanz (...)“[232] Im Ergebnis kommt es auf diesem Weg zu einer ständigen Abwertung der Währung des Defizitlandes.[233] Dies rechtfertigt den Schluß: „Soweit sich die Finanzierung der Leistungsbilanzdefizite in der Weltwirtschaft über die Zinsarbitrage vollzieht, ist das mit zusätzlichen Wechselkursbewegungen verbunden.“[234]

Einen vermögenstheoretischen Hintergrund für die Zusammenhänge liefert z.B. der u.a. auf Branson zurückgehende Portfolioansatz der Wechselkurserklärung.[235] Im Grundmodell des Portfolioansatzes wird davon ausgegangen, daß sich das vom privaten Sektor einer Volkswirtschaft (private Haushalte und private Unternehmen) gehaltene Nettogeldvermögen (V) aus drei Bestandteilen zusammensetzt:

$$V = M + B + e \cdot F. \tag{39}$$

Neben inländischem Geld (M) halten die Wirtschaftssubjekte inländische zinstragende Schuldtitel der öffentlichen Hand (B) und zinsbringende Schuldtitel des Auslandes (F), wobei sich die Auslandstitel durch Multiplikation mit dem Wechselkurs (e) in Inlandswährung ausdrücken lassen. Die Nachfrage nach diesen Finanzaktiva hängt ab vom inländischen Zinsniveau (i^*), ggf. in Verbindung mit etwaigen Wechselkursänderungserwartungen ($i^* + \hat{e}^{erw}$), wovon im folgenden jedoch aus Vereinfachungsgründen abgesehen wird, sowie von der Höhe des Gesamtvermögens (V). Die Gleichgewichtsbedingungen für die drei betrachteten Finanzmärkte ergeben sich aus

---

232 Köhler, Claus, Internationalökonomie ..., S. 64.

233 Zwar wirken die Zinsarbitragegeschäfte den aus den Leistungsbilanzdefiziten resultierenden Kassakurssenkungen tendenziell entgegen, doch da die entsprechenden Beträge am Terminmarkt kursgesichert werden (*TK* sinkt), stellt sich das jeweils neue Zinsarbitragegleichgewicht bei einem jeweils niedrigerem Kassakurs ein.

234 Köhler, Claus, Internationalökonomie ..., S. 64.

235 Vgl. Branson, William H., Asset Markets and Relative Prices in Exchange Rate Determination, in: Sozialwissenschaftliche Annalen, Nr. 1, 1977, S. 69 - 80, bzw. derselbe, Exchange Rate Dynamics and Monetary Policy, in: Lindbeck, Assar (Hrsg.), Inflation and Employment in Open Economies, Amsterdam 1979, S. 189 - 224. Vgl. dazu sowie für die im folgenden aufgezeigte Grundstruktur dieses Ansatzes auch die prägnanten Darstellungen bei: Konrad, Anton und Schlick, Oliver, Der Portfolioansatz der Wechselkurserklärung, in: Das Wirtschaftsstudium (WISU), 19. Jg. 1990, S. 653 - 657; Zieschang, Matthias, Finanzmarktansätze der ..., S. 96 - 115; Filc, Wolfgang und Bredemeier, Sonning, EWS und US-Dollar ..., S. 55 - 70 und Rose, Klaus, Freie Wechselkurse, Finanzmarkttheorie und Kaufkraftparität, in: Duwendag, Dieter und Siebert, Horst (Hrsg.), Politik und Macht, Wirtschaftspolitische Probleme der 80er Jahre, Stuttgart 1980, S. 329 - 340.

der erforderlichen Übereinstimmung zwischen den tatsächlichen (angebotenen) und den gewünschten (nachgefragten) Vermögensbeständen:

(40) $$M = m\,(i, i^*)\ V,$$

(41) $$B = b\,(i, i^*)\ V,$$

(42) $$e\,F = f\,(i, i^*)\ V.$$

Die Nachfrage nach den Finanzaktiva (die rechten Seiten der Gleichungen 40 - 42) ist dabei linear-homogen in bezug auf das Vermögen, d.h. eine Erhöhung von V löst eine proportionale Zunahme der Nachfrage nach M, B und $e\,F$ aus. Hinsichtlich des Einflusses der Variablen auf die Nachfrage weisen die jeweiligen partiellen Ableitungen die üblichen Annahmen der Portfoliotheorie auf:

$$m_1 < o;\ m_2 < o \text{ bzw.}$$
$$b_1 > o;\ b_2 < o \text{ sowie}$$
$$f_1 < o;\ f_2 > o.$$

Dabei gilt für die Portfoliostruktur, d.h. für die Anteile der einzelnen Vermögensbestandteile am Gesamtvermögen zudem:

(43) $$m + b + f = 1.$$

„Eine optimale Aufteilung eines gegebenen Vermögensbestandes auf diese drei Aktiva ist gegeben, wenn die Anleger in ihrer Gesamtheit und aus ihrer Sichtweise eine ertragsoptimierende Mischung ihres Gesamtvermögens gefunden haben. Das ist dann der Fall, wenn die erwarteten Renditen von Geld, öffentlichen Schuldtiteln des Inlandes und Auslandsforderungen gleich hoch sind und wenn Risiken, daß sich erwartete Ertragssätze vielleicht doch nicht realisieren – z.B. deshalb, weil sich künftig Wertpapierkurse oder Wechselkurse verändern –, als bedeutungslos eingeschätzt werden. In einem derartigen *Vermögensstrukturgleichgewicht* gibt es mithin keinen Anreiz, Umschichtungen zwischen den drei Vermögenskategorien vorzunehmen, weil keine andere Struktur einen höheren Gesamtertrag des Geldvermögens verspricht.“[236] Ein Anpassungsbedarf entsteht erst, wenn ein solches Vermögensstrukturgleichgewicht, also eine ertragsoptimale Aufteilung des Gesamtvermögens, gestört wird. Eine solche Störung ergibt sich z.B. aus dem Auftreten von Leistungsbilanzsalden, sofern die damit verbundenen Änderungen der Nettoauslandsposition einer Volkswirtschaft durch den privaten Kapitalverkehr mit dem Ausland bedingt sind und nicht etwa

236 Filc, Wolfgang und Bredemeier, Sonning, EWS und US-Dollar ..., S. 56/57.

aus Änderungen der Devisenreserven resultieren. Unter diesen Bedingungen führt ein Leistungsbilanzüberschuß zu einer Zunahme des Bestandes ausländischer Finanzaktiva im Inland (Kapitalexport). Gemäß Gleichung (39) kommt es damit über einen Anstieg von (F) zu einer Zunahme des Nettogeldvermögens (V). Ein Leistungsbilanzdefizit würde hingegen zu einer Abnahme des Nettogeldvermögens der Privaten führen (V sinkt), wenn die Finanzierung des Defizits zu Lasten der privaten Auslandsforderungen geht, also mit einer Verringerung des Bestandes an ausländischen Schuldtiteln verbunden ist (F sinkt).

Zu Wechselkurswirkungen kommt es über Störungen des Bestandsgleichgewichts am Markt für ausländische Schuldtitel (Gleichung 42). Im Falle eines Leistungsbilanzdefizits kommt es danach zu einem Anstieg des Wechselkurses (Abwertung der Währung des Defizitlandes), weil nach der Verringerung von (F) eine Überschußnachfrage auf dem F-Markt $(e \cdot F < f(\ldots) \cdot V)$ zu verzeichnen ist. Ein als zu gering erachteter, in Inlandswährung bewerteter Bestand an Auslandsaktiva $(e \cdot F)$ wird durch einen Wechselkursanstieg erhöht. Auf den beiden Märkten für Inlandsaktiva entsteht zunächst durch die aus dem Rückgang von (F) resultierende Abnahme des Nettogeldvermögens (Gleichung 39) jeweils ein Angebotsüberschuß (Gleichungen 40 und 41). Die daraus c.p. zu erwartenden Zinsreaktionen neutralisieren sich jedoch (Zinssenkung am M-Markt und Zinssteigerung am B-Markt), so daß der Inlandszins konstant bleibt. Damit können auch die Anteile des Geld- und Bondvermögens am Gesamtvermögen (m bzw. b) nicht variieren, was bei konstanten Geld- und Bondsbeständen ein gegenüber der Ausgangssituation unverändertes Gesamtvermögen bedingt.

Dies ist dann der Fall, wenn der Nachfrageüberhang am Markt für ausländische Schuldtitel den Wechselkurs equiproportional zur Verringerung des F-Bestandes steigen läßt $(de/e = -dF/F)$ und somit der Mengenrückgang an Auslandsaktiva durch die Wertsteigerung gerade ausgeglichen wird. Analog ließe sich bei Leistungsbilanzüberschüssen eine Aufwertung der Währung des Überschußlandes anhand des Portfolioansatzes der Wechselkurserklärung theoretisch begründen.

In der Realität treffen nun jeweils beide Konstellationen insofern aufeinander, als einem Land mit Leistungsbilanzdefiziten zumindest ein Land oder mehrere Länder mit entsprechend hohen Leistungsbilanzüberschüssen gegenüberstehen. Dadurch steigen die Nettoforderungen der Überschußländer gegenüber dem Defizitland. Nach der Grundauffassung des Portfolioansatzes der Wechselkurserklärung sind Überschußländer c.p. aber nur dann bereit, von der Anzahl her mehr Auslandsforderungen in ihren Portefeuilles zu halten, wenn sich deren Bewertung durch eine Abwertung der Währung des Defizitlandes bzw. durch Aufwertung der Währungen der Überschußländer gleichzeitig verringert, so daß der Wert dieser Forderungen letztlich konstant bleibt.[237] Da nun auch im Zuge eines Ausgleichs von Leistungsbilanzdefiziten über das Wirksamwerden des Zinsarbitragemechanismusses die Nettoforderungen der relevanten Überschußländer gegenüber dem Defizitland zunehmen, stellt sich auf diesem Weg der Saldenfinanzierung ein mit dem Portfolioansatz der Wechselkurserklärung kompatibles Ergebnis ein.

Eine zusätzliche Dynamik kann ein Prozeß aus Leistungsbilanzdefiziten und Währungsabwertung noch dadurch erhalten, daß Abwertungen, bei geringen Nachfrageelastizitäten, d.h. geringen Elastizitäten der Nachfrage sowohl nach Importgütern als auch nach Exportgütern jeweils in bezug auf den Wechselkurs, zu einer weiteren Passivierung der Leistungsbilanz beitragen.[238] Darüber hinaus können auch die aus Abwertungen ggf. resultierenden inflationären Impulse die Tendenz zu Leistungsbilanzdefiziten zusätzlich verstärken. Soweit dazu auch Wechselkursänderungserwartungen ins Spiel kommen, im konkreten Fall z.B. Abwertungserwartungen gegenüber der Währung eines Defizitlandes, können Leistungsbilanzdefizite letztlich zu einer kumulativen Währungsabwertung führen.[239] Für die nationale Geldpolitik können sich daraus die im Rahmen der Ausführungen zum Wechselkursproblem in dieser Arbeit aufgezeigten Konsequenzen ergeben.

Die Rückwirkungen von Leistungsbilanzsalden auf die Wechselkursentwicklung lassen sich – zumindest im Ansatz – auf zwei Wegen vermeiden. Zum einen über offizielle Devisenmarktinterventionen und zum anderen über Zinsänderungen, durch die eine quasi freiwillige Finanzierung der Lei-

---

237 Zu einem solchen Ergebnis gelangte auch eine Studie der Federal Reserve Bank of New York, in der die finanziellen Konsequenzen der amerikanischen Leistungsbilanzdefizite im Laufe der achtziger Jahre beurteilt wurden: „...exchange rates could adjust to restore equilibrium in asset markets by reducing the value of dollar assets in foreign portfolios. This dollar depreciation would effectively offset the rise in the dollar share of foreign portfolios that would otherwise occur." Hung, Juann; Pigott, Charles; Rodrigues, Anthony, Financial Implications of the U.S. External Deficit, in: Federal Reserve Bank of New York, Quarterly Review, Winter - Spring 1989, Vol. 13 No. 4/Vol. 14 No. 1, S. 41.

238 Zur Bedeutung der Nachfrageelastizitäten für den internationalen Leistungsverkehr vgl. z.B. Köhler, Claus, Geldwirtschaft. Zweiter Band ..., S. 137ff. Soweit die Nachfrageelastizitäten nur kurzfristig nicht hinreichend groß sind, kommt es zum sog. J-Kurven-Effekt. Vgl. dazu Tichy, Gunther, Die Folgen von Wechselkursänderungen – Was haben wir gelernt, in: Clement, Werner und Socher, Karl (Hrsg.) Empirische Wirtschaftsforschung und monetäre Ökonomik. Festschrift für Stephan Koren zum 60. Geburtstag, Berlin 1979, S. 235 - 253, insbes. S. 242ff.

239 In einer solchen kumulativen Verstärkung von Leistungsbilanzsalden und Wechselkursänderungen kann z.B. auch ein Grund für zeitweilig zu beobachtende Persistenzen von Leistungsbilanzsalden gesehen werden. Auf einen weiteren Grund dafür, nämlich auf die Bedeutung von Wachstumseffekten, weist Konrad hin. „Vgl. Konrad, Anton, Reale Wechselkurse, Leistungsbilanz und Wachstum, in: Kredit und Kapital, 22. Jg. 1989, S. 329 - 343.

stungsbilanzsalden ermöglicht wird. Der Weg einer Finanzierung von Leistungsbilanzsalden über offizielle Interventionen am Devisenmarkt verspricht allerdings nur kurzfristig Erfolg.

So läßt sich zunächst, ebenfalls unter Rückgriff auf Elemente des Portfolioansatzes der Wechselkurserklärung zeigen, daß unter bestimmten Bedingungen eine Finanzierung von Leistungsbilanzdefiziten über eine entsprechende Abgabe von Devisen durch die Zentralbank sowohl den Wechselkurs als auch das Zinsniveau im Defizitland nicht berühren. Eine Konstanz des Zinsniveaus ergibt sich dabei, sofern es zu einer vollständigen geldpolitischen Kompensation der aus den Devisenabgaben resultierenden Liquiditätsverknappungen kommt. Da ein Abbau der Devisenreserven im Falle eines Leistungsbilanzdefizits das Nettogeldvermögen des privaten Sektors unverändert läßt, kommt es nicht zu einer Störung des Vermögensstrukturgleichgewichts und folglich gibt es keinen Grund für eine Umstrukturierung des Vermögens, so daß der Wechselkurs unverändert bleibt.[240] Dies bedingt jedoch in den Überschußländern, die einem Defizitland gegenüberstehen, eine Aufstockung der Devisenreserven, die sich im Grunde symmetrisch zum Abbau der Devisenreserven im Defizitland vollzieht, damit in den Überschußländern ebenfalls das private Nettogeldvermögen unverändert bleibt. Eine solche Voraussetzung erweist sich auch in einem rein theoretischen Kontext bereits als sehr restriktiv.[241]

Durch einen alleinigen Abbau von Devisenreserven lassen sich jedoch auch im praktischen Umfeld Leistungsbilanzdefizite allenfalls kurzfristig ohne Druck auf die Wechselkurse der Defizitländer finanzieren. Zum einen, weil die Rückgriffsmöglichkeiten auf Devisenreserven je nach Umfang der verfügbaren Bestände mehr oder weniger schnell begrenzt sind. Wobei in diesem Zusammenhang allerdings auch Beschaffungsmöglichkeiten von Devisen z.B. auf dem Kreditwege berücksichtigt werden müßten. Zum anderen aber, weil spätestens mit einem zunehmenden Abschmelzen der Währungsreserven über davon möglicherweise induzierte Wechselkursänderungserwartungen ein zusätzlicher Druck auf den Wechselkurs ausgeübt werden dürfte, dem man, insbesondere bei einer Verfestigung der Erwartungen, allein über Interventionen nur schwerlich begegnen könnte. Auf diesbezügliche Erfahrungen in der Bundesrepublik Deutschland, als Anfang der

240 Vgl. Filc, Wolfgang und Bredemeier, Sonning, EWS und US-Dollar ..., S. 64.

241 So wird im Portfoliosansatz der Wechselkurserklärung denn auch von einem der Vereinfachung dienenden, aber unplausiblen asymmetrischen Verhalten der inländischen und ausländischen Wirtschaftsteilnehmer ausgegangen. Während nämlich die inländischen Wirtschaftssubjekte neben inländischem Geld „...sowohl inländische als auch ausländische Wertpapiere besitzen, halten die ausländischen Wirtschaftssubjekte ihr Vermögen nur in Form von ausländischem Geld und ausländischen Wertpapieren.“ Zieschang, Matthias, Finanzmarktansätze der ..., S. 112.

achtziger Jahre die deutsche Leistungsbilanz ausgeprägte Defizite verzeichnete,[242] hat der Wissenschaftliche Beirat beim Bundesministerium für Wirtschaft wie folgt verwiesen: „Auch Interventionen an den Devisenmärkten haben die Abwärtsbewegung des DM-Kurses nicht aufhalten können. Der Markt hat sich durchgesetzt, und der erhebliche Rückgang der Netto-Währungsreserven ist vom Markt offenbar als weiteres Indiz für die Schwäche der D-Mark gewertet worden. Die Interventionen dürften so kontraproduktiv gewesen sein. Insofern hat die Notenbankpolitik über lange Zeit hinweg die Erwartungen von Kursrückgängen der D-Mark noch verstärkt."[243]

Der zweite Weg zur Vermeidung von Rückwirkungen der Leistungsbilanzsalden auf die Wechselkursentwicklung verläuft über Zinsänderungen. Dabei wird davon ausgegangen, daß z.B. als Folge einer aus Leistungsbilanzdefiziten resultierenden Zunahme der externen Verschuldung ein höheres Zinsniveau im Defizitland notwendig ist. So werden nämlich die einem Defizitland gegenüberstehenden Gläubiger c.p. nur bereit sein, den Anteil ihrer Auslandsforderungen (gegenüber dem Defizitland) zu erhöhen, wenn die damit verbundenen zusätzlichen Risiken über eine entsprechend erhöhte Risikoprämie und damit über einen höheren Zinsertrag kompensiert werden. Neben dem Bonitätsrisiko, das sich aus dem Kreditausfallrisiko und dem Zinsausfallrisiko zusammensetzt,[244] kommt hierbei insbesondere das Währungsrisiko in Betracht, also das Risiko einer unerwarteten Abwertung der Währung des Defizitlandes. Beide Risiken dürften aus der Sicht der Gläubiger mit zunehmender Dauerhaftigkeit der Leistungsbilanzdefizite bzw. mit dem Umfang der Ausleihungen im allgemeinen sogar überproportional ansteigen.

Relevant für eine solche zinsinduzierte freiwillige Finanzierung von Leistungsbilanzdefiziten sind aber nicht nur die Zinssteigerungserfordernisse im Defizitland, sondern ebenfalls die Zinsdifferenzen zu den Überschußländern. Vom Grundsatz her werden die benötigten Finanzierungsmittel nur dann „freiwillig bereitgestellt", „... wenn die Überschußländer ihre Zinssätze niedrig und die Defizitländer ihre Zinssätze hoch halten. Die Zinsdifferenz muß jedenfalls ausreichen, Anleger von Mitteln zu veranlassen, ihre Gelder im Defizitland zu investieren."[245]

---

242 Erstmals seit 1965 verzeichnete die Bundesrepublik Deutschland im Jahr 1979 ein Leistungsbilanzdefizit in Höhe von rd. 10 Mrd. DM. 1980 stieg das Defizit auf über 25 Mrd. DM. Auch 1981 schloß die deutsche Leistungsbilanz noch mit einem Minussaldo von gut 8 Mrd. DM ab. Vgl. Deutsche Bundesbank, Monatsbericht März 1993, Statistischer Teil, Tabelle X.1, S. 85*.

243 Wissenschaftlicher Beirat beim Bundesministerium für Wirtschaft, Wirtschaftspolitik bei defizitärer Leistungsbilanz, Studienreihe Heft 31, Bundesminister für Wirtschaft, Februar 1981, S. 35/36.

244 Vgl. Geigant, Friedrich, Geld- und Währungspolitik II, Monetäre Zinstheorie, Kurseinheiten 1 und 2, Fern-Universität – Gesamthochschule – Hagen, 1980, S. 101.

245 Köhler, Claus, Internationalökonomie ..., S. 64.

Will also ein Defizitland einem tatsächlichen oder möglichen Abwertungsdruck auf seine Währung entgegenwirken, so werden die Spielräume für die nationale Zinspolitik, zumindest im Hinblick auf Zinssenkungsmaßnahmen, eingeschränkt. Wobei eine solche Einschränkung jedoch keinen Erfolg hinsichtlich einer Wechselkursstabilisierung garantieren kann. Trotzdem ist die Geldpolitik, gegebenenfalls unabhängig von den binnenwirtschaftlichen Erfordernissen, zunächst auf eine Steuerung der erforderlichen internationalen Kapitalströme auszurichten. D.h. auf der Basis von Zinsniveau und zinspolitischen Absichten in den Gläubigerländern hat die Geldpolitik im Defizitland auf hinreichend attraktive Zinsdifferenzen zu achten, um die internationalen Kapitalanleger zu einer Anlage im Defizitland zu veranlassen. In diesem Zusammenhang können allerdings eigenständige, d.h. von den Fundamentalfaktoren losgelöste Wechselkursänderungs- und damit Gewinnerwartungen den Einfluß von Zinsdifferenzen auf die internationalen Portfoliodispositionen beeinflussen.[246] „Sie können die Wirkungen von Zinsdifferenzen verstärken, aber auch – wenn die Wechselkurs- und Gewinnerwartungen die Zinsdifferenzen überkompensieren – Kapitalströme entgegen dem Zinsgefälle auslösen."[247]

Im ersten Fall reichen zwar u.U. bereits marginale Zinsanreize aus, die Finanzierung von Leistungsbilanzdefiziten zu gewährleisten, doch können auch diese schon im Widerspruch zu etwaigen binnenwirtschaftspolitischen Zinssenkungserfordernissen stehen. Im zweiten Fall ist dagegen nicht auszuschließen, daß die dann erforderlichen hohen Zinsanreize von vornherein in einen zu starken Gegensatz zu den binnenwirtschaftlichen Erfordernissen geraten und rezessive Effekte auslösen. Denkbar wäre jedoch auch, daß zinspolitische Maßnahmen aufgrund rezessiver Risiken unterbleiben oder nur unzureichend durchgesetzt werden. Unter solchen Bedingungen wäre die Geldpolitik nicht in der Lage, einem Abwertungsdruck hinreichend entgegenzuwirken.

Da nun Wechselkursänderungserwartungen, auch vor dem Hintergrund von Leistungsbilanzdefiziten, jederzeit kurzfristig umschlagen können, kann es durch eine auf die Finanzierung von Leistungsbilanzsalden bedachte Geldpolitik schließlich sogar zu einer Erhöhung der Zins- und Wechselkursvolatilitäten kommen. Die Tendenz dazu ist um so ausgeprägter, je umfangreicher und dauerhafter die Leistungsbilanzsalden sind. Denn je umfangreicher und dauerhafter z.B. ein Leistungsbilanzdefizit eines Landes ist, um so größer ist der Bestand an Forderungen der übrigen Länder gegenüber dem Defizitland, der bei einem Umschlagen der Wechselkursänderungserwartungen jeweils zur Umschichtung anstehen kann. Je nach Erwartungshaltung

---

[246] Vgl. dazu die Abschnitte B.II.2 und B.III.2 und 3 dieser Arbeit.

[247] Köhler, Claus, Internationalökonomie ..., S. 65.

überwiegt mal das Angebot an und dann wieder die Nachfrage nach derartigen Forderungen, was ausgeprägte Zins- und Wechselkursfluktuationen nach sich ziehen kann. Mangelnde Erfaßbarkeit und Schätzungsmöglichkeiten der Richtung und des Umfangs von Wechselkursänderungserwartungen sowie die Ungewißheit, ob diese überhaupt in bestimmten Zeiträumen zum Tragen kommen, erschweren allerdings genauere Aussagen insbesondere zum Ausmaß der diesbezüglichen Zins- und Wechselkurskonsequenzen von Leistungsbilanzdefiziten. „This is not much comfort for policy makers, however, who cannot ignore prospective problems simply because their magnitude cannot be predicted with precision or certainty."[248]

Zusammenfassend kann deshalb die Finanzierung von Leistungsbilanzdefiziten eine Volkswirtschaft mit einem Bündel von Problemen konfrontieren, und zwar bestehend aus: Abwertung bzw. Abwertungsdruck, Verlust an Währungsreserven, Zwang zur zinspolitischen Restriktion entgegen den binnenwirtschaftlichen Erfordernissen sowie erhöhte Zins- und Wechselkursvolatilitäten. In diesem Zusammenhang dürfte grundsätzlich ein positiver Zusammenhang zwischen dem Umfang und der Dauerhaftigkeit von Leistungsbilanzdefiziten einerseits und der Intensität des Problemdruckes andererseits bestehen. Würde man die ökonomischen Folgewirkungen, die aus diesen Problemen resultieren, bewerten und sie als Kosten den ebenfalls bewerteten Erträgen aus Leistungsbilanzsalden gegenüberstellen, so erhält man ein Kriterium, mit dem sich Leistungsbilanzsalden beurteilen ließen und anhand dessen man gegebenenfalls Maßnahmen zur Begrenzung negativ bewerteter Salden plausibel begründen könnte. Sofern jedoch die wohlfahrtsfördernden Wirkungen eines freien internationalen Waren-, Dienstleistungs- und Kapitalverkehrs im größtmöglichen Rahmen ausgeschöpft werden sollen, erscheint es notwendig, den aus der Finanzierung von Leistungsbilanzsalden gegebenenfalls resultierenden Problemen rechtzeitig und wirksam entgegenzutreten. Ansonsten besteht die Gefahr, daß sich einzelne Länder, insbesondere durch die Verfügung von handels- und kapitalverkehrsbeschränkenden Maßnahmen, von den für sie negativen Konsequenzen der Saldenfinanzierung abzuschirmen versuchen, wordurch sie die erforderlichen Bemühungen um eine weitere Liberalisierung des Welthandels und des Kapitalverkehrs torpedieren. Um dies zu vermeiden, ist eine intensive internationale geldpolitische Koordination angebracht, die sich insbesondere der Wechselkursänderungserwartungen annehmen müßte sowie auf eine Abstimmung der zinspolitischen Maßnahmen gerichtet sein sollte. Auf diese Weise ließe sich der Punkt, von dem an Leistungsbilanzsalden negativ bewertet würden, zumindest hinausschieben.

---

[248] Pigott, Charles, Economic Consequences of ..., S. 14.

V. Das Verschuldungsproblem der Entwicklungsländer

Das Faktum einer hohen Verschuldung zahlreicher Länder der Dritten Welt vermag die nationale Geldpolitik gegebenenfalls einem weiteren internationalen Einfluß auszusetzen. Inhaltlich gehört diese Thematik eigentlich zum Umfeld des Leistungsbilanzproblems, zumal die Verschuldung der Entwicklungsländer grundsätzlich das Gegenstück zu den im Zeitablauf zu verzeichnenden Leistungsbilanzdefiziten dieser Länder darstellt. Da es sich hierbei jedoch um ein spezielles Problem einer bestimmten Ländergruppe handelt, mit dem sich die Geldpolitik, unabhängig von dessen vielfältigen Ursachen, heutzutage konfrontiert sieht, erfährt dieser Aspekt an dieser Stelle eine gesonderte Beachtung. Vor der Behandlung der mit dem Verschuldungsproblem verbundenen geldpolitischen Implikationen wird zunächst ein Blick auf die Relevanz des Verschuldungsproblems geworfen.

1. Zur Relevanz des Verschuldungsproblems

Die internationale Schuldenkrise, die mit den Schuldendienstproblemen von Mexiko im August 1982, als die Spitze eines Eisberges, schlagartig in das öffentliche Bewußtsein rückte, deren Basis aber bereits in der starken Zunahme der Verschuldung der Entwicklungsländer seit Anfang der siebziger Jahre gelegt wurde,[249] hat deutlich gemacht, wie wichtig eine jederzeitige Zahlungsfähigkeit der verschuldeten Entwicklungsländer ist. Dies gilt sowohl für das reibungslose Funktionieren des internationalen Finanzsystems, als auch für die Aufrechterhaltung und Förderung des Welthandels und damit zum Nutzen sowohl der in das Weltwirtschaftsgeschehen integrierten industrialisierten Volkswirtschaften, als auch der Entwicklungsländer selbst.

Zum einen zeigte sich nämlich, daß mit einem Stocken des Schuldendienstes, insbesondere mit dem Ausbleiben von Zinszahlungen, die Solvenz des internationalen Bankensystems unmittelbar in große Gefahr geriet. Unmittelbar deshalb, weil beispielsweise im Jahr 1982 vorwiegend bei amerikanischen Gläubigerbanken die Kreditvergabe allein an lateinamerikanische Schuldnerländer das Eigenkapital um das bis zu 2,82-fache überstiegen hat.[250] Da nun generell „...die Werthaltigkeit der Forderungen von der

[249] Vgl. World Bank, World Debt Tables 1992 - 93, External Finance for Developing Countries, Vol. 1, Analysis and Summary Tables, Chapter 3. Ten Years of the Debt Crisis, Washington 1992, S. 41 - 61. Vgl. auch Jagau, Heinrich, Marktmäßige Auslandsverschuldung von souveränen Schuldnern und ökonomische Entwicklung von Entwicklungsländern. Eine theoretische Analyse, Berlin 1992, S. 17ff.

[250] Vgl. Kraemer, Moritz, Neuere Ansätze zur Lösung der internationalen Schuldenkrise, Frankfurt/M., Bern, New York, Paris 1991, S. 1; vgl. auch die detailliertere Analyse der Exponiertheit amerikanischer Großbanken in der Schuldenkrise

Fähigkeit der Schuldner abhängt, zumindest ihre Zinsschulden zu zahlen."[251], hätte im Falle dauerhaft ausbleibender Zinszahlungen die Eigenkapitalbasis bei bestimmten Instituten für die erforderlichen Abschreibungen u.U. nicht ausgereicht und damit die Gefahr von Insolvenzen im Finanzsektor heraufbeschworen. Über bestehende Verflechtungen durch Interbankgeschäfte hätten sich Schwierigkeiten einzelner Großbanken auch auf andere, gegebenenfalls weit weniger im Geschäft mit Entwicklungsländern involvierte Kreditinstitute ausweiten und somit eine Kettenreaktion auslösen können.[252] Das Risiko einer solchen Kettenreaktion hätte sich überdies noch erhöht, wenn es im Zuge solcher Prozesse zu einer sich ausbreitenden Vertrauenskrise bei den Bankkunden gekommen wäre, mit der Folge eines sog. Run der Einleger auf ihre Anlagen.

Die unmittelbare Reaktion auf den Ausbruch der Schuldenkrise war deshalb von der allgemein verbreiteten Sorge geprägt, daß vor dem Hintergrund des erreichten Grades an Interdependenzen zwischen den nationalen Volkswirtschaften bereits partielle Zahlungsschwierigkeiten eine Gefahr für das Weltfinanzsystem heraufbeschwören können. Diese Erkenntnis veranlaßte die betroffenen Gläubigerstaaten, der Erhaltung der Solvenz des internationalen Bankensystems zunächst einmal die höchste Priorität einzuräumen.[253]

Auf der anderen Seite zeigte sich, daß die Entwicklungsländer auf ihre Schuldendienstprobleme unmittelbar mit einer Rückführung ihrer Importe reagierten.[254] Dahinter stand die Absicht, durch Verringerungen der Importrechnungen die internationale Zahlungsfähigkeit zu verbessern. Köhler weist in den folgenden Ausführungen jedoch mit Recht und treffend auf die internationale Problematik einer solchen Vorgehensweise hin: „Importe

---

bei Korn, Andreas, Weltwirtschaft und internationale Verschuldung. Eine Analyse von Ursachen, Auswirkungen und Lösungsansätzen der internationalen Schuldenkrise in den Entwicklungsländern, Frankfurt/M., Bern, New York, Paris 1989, S. 208f.

[251] Köhler, Claus, Die Bedeutung internationaler monetärer Märkte und die internationale Verschuldungskrise, in: Langkau, Jochen und Köhler, Claus (Hrsg.), Wirtschaftspolitik und wirtschaftliche Entwicklung, Festschrift für Walter Hesselbach zum 70. Geburtstag, Bonn 1985, S. 195.

[252] Vgl. Korn, Andreas, Weltwirtschaft und ..., S. 211. Vgl. dazu auch Nunnenkamp, Peter und Junge, Georg, Die Kreditbeziehungen zwischen westlichen Geschäftsbanken und Entwicklungsländern. Unternehmerisches oder gesellschaftliches Risiko?, Forschungsberichte des Bundesministeriums für wirtschaftliche Zusammenarbeit, Band 68, Köln 1985, S. 138 - 144.

[253] Vgl. Kraemer, Moritz, Neuere Ansätze zur ..., S. 2; vgl. auch Nunnenkamp, Peter und Junge, Georg, Die Kreditbeziehungen ..., S. 141.

[254] Vgl. Jagau, Heinrich, Marktmäßige Auslandsverschuldung ..., S. 20; Kraemer, Moritz, Neuere Ansätze zur ..., S. 5; Korn, Andreas, Weltwirtschaft und ..., S. 215ff.

weniger entwickelter Länder zu begrenzen bedeutet, den Industrieländern Exportchancen zu nehmen. Exporte der Industrieländer aber sind ein wichtiger Bestimmungsfaktor der konjunkturellen Entwicklung in diesen Ländern. Ein wirtschaftlicher Aufschwung wiederum ist Voraussetzung, daß weniger entwickelte Länder ihre Ausfuhr in Industrieländer steigern können. Der protektionistische Weg der Einfuhrbeschränkung macht eine Belebung des Welthandels zunichte. Zahlungsfähiger werden die weniger entwickelten Länder dadurch nicht, denn ohne die Belebung des Welthandels und ohne wirtschaftlichen Aufschwung in den Industrieländern bestehen kaum Chancen, die Ausfuhren der Entwicklungsländer auszudehnen. Wahrscheinlich würden sie sogar entsprechend der Welthandelsentwicklung noch zurückgehen."[255]

Hinzu kommt, daß sich die Entwicklungsländer mit Importbeschränkungen eigene Wachstums- und Produktionsmöglichkeiten abschneiden und damit u.U. zusätzlich ihre Exportfähigkeit beeinträchtigen. So benötigen Entwicklungsländer i.d.R. Kapitalgüterimporte zur Ausweitung ihrer Produktionskapazitäten sowie sogenannte Auslastungsimporte, wie Rohstoffe, Ersatzteile und Halbfabrikate, um die bereits bestehenden industriellen Kapazitäten überhaupt voll auslasten zu können.[256] Ein Verzicht auf den Import solcher Güter dürfte sich also negativ auf das Wirtschaftsgeschehen dieser Länder auswirken. Nicht zuletzt dürfte dadurch auch deren internationale Wettbewerbsfähigkeit ungünstig beeinflußt werden.

Tatsächlich waren als Folge der zu verzeichnenden Importrestriktionen der Entwicklungsländer entsprechende Konsequenzen festzustellen. „Dies machte sich zunächst in einem deutlichen Rückgang der Investitionsquoten bemerkbar und damit auch in erheblichen Wachstumsverlusten. So sank die Investitionsquote zwischen 1981 und 1985 von 26,3% auf 22,8% für alle Entwicklungsländer, für Länder mit Schuldendienstproblemen war ein Rückgang im selben Zeitraum von 25,5% auf 17,8% zu verzeichnen. Das führte zu einem Absinken der Kapazitätsauslastung und des Outputs in den betroffenen Ländern und hatte einen drastischen Rückgang des Pro-Kopf-Einkommens unter das Niveau von 1979 zur Folge".[257]

---

[255] Köhler, Claus, Die Bedeutung internationaler ..., S. 196.

[256] Vgl. Hesse, Helmut und Sautter, Hermann, Entwicklungstheorie und -politik, Band I: Entwicklungstheorie, Tübingen 1977, S. 68 - 70. Auf „...eine wachstumsgefährdend wirkende Reduktion der Importneigung..." in den Schuldnerländern verweist auch Heinemann. Heinemann, Hans-Joachim, Auslandsverschuldung und internationale Stabilität, in: Filc, Wolfgang und Köhler, Claus (Hrsg.), Stabilisierung des Währungssystems, Berlin 1985, S. 198, vgl. auch a.a.O., S. 196.

[257] Korn, Andreas, Weltwirtschaft und ..., S. 217. Korn bezieht sich dabei auf Ausführungen des Internationalen Währungsfonds sowie von Schäfer, Hans-Bernd auf der einen und Schulmann, Horst auf der anderen Seite.

Insgesamt haben die im Zusammenhang mit dem Ausbruch der internationalen Verschuldungskrise zu verzeichnenden Reaktionen der betroffenen Entwicklungsländer somit durchaus Konsequenzen gehabt, die einer durch ein System flexibler Wechselkurse erhofften „...Erreichung des liberalen Ziels einer integrierten Weltwirtschaft..." sowie einer „...effizienten wirtschaftlichen Entwicklung..."[258] sowohl in den Ländern der Dritten Welt als auch in den Industrieländern mehr oder weniger ausgeprägt entgegengestanden haben. Insofern gilt es zu prüfen, ob derartige Reaktionen der Entwicklungsländer auch heute, mehr als zehn Jahre nach Ausbruch der Verschuldungskrise, noch relevant werden können.

Die *Tabelle 14* vermittelt zu diesem Zweck für den Zeitraum 1980 bis 1992 einen kurzen Überblick über die Verschuldungslage von insgesamt 116 Entwicklungsländern, die der Weltbank nach dem sogenannten Debtor Reporting System (DRS) Bericht erstatten.[259] Die gesamte Auslandsverschuldung dieser Länder (EDT) ist demzufolge nach einer gewissen Stagnation in den Jahren 1987 bis 1989 bis zum Jahre 1992 wieder deutlich angestiegen. Der Schuldenstand lag 1992 mit rd. 1510,2 Mrd. US-Dollar um mehr als 25 v.H. über dem Stand des Jahres 1985. Die Zinszahlungen (INT) bewegten sich 1992 mit gut 67 Mrd. US-Dollar ungefähr auf dem Niveau von 1986, nachdem diese 1988 mit 75,8 Mrd. US-$ und 1991 mit 74,1 Mrd. US-$ aber auch schon höhere Werte aufgewiesen haben. Der gesamte Schuldendienst (TDS), bestehend aus Zins- und Tilgungsleistungen, belief sich 1992 auf knapp 162 Mrd. US-Dollar. Dies waren fast 20 Mrd. US-Dollar mehr als 1986.

Die relative Schuldenlast aller berichtenden Entwicklungsländer, gemessen an bestimmten Schuldenindikatoren, hat demgegenüber seit 1986 durchweg abgenommen. So ist beispielsweise die Relation aus dem gesamten Schuldenstand (EDT) und dem Export von Waren und Dienstleistungen (XGS) von rd. 210% im Jahre 1986 auf gut 178% im Jahre 1992 zurückgegangen. Zudem ist das Verhältnis aus dem gesamten Schuldendienst (TDS) und dem Export von Waren und Dienstleistungen (XGS), die sogenannte Schuldendienstquote, von 27,5% im Jahre 1986 auf 19,1% im Jahre 1992 gesunken. Allerdings lag dieser Wert damit immer noch sehr dicht an der Grenze von 20%, die oft als ein kritischer Schwellenwert für Schuldendienstschwierigkeiten angesehen wird.[260]

---

258 Johnson, Harry G., Argumente für ..., S. 202.

259 Vgl. World Bank, World Debt Tables 1992 - 93, S. 153.

260 Vgl. Hedström, Hakan, Die Internationale Verschuldungskrise, Ursachen – Folgen – Lösungsansätze, Heidelberger Dritte Welt Studien, Bd. 21, Heidelberg 1985, S. 21, bzw. Baxmann, Ulf G., Bankbetriebliche Länderrisiken unter besonderer Berücksichtigung ihrer potentiellen Früherkennung und kreditpolitischen Behandlung, München: Florentz 1985, S. 104, Anmerkung 1. Baxmann verweist dabei

Betrachtet man die berichtenden Entwicklungsländer nicht als Gesamtheit, sondern differenziert z.B. nach Umfang der Verschuldung und Höhe des Einkommens, so zeigen sich anhand der Indikatoren auch dann z.T. spürbare Verbesserungen der Verschuldungslage seit Mitte der achtziger Jahre. Gleichwohl erreichten die Indikatoren 1992 teilweise noch Größenordnungen, die es fraglich erscheinen lassen, bei bestimmten Ländergruppen von einer Überwindung der Schuldenkrise auszugehen. So nahm die Relation aus Schuldenstand zu Exporten bei der Gruppe der stark verschuldeten Entwicklungsländer mit niedrigem Einkommen[261] 1992 noch einen Wert von über 410% an. Für die Gruppe der stark verschuldeten Länder mit mittlerem Einkommen ergab sich dabei ein Wert von immerhin noch 283,2%.

Lag zudem im Jahre 1992 die sogenannte Schuldendienstquote (TDS/XGS) in den stark verschuldeten Ländern mit niedrigem Einkommen mit 22,1% immer noch deutlich über dem kritischen Schwellenwert, so gilt dies im besonderen Maße für die stark verschuldete Ländergruppe mit mittlerem Einkommen. Deren Schuldendienstquote ist seit 1990 sogar wieder angestiegen und zwar bis auf einen Wert von 32,1%. Die *Tabelle 14* weist selbst für die moderat verschuldeten Länder mit niedrigem Einkommen im Jahre 1992 eine beachtliche Schuldendienstquote im Umfang von 27,1% aus. Schließlich lag 1992 auch die sogenannte Zinsendienstquote, d.h. die Relation aus Zinszahlungen (INT) und Exporten (XGS), die im Durchschnitt aller berichtenden Entwicklungsländer bis auf einen Wert von 7,9% gesunken ist, bei den hier gesondert betrachteten drei Ländergruppen durchweg bei rd. 12%.

Berücksichtigt man in diesem Zusammenhang, daß 1992 das Zinsniveau an den internationalen Finanzmärkten eher als niedrig einzustufen war, der LIBOR für Sechsmonats-US-Dollar-Depositen betrug beispielsweise 3,9%, während dieser Satz 1981, also kurz vor Ausbruch der Schuldenkrise, auf der Höhe von 16,69% lag[262], so ist für bestimmte Länder oder Ländergrup-

darauf, daß kritische Schwellenwerte in der Literatur z.T. bereits bei 12% bzw. erst bei 25% angesiedelt werden. Baxmann äußert sich in diesem Zusammenhang allerdings wie folgt: „Die unterschiedlich normierten und im Zeitablauf variierenden Schwellenwerte (...) sind zumeist nicht wissenschaftlich fundiert, nicht objektiv und keinesfalls allgemeingültig." Baxmann, Ulf G., Bankbetriebliche Länderrisiken ..., S. 104. Dennoch erscheint es sinnvoll, in einer Quote von über 20% zumindest einen Anhaltspunkt für die Beurteilung der Schuldendienstfähigkeit zu sehen. Hinsichtlich einer differenzierten Betrachtung einzelner Indikatoren zur Bestimmung empirischer Schuldengrenzen vgl. auch Jagau, Heinrich, Marktmäßige Auslandsverschuldung ..., S. 100 - 108.

261 Zur Einordnung und Abgrenzung dieser und der im folgenden genannten Ländergruppen vgl. World Bank, World Debt Tables 1992 - 93, S. 154/155.

262 Zu den Zahlenangaben vgl. Internationaler Währungsfonds, International Financial Statistics, International Interest Rates, Vol. XLVI, No. 6, June 1993, S. 52.

Tabelle 14: **Verschuldungslage der Entwicklungsländer 1980 - 1992 (in Mrd. US$ bzw. in %)**

Projected

	1980	1985	1986	1987	1988	1989	1990	1991	1992
ALL COUNTRIES REPORTING TO THE WORLD BANK*									
1. SUMMARY DEBT DATA									
TOTAL DEBT STOCKS (EDT)	572,255	990,687	1,089,028	1,230,477	1,255,141	1,253,852	1,345,731	1,417,459	1,510,227
Interest payments (INT)	47,016	71,715	66,922	65,982	75,773	70,190	66,820	74,107	67,046
Total debt service (TDS)	91,986	134,165	142,681	154,075	167,244	156,164	160,961	167,437	161,903
3. MAJOR ECONOMIC AGGREGATES									
Gross national product (GNP)	2,122,505	2,796,228	2,936,140	3,045,550	3,284,780	3,513,034	3,776,180	3,792,026	4,089,170
Exports of goods & services (XGS)	448,431	542,100	519,151	604,245	669,908	728,804	807,079	797,768	846,755
Imports of goods & services (MGS)	516,729	586,709	581,900	628,164	704,304	779,665	863,753	875,730	971,211
International reserves (RES)	184,195	145,789	147,577	176,534	171,724	195,676	232,945	286,776	295,318
Current account balance	-59,668	-31,447	-47,513	-7,170	-14,742	-31,965	-33,371	-53,486	
4. DEBT INDICATORS									
EDT / XGS (%)	127.6	182.7	209.8	203.6	182.9	172.0	166.7	177.7	178.4
EDT / GNP (%)	27.0	35.4	37.1	40.4	37.3	35.7	35.6	37.4	36.9
TDS / XGS (%)	20.5	24.7	27.5	25.5	25.0	21.4	19.9	21.0	19.1
INT / XGS (%)	10.5	13.2	12.9	10.9	11.3	9.6	8.3	9.3	7.9
INT / GNP (%)	2.2	2.6	2.3	2.2	2.3	2.0	1.8	2.0	1.6
RES / EDT (%)	32.2	14,7	13.6	14.3	14.0	15.6	17.3	20.2	19.6
RES / MGS (months)	4.3	3.0	3.0	3.4	2.9	3.0	3.2	3.9	3.6
SEVERELY INDEBTED LOW-INCOME COUNTRIES**									
4. DEBT INDICATORS									
EDT / XGS (%)	121.1	331.8	480.4	549.6	514.5	495.1	408.3	419.1	410.6
EDT / GNP (%)	35.1	67.7	91.6	119.3	125.1	120.9	116.9	117.4	113.4
TDS / XGS (%)	10.5	29.5	31.2	22.4	27.6	26.7	24.3	22.3	22.1
INT / XGS (%)	6.0	12.8	13.7	10.1	13.7	13.0	11.2	11.4	12.0
INT / GNP (%)	1.8	2.6	2.6	2.2	3.3	3.2	3.2	3.2	3.3
RES / EDT (%)	25.0	4.8	4.3	3.9	3.3	4.2	5.9	7.9	6.7
RES / MGS (months)	3.5	1.6	1.8	1.9	1.5	1.9	2.4	3.0	2.6

	1980	1985	1986	1987	1988	1989	1990	1991	1992
SEVERELY INDEBTED MIDDLE-INCOME COUNTRIES**									
4. DEBT INDICATORS									
EDT / XGS (%)	176.6	278.2	349.3	350.3	312.3	291.3	277.9	286.7	283.2
EDT / GNP (%)	34.3	58.3	60.6	64.0	57.7	50.2	46.8	46.0	42.0
TDS / XGS (%)	34.0	35.0	41.0	35.6	38.4	32.4	26.5	30.2	32.1
INT / XGS (%)	17.1	22.9	22.9	19.5	21.4	15.1	10.6	13.8	11.7
INT / GNP (%)	3.3	4.8	4.0	3.6	4.0	2.6	1.8	2.2	1.7
RES / EDT (%)	15.8	10.0	7.9	8.8	7.4	7.2	9.1	11.2	11.3
RES / MGS (months)	2.6	3.2	2.8	3.5	2.6	2.3	2.8	3.4	3.1
MODERATELY INDEBTED LOW-INCOME COUNTRIES**									
4. DEBT INDICATORS									
EDT / XGS (%)	133.1	229.1	277.7	286.8	272.8	249.8	255.5	260.0	265.8
EDT / GNP (%)	21.4	29.5	33.5	37.1	36.0	37.4	39.5	44.8	46.9
TDS / XGS (%)	13.0	25.3	31.8	31.2	32.3	28.4	26.7	27.6	27.1
INT / XGS (%)	5.9	11.4	13.6	13.2	13.6	12.6	12.2	11.7	11.8
INT / GNP (%)	0.9	1.5	1.6	1.7	1.8	1.9	1.9	2.0	2.1
RES / EDT (%)	36.1	17.4	15.4	15.1	12.1	13.2	9.2	11.0	10.9
RES / MGS (months)	5.2	3.8	3.9	4.2	3.1	3.2	2.3	3.0	2.8
MODERATELY INDEBTED MIDDLE-INCOME COUNTRIES**									
4. DEBT INDICATORS									
EDT / XGS (%)	173.7	137.7	153.3	154.5	147.1	143.9	148.3	176.7	183.0
EDT / GNP (%)	38.3	24.3	25.2	27.4	26.6	28.7	28.2	29.8	33.2
TDS / XGS (%)	28.3	20.5	24.1	23.5	23.6	21.9	24.1	28.4	21.1
INT / XGS (%)	15.1	11.0	11.0	10.2	10.6	10.9	10.6	12.3	9.7
INT / GNP (%)	3.3	1.9	1.8	1.8	1.9	2.2	2.0	2.1	1.8
RES / EDT (%)	32.5	15.0	14.3	13.0	11.9	12.9	14.5	17.4	17.1
RES / MGS (months)	6.1	2.4	2.5	2.4	2.0	2.1	2.5	3.6	3.5

* 116 nach dem Debtor Reporting System (DRS) der Weltbank berichtende Länder. Vgl. World Bank, World Debt Tables 1992 - 93, Vol. 1, S. 153.
** Zur Einteilung der Länder vgl. World Bank, World Debt Tables 1992 - 93, Vol. 1, S. 154 und S. 155.

Quelle: Zusammengestellt nach World Bank, World Debt Tables 1992 - 93, Volume 1. Analysis and Summary Tables, Washington 1992, S. 160, S. 188, S. 192, S. 196 und S. 200.

pen, spätestens im Falle wieder anziehender Zinsen, die Gefahr von erneuten oder zunehmenden Schuldendienstproblemen sehr wahrscheinlich. Dies muß für die nationale Geldpolitik in den führenden Industrienationen, durch die maßgeblich das Zinsniveau an den internationalen Finanzmärkten geprägt wird, ggf. bestimmte Implikationen haben.

2. Implikationen für die nationale Geldpolitik

Keinesfalls kann es jedoch Aufgabe der nationalen Geldpolitik in den führenden Industrienationen sein, die internationale Verschuldungskrise zu lösen. „In erster Linie ist das eine Angelegenheit der Gläubiger und Schuldner und der Entwicklungshilfeinstitutionen sowie des Internationalen Währungsfonds."[263] Wenn es aber eine in internationalen Vereinbarungen und auf Wirtschaftsgipfeln immer wieder bekundete Absicht der Industrieländer ist, über eine Förderung der Freizügigkeit des grenzüberschreitenden Waren-, Dienstleistungs- und Kapitalverkehrs letztlich auch die Entwicklungsländer besser in das Weltmarktgeschehen zu integrieren, nicht zuletzt wegen der damit verbundenen zusätzlichen Exportmöglichkeiten der Industrieländer, so sollten bei nationalen wirtschaftspolitischen Maßnahmen potentielle Rückwirkungen auf die wirtschaftliche Lage der Entwicklungsländer Berücksichtigung finden. Sofern nämlich als Folge wirtschaftspolitischer Maßnahmen in den Industrieländern z.B. Schuldendienstprobleme in den Entwicklungsländern ausgelöst werden, hat dies über die damit verbundenen Reaktionen der Entwicklungsländer unmittelbar Konsequenzen für die weltwirtschaftliche Entwicklung und damit auch für die Industrieländer.

Für die nationale Geldpolitik bedeutet dies, daß sie mögliche Auswirkungen ihrer zins- und liquiditätspolitischen Entscheidungen im Inland auf die Zinsentwicklung an den internationalen Finanzmärkten mit ins Kalkül ziehen sollte. Eine Abhängigkeit der Entwicklungsländer von den Zinsbewegungen an den internationalen Finanzmärkten ist insbesondere deshalb gegeben, weil der Anteil der Kreditaufnahmen mit flexiblen Zinssätzen an der Gesamtverschuldung der Entwicklungsländer in der zweiten Hälfte der siebziger und im Laufe der achtziger Jahre stark zugenommen hat.

So zeigt die *Tabelle 15*, daß der Anteil der Kredite mit flexiblen Zinsraten an der Gesamtverschuldung bei allen kapitalimportierenden Entwicklungsländern von 21,1 v.H. (1973 - 74) auf 53,6 v.H. (1983 - 85) angestiegen ist. Bei den Entwicklungsländern mit Schuldendienstproblemen entwickelte sich der Anteil der Kredite mit flexiblen Zinssätzen im selben Zeitraum von 29,6 v.H. auf 62,8 v.H. Die Gruppe der höchstverschuldeten Länder wies ein Zeitraum 1983 - 85 sogar einen Anteil von 73,5 v.H. auf.

---

[263] Köhler, Claus, Internationalökonomie ..., S. 120.

Für diese Kredite haben die Entwicklungsländer sehr stark auf die weniger regulierten Euromärkte zurückgegriffen.[264]

Tabelle 15

Anteile der Kredite mit flexiblen Zinsraten an der Gesamtverschuldung der Entwicklungsländer zwischen 1973 und 1985

Ländergruppe	1973 - 74	1974 - 78	1979 - 80	1981 - 82	1983 - 85
Kapitalimportierende Länder	21,1	34,7	44,6	51,1	53,6
– Länder mit Schuldendienstproblemen	29,6	42,4	53,3	59,8	62,8
– Länder ohne Schuldendienstprobleme	10,2	23,7	30,4	35,3	37,7
– 15 höchstverschuldete Länder	31,9	48,7	63,8	70,8	73,5
– Subsahara – Afrika	9,4	15,4	17,8	20,6	19,1
– Asien	8,1	21,9	31,3	38,1	45,2
– Westliche Hemisphäre	34,1	51,3	66,4	71,7	72,4

Quelle: Korn, Andreas, Weltwirtschaft und internationale Verschuldung. Eine Analyse von Ursachen, Auswirkungen und Lösungsansätzen der internationalen Schuldenkrise in den Entwicklungsländern, Frankfurt am Main, Bern, New York, Paris 1989, Tabelle 12, S. 132. Korn verweist a.a.O., in Anm. 2, auf den International Monetary Fund, World Economic Outlook – April 1986, Washington 1986, S. 88.

Eine zentrale Rolle für die periodischen Zinsanpassungen bei Kreditaufnahmen mit flexiblen Zinssätzen durch die Entwicklungsländer werden allgemein der London Interbank Offered Rate (LIBOR) für US-Dollar mit einer Laufzeit von sechs Monaten sowie der U.S. prime rate zugemessen.[265] Der Grund dafür wird aus der *Übersicht 2* ersichtlich, die die Währungszusammensetzung bzw. -struktur der Gesamtverschuldung der Entwicklungsländer Ende 1991 aufzeigt. Danach ist die dominierende Verschuldungswährung für die Entwicklungsländer der US-Dollar gewesen. Für die Gesamtheit der der Weltbank berichtenden Länder blieb der direkte Dollaranteil jedoch deutlich unter 50 Prozent. Dies gilt weitgehend auch,

---

[264] Vgl. Korn, Andreas, Weltwirtschaft und ..., S. 131.

[265] Vgl. World Bank, World Debt Tables 1992 - 93, S. 150; vgl. auch Köhler, Claus, Die Bedeutung internationaler ..., S. 193.

Übersicht 2

Währungszusammensetzung der Verschuldung
Ende 1991 (in Prozent)

ALL COUNTRIES REPORTING TO THE WORLD BANK

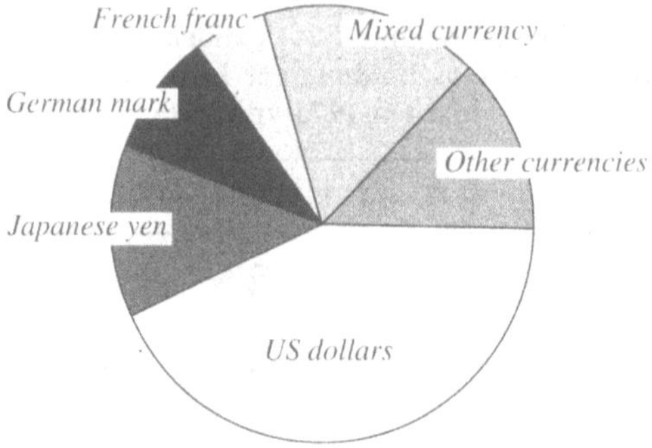

SEVERELY INDEBTED LOW-INCOME COUNTRIES

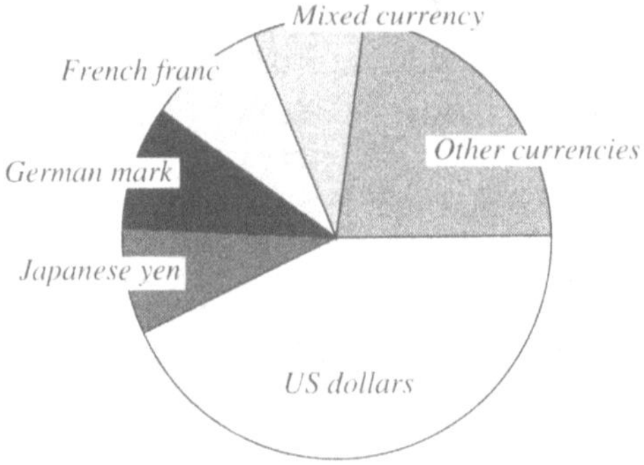

SEVERELY INDEBTED MIDDLE-INCOME COUNTRIES

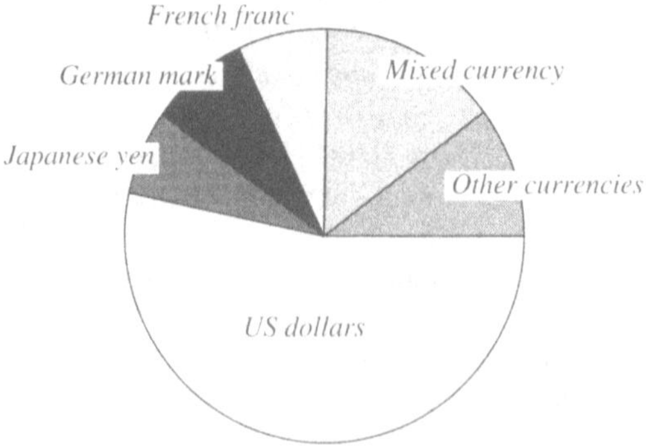

MODERATELY INDEBTED LOW-INCOME COUNTRIES

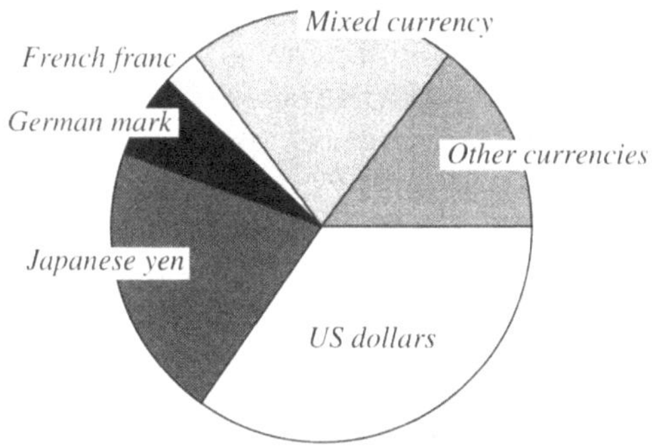

MODERATELY INDEBTED MIDDLE-INCOME COUNTRIES

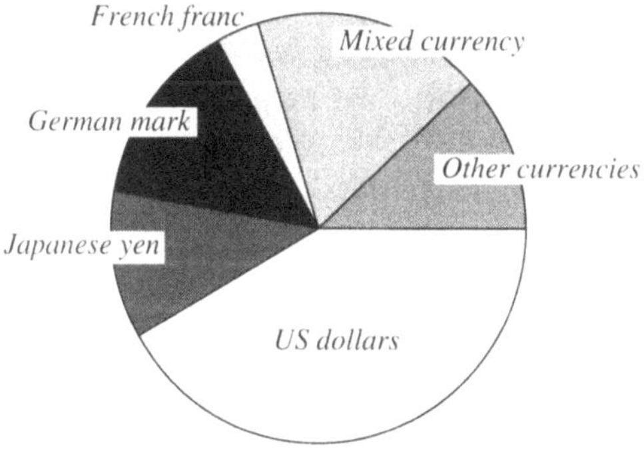

Quelle: World Bank, World Debt Tables 1992 - 93. External Finance for Developing Countries, Volume 1. Analysis and Summary Tables, Washington 1992, S. 163, S. 191, S. 195, S. 199 und S. 203.

wenn die Entwicklungsländer nach Grad der Verschuldung und Einkommenshöhe gruppiert werden. Eine Ausnahme bilden nur die stark verschuldeten Länder mit mittleren Einkommen, bei denen der Dollaranteil über 50 Prozent lag.

Neben dem US-Dollar haben aber – wie ebenfalls der *Übersicht 2* zu entnehmen ist – mit dem Japanischen Yen, der Deutschen Mark und dem Französischen Franc auch andere nationale Währungen eine nicht unerhebliche Bedeutung als Verschuldungswährungen erlangt. Dies gilt besonders, wenn man zusätzlich berücksichtigt, daß diese Währungen zusammen mit dem US-Dollar auch in dem Block „mixed currency" enthalten sind, soweit es sich dabei um Kredite auf der Basis von Sonderziehungsrechten handelt.

Schließlich ist darüber hinaus auch die Bedeutung von D-Mark und Franc höher als die direkt ausgewiesenen Anteile, soweit in diesem Block auch ECU-Anleihen erfaßt sind.

Die ausgewiesenen Währungsstrukturen verdeutlichen, daß es keineswegs die amerikanische Geldpolitik allein ist, die Einfluß auf die Zinsbelastungen und damit auf die Schuldendienstfähigkeit der Entwicklungsländer ausübt, sondern daß dafür auch die Geldpolitik in den anderen Währungsgebieten zum Tragen kommt. Ein solcher Einfluß der nationalen Geldpolitik ergibt sich dadurch, daß die Zinsentwicklung einer Währung am Euromarkt nicht unabhängig von der Zinsentwicklung auf dem zu dieser Währung gehörenden inländischen Geldmarkt ist. „Vielmehr verbindet die Zinsarbitrage den externen ziemlich fest mit dem internen Markt. (...) Arbitragebewegungen (...) garantieren, daß sich der Zinssatz am Euromarkt nur in einem engen Zinskorridor bewegen kann, dessen Ränder und Niveau allein von inländischen Faktoren, d.h. den inländischen Zinsen und der Mindestreserve, bestimmt werden..."[266] Allgemein läßt sich der Zusammenhang zwischen Euromarktzins (i^E) und Inlandszins (i) unter Berücksichtigung unterschiedlicher Mindestreservesätze auf Inlandsverbindlichkeiten (m^I) und auf Auslandsverbindlichkeiten (m^A) wie folgt ausdrücken:[267]

$$i^E = i\,\frac{1 - m^A}{1 - m^I}. \tag{44}$$

Je niedriger somit die Mindestreservesätze sind, desto enger und direkter ist der Zinsverbund zwischen der Zinsentwicklung am Euromarkt und der von der nationalen Geldpolitik dominierten Zinsentwicklung am inländischen Geldmarkt.

Je gleichgerichteter nun die Zinspolitik in den Industrieländern auf jeweils nationale Zinserhöhungen hinwirken, um so gravierender sind die Konsequenzen für den Schuldendienst in den Entwicklungsländern. Oft sind derart gleichgerichtete Zinserhöhungen jedoch Folge einer mangelnden zinspolitischen Abstimmung zwischen Notenbanken. Bewirkt beispielsweise die Geldpolitik eines Landes nationale Zinserhöhungen, etwa um über eine dadurch erhoffte Aufwertung ihrer Währung gewisse Stabilitätsgewinne zu

---

266 Hesse, Helmut, Gebieten internationale Gründe die Abschaffung der Mindestreserve?, in: Weltwirtschaftliches Archiv, Band 127, 1991, S. 439/440.

267 Vgl. dazu im einzelnen Köhler, Claus, Geldwirtschaft, Zweiter Band, S. 224ff. Vgl. auch Gebauer, Wolfgang, Geldschöpfung am Euro-DM Markt und Geldmengenkontrolle der Bundesbank, in: Ehrlicher, Werner und Simmert, Diethard B. (Hrsg.), Der volkswirtschaftliche Sparprozeß, Beihefte zu Kredit und Kapital, Heft 9, Berlin 1985, S. 684 - 688; Schäfer, Rainer, Der Zinszusammenhang zwischen inländischem und Euro-DM-Geldmarkt, in: Wirtschaftswissenschaftliches Studium (WiSt), 19. Jg. 1990, S. 467 - 469.

erzielen, und ziehen die anderen Länder, in dem Bedürfnis eine bestimmte Zinsdifferenz aufrechtzuerhalten, mit ihrer Zinspolitik nach, so ergibt sich daraus leicht die Gefahr eines internationalen Zinssteigerungswettlaufs. Sofern jedoch im Wege einer internationalen Koordinierung eine Verständigung über die erforderlichen Zinsdifferenzen stattfinden würde, ließen sich auf diesem Wege Nachteile für die verschuldeten Entwicklungsländer vermeiden. Darauf weist auch Köhler hin, wenn er ausführt: „The debt problem cannot be ignored when national economic policy-makers discuss interest rate differences e.g. the question of who should lower them.“[268] Aus diesem Grunde verlangt auch das Verschuldungsproblem eine stärkere internationale Koordinierung der Geldpolitik.

[268] Köhler, Claus, The Unsolved Problems of the Eighties – A Challenge for the Nineties, in: Deutsche Bundesbank, Auszüge aus Presseartikeln, Nr. 63, Frankfurt/M., 1. September 1988, S. 5.

C. Grundlagen für eine Geldpolitik bei internationaler Eingebundenheit

In den Ausführungen zu den geldpolitischen Implikationen des Wechselkursproblems, des Leistungsbilanzproblems und des Verschuldungsproblems wurde auf den Bedarf bzw. die Notwendigkeit einer internationalen geldpolitischen Koordination für den Fall einer internationalen Eingebundenheit der nationalen Geldpolitik bereits hingewiesen. Unabhängig von einzelnen Situationen, in denen eine Koordinationsnotwendigkeit bestehen mag oder zumindest plausibel erscheint, sind Empfehlungen zur Durchführung einer internationalen Koordination zunächst einer grundsätzlichen Beurteilung zu unterziehen. Insbesondere ist vorab zu klären, ob und inwieweit den Problemen einer internationalen Eingebundenheit der nationalen Geldpolitik nicht auch dadurch wirksam Rechnung getragen werden kann, daß die Geld- bzw. Wirtschaftspolitik in den einzelnen Volkswirtschaften jeweils auf eine reine bzw. strikte Binnenorientierung ausgerichtet wird. Eine solche Sichtweise basiert im Grunde auf der Vorstellung, daß nationale Volkswirtschaften bei internationalen Einflüssen dann den besten Beitrag zum Gesamtwohl leisten, wenn alle ihre Wirtschaftspolitik an dem Motto „Jeder hält sein eigenes Haus in Ordnung" ausrichten. Zudem ist eine Koordinationsnotwendigkeit auch auf der Grundlage vorhandener Ergebnisse theoretischer und empirischer Untersuchungen zu beurteilen, bevor dann Formen oder Ausgestaltungsmöglichkeiten einer internationalen Koordination, als ein wesentliches Element einer geldpolitischen Strategie bei internationaler Eingebundenheit, beleuchtet werden können. Ein hoher Stellenwert kommt im Rahmen der Grundlagen für eine Geldpolitik bei internationaler Eingebundenheit schließlich auch den Voraussetzungen für einen wirksamen geldpolitischen Instrumenteneinsatz zu.

I. Internationale Koordination der Wirtschaftspolitik

1. Probleme einer strikt binnenorientierten Strategie

Hinsichtlich der Erkenntnis einer mehr oder weniger ausgeprägten internationalen Eingebundenheit der nationalen Volkswirtschaften besteht sowohl unter theoretisch als auch unter politisch ausgerichteten Ökonomen heute im Grundsatz kein Dissens: „Die wachsende Interdependenz der nationalen Politiken ist ebenso ein nicht wegdefinierbares oder wegdiskutierbares Faktum der ‚real world' wie es externe Effekte oder Spillover-Mechanismen sind."[1] Trotz einer solchen, von Issing auch als „...gemeinsam akzeptierte Zustandsbeschreibung..."[2] bezeichneten Übereinstimmung in der Lagebeurteilung, gehen die Meinungen im Hinblick auf die daraus zu ziehenden Konsequenzen für die Durchführung einer wirksamen Wirtschaftspolitik auseinander. Insbesondere ist umstritten, inwieweit die Internationalisierung des Wirtschaftsgeschehens eine internationale Koordination der wirtschaftspolitischen Maßnahmen der nationalen Volkswirtschaften erfordert, bzw. welchen Nutzen die Volkswirtschaften aus einer Koordination ziehen können.

Oft wird in diesem Zusammenhang darauf verwiesen, daß internationale Koordination „...kein Ersatz für die Lösung inländischer ökonomischer Probleme sein (kann)...",[3] und daß demnach der wichtigste Beitrag jedes Landes zum gemeinsamen Nutzen in interdependenten Volkswirtschaften darin besteht, „...sein eigenes Haus in Ordnung zu halten."[4] An eine damit implizit propagierte strikte Binnenorientierung wirtschaftspolitischer Maßnahmen in jedem Land wird die Erwartung geknüpft, daß Volkswirtschaften, die eine solche Strategie verfolgen, sich über die bestehenden Interdependenzen gegenseitig bei der wirtschaftspolitischen Zielerreichung unterstützen. Eine derartige Sichtweise ist aber aus mehreren Gründen problematisch.

Zum einen sind die Vorstellungen über ein „ordnungsgemäßes Haus" zwischen den Ländern nicht unbedingt einheitlich.[5] Insbesondere dürfte

---

[1] Issing, Otmar, Verstärkte Koordination und Symmetrie – die angemessene Antwort auf die Krise im EWS?, Beitrag zur Sitzung des Arbeitskreises „Internationale Wirtschaftsbeziehungen" der List-Gesellschaft am 30. April 1993, abgedruckt in: Deutsche Bundesbank, Auszüge aus Presseartikeln, Nr. 34, Frankfurt/M., vom 10. Mai 1993, S. 7.

[2] Issing, Otmar, Verstärkte Koordination ..., S. 7.

[3] Kösters, Wim, Wohlfahrtsgewinne durch international koordinierte Wirtschaftspolitik?, in: Kantzenbach, Erhard (Hrsg.), Probleme der internationalen Koordination der Wirtschaftspolitik, Schriften des Vereins für Socialpolitik, Gesellschaft für Wirtschafts- und Sozialwissenschaften, Neue Folge Band 198, Berlin 1990, S. 67.

[4] Schlesinger, Helmut, Internationale Kooperation – nationale Verantwortung, in: Deutsche Bundesbank, Auszüge aus Presseartikeln, Nr. 51, Frankfurt/M., 15. Juli 1988, S. 4. Vgl. auch Issing, Otmar, Verstärkte Koordination ..., S. 7. Vaubel hat bereits 1985 eine entsprechende Forderung formuliert: „The task of the economist is not to exhort governments to negotiate with each other but to put their own houses in order..." Vaubel, Roland, International Collusion or Competition for Macroeconomic Policy Coordination? A Restatement, in: Recherches Economiques de Louvain, Vol. 51, 1985, S. 233. In die gleiche Richtung zielt ein Hinweis von Marris: „If each country gets its fundamentals right, the world will look after itself." Marris, Stephen, Managing the World Economy: Will We Ever Learn, Essays in International Finance, No. 155, Princeton 1984, S. 70.

kaum eine Übereinstimmung bestehen, bei welchen Zielerreichungsgraden die wirtschaftspolitischen Ziele bereits als hinreichend erfüllt gelten oder aber noch einen wirtschaftspolitischen Handlungsbedarf begründen. Sind zudem in den Ländern jeweils mehrere Ziele verletzt und bestehen Zielkonflikte, so werden in den einzelnen Volkswirtschaften auf der Basis der vorherrschenden Zielpräferenzen durchaus unterschiedliche wirtschaftspolitische Entscheidungen getroffen.[6] Eine gegenseitige Unterstützung bei der jeweiligen wirtschaftspolitischen Zielerfüllung ist unter solchen Bedingungen keineswegs sicher.

Zum anderen bestehen in den einzelnen Ländern sowohl abweichende Vorstellungen über die Wirkungen wirtschaftspolitischer Maßnahmen und über die Transmissionsmechanismen im Inland und zum Ausland als auch hinsichtlich der „... Grundanschauungen der einzelnen Regierungen über die Rolle von Markt und Staat in der Volkswirtschaft, über die Flexibilität und Anpassungsfähigkeit der Märkte und über den Zeitbedarf für das Erreichen von Gleichgewichtslösungen ..."[7] Solche Auffassungsunterschiede, insbesondere hinsichtlich der strukturellen ökonomischen Bedingungen in den einzelnen Ländern, die nicht nur bei den wirtschaftspolitisch Verantwortlichen, sondern auch unter professionellen Ökonomen bestehen, spiegeln sich denn auch in den Ergebnissen eines umfassenden Projekts des Brookings Instituts wider. Im Rahmen dieses Projektes sind die Wirkungen ausgewählter wirtschaftspolitischer Maßnahmen unter Zugrundelegung von zwölf bekannten ökonometrischen Weltmodellen simuliert bzw. untersucht worden.[8] Frankel und Rockett haben in diesem Zusammenhang die zum Teil erheblichen Differenzen der Simulationsergebnisse sehr prägnant wie

---

5 „Economic policy priorities and interests in individual countries still diverge quiete sharply from one another in many cases." Pöhl, Karl-Otto, You Can't Robotize Policymaking, in: The International Economy, Vol. 1, 1987, S. 20. Zu Meinungsverschiedenheiten über wirtschaftspolitische Ziele und Zusammenhänge vgl. auch Steinemann, Thomas, Währungs-Kooperation und Europäische Währungsunion. Eine Analyse aus Sicht der Neuen Politischen Ökonomie, Chur/Zürich 1992, S. 68 - 75.

6 Vgl. Hesse, Helmut und Braasch, Bernd, Internationale makropolitische Kooperation bei einheitlicher Weltkonjunktur: eine Notwendigkeit?, in: Bub, Norbert; Duwendag, Dieter; Richter, Rudolf (Hrsg.), Geldwertsicherung und Wirtschaftsstabilität ..., S. 437. Vgl. auch Steinemann, Thomas, Währungskooperation und ..., S. 68 - 75, insbes. S. 74 sowie Tabelle 3.1, S. 72.

7 Hesse, Helmut und Braasch, Bernd, Internationale makropolitische Kooperation ..., S. 437/438. Vgl. dazu auch Steinemann, Thomas, Währungskooperation und ..., S. 68ff.

8 Vgl. Bryant, Ralph; Henderson, Dale; Holtham, Gerald; Hooper, Peter und Symansky, Steven (Hrsg.), Empirical Macroeconomics for Independent Economies, The Brookings Institution, Washington 1988; vgl. auch Steinemann, Thomas, Währungskooperation und ..., S. 71/72.

folgt zusammengefaßt: „The predictions of the models varied widely as to both the magnitude and the sign of the effects on output, inflation, exchange rates, and current account balances, among trading partners and even in the country carrying out the policy change."[9]

Vor dem Hintergrund dieser Ergebnisse ist die Wahrscheinlichkeit sehr groß, daß die Träger der Wirtschaftspolitik in den einzelnen Ländern mitunter höchst unterschiedliche Maßnahmen ergreifen werden, um ihr eigenes Haus in Ordnung zu halten oder zu bringen. Damit bleibt dann aber eine gegenseitige Unterstützung bei der Zielerreichung, d.h. eine positive Transmissionswirkung wirtschaftspolitischer Maßnahmen zwischen zwei oder mehreren Ländern ungewiß, selbst wenn in diesen Ländern gleiche oder ähnliche Zielpräferenzen existieren. Dies läßt sich auch mit Hilfe des Mundell-Fleming-Modells zeigen, „...das viele Jahre lang die Diskussionen über die Auswirkungen makropolitischer Maßnahmen auf andere Länder geprägt hat..."[10]

Gemäß dem Mundell-Fleming-Modell hat, ausgehend von einer zwei-Länder-Betrachtung bei flexiblen Wechselkursen, die Geldpolitik des einen Landes entgegengesetzte oder negative Transmissionswirkungen im anderen Land zur Folge, während die Fiskalpolitik eines Landes gleichgerichtete oder positive Transmissionswirkungen im anderen Land hervorruft.[11] So führt z.B. eine expansive Geldpolitik im Ausland zu Zinssenkungen und über dadurch induzierte Kapitalabflüsse zu einer Abwertung der Auslandswährung. Da im Mundell-Fleming-Modell der Wechselkurseffekt den Einkommenseffekt auf Importe überkompensiert, verbessert sich die Handelsbilanz des Auslandes, mit dem Ergebnis, daß eine expansive Geldpolitik sowohl über einen zinsinduzierten Anstieg der Nachfrage als auch über eine Zunahme der Nettoexporte das Einkommen im Ausland erhöht.[12] Im Inland kommt es dagegen zu einer Abschwächung der Güternachfrage, da

---

[9] Frankel, Jeffrey A. and Rockett, Katharine E., International Macroeconomic Policy Coordination When Policymakers Do Not Agree on the True Model, in: American Economic Review, Vol. 78, No. 3 1988, S. 319. Zur Untermauerung verweisen Frankel und Rockett auf die Ergebnisse einer expansiven Geldpolitik (Tabelle 1, S. 324) und einer expansiven Fiskalpolitik (Tabelle 8, S. 333).

[10] Hesse, Helmut und Braasch, Bernd, Internationale makropolitische Kooperation ..., S. 439.

[11] Vgl. Maennig, Wolfgang, Internationale Transmission und Koordinierung der Wirtschaftspolitik, Berlin 1992, S. 24 - 26, bzw. Baer, Gunther D., Grenzen und Möglichkeiten der internationalen Koordinierung der Wirtschaftspolitik, in: Hemmer, Hans-Runbert und Schröder, Jürgen (Hrsg.), Außenwirtschaft, Festschrift für Klaus Rose zum 60. Geburtstag, Göttingen 1988, S. 210. Vgl. auch Bender, Dieter, Weltwirtschaftliche Verflechtung und Internationalisierung der Politik, in: Cassel, Dieter; Ramb, Bernd-Thomas; Thiemes, H. Jörg (Hrsg.), Ordnungspolitik, München 1988, S. 295.

[12] Vgl. Baer, Gunter D., Grenzen und Möglichkeiten ..., S. 210.

unter diesen Bedingungen die kontraktive Wirkung der Aufwertung der inländischen Währung die expansiven Effekte aus Zinssenkung und gestiegenen Importen des Auslands dominiert.[13]

Eine expansive Fiskalpolitik im Ausland erhöht zwar ebenfalls Gesamtnachfrage und Einkommen des Auslandes, sofern, wie im Mundell-Fleming-Modell unterstellt, die kontraktiven Sekundärwirkungen, bestehend aus Zinssteigerungen und Aufwertung der Auslandswährung, den Primärimpuls einer zunehmenden Staatsnachfrage nicht kompensieren. Allerdings wird das Inland von dieser Maßnahme gleichgerichtet betroffen, da der expansive Nachfrageeffekt aus der Abwertung der Inlandswährung die kontraktive Wirkung der Zinserhöhung überkompensiert.[14]

So liefert bereits das relativ einfach strukturierte Mundell-Fleming-Modell Anhaltspunkte dafür, daß eine nach der Maxime „Jeder hält sein eigenes Haus in Ordnung“ betriebene, strikt binnenorientierte Strategie in einer interdependenten Welt nicht unbedingt zur gegenseitigen Zielerfüllung beiträgt. Bekämpft beispielsweise das Ausland isoliert etwaige Inflationstendenzen mit einer restriktiven Geldpolitik, so löst dies aufgrund der geschilderten negativen Transmissionswirkungen im Inland expansive Impulse aus. Wird daraufhin im Inland ebenfalls auf eine restriktive Geldpolitik zur Eindämmung der durch die expansiven Impulse aus dem Ausland noch zusätzlich angeregten Preisauftriebstendenzen zurückgegriffen, so neutralisieren sich beide Länder in ihren Stabilitätsbemühungen zumindest teilweise, da nun negative Transmissionswirkungen, in diesem Fall also expansive Effekte, von den restriktiven Inlandsmaßnahmen im Ausland hervorgerufen werden. Bereits unter diesen Bedingungen ist ein einzelnes Land gegebenenfalls gar nicht in der Lage, sein eigenes Haus in Ordnung zu halten.

Das Mundell-Fleming-Modell erfaßt allerdings nicht alle Transmissionskanäle und muß, um ein realitätsgerechteres Abbild der strukturellen Bedingungen von Volkswirtschaften zu gewährleisten, erweitert werden.[15] Im Falle einer Erweiterung sind jedoch die negativen bzw. positiven Transmissionswirkungen der Geldpolitik bzw. der Fiskalpolitik nicht mehr eindeutig gesichert.[16] Berücksichtigt man zusätzlich zu den Grundannahmen z.B. eine Abhängigkeit der Länder von Vorleistungsimporten und die Möglichkeit

---

[13] Vgl. Bender, Dieter, Weltwirtschaftliche Verflechtung und ..., S. 295.

[14] Vgl. Bender, Dieter, Weltwirtschaftliche Verflechtung und ..., S. 295.

[15] Vgl. Hesse, Helmut und Braasch, Bernd, Internationale makropolitische Kooperation ..., S. 439; vgl. auch Maennig, Wolfgang, Internationale Transmission und ..., S. 28ff.

[16] Vgl. Hesse, Helmut und Braasch, Bernd, Internationale makropolitische Kooperation ..., S. 439ff., bzw. Bender, Dieter, Weltwirtschaftliche Verflechtung und ..., S. 295ff.

einer unmittelbaren partiellen oder vollständigen Anpassung der Nominallöhne an Preisniveauänderungen (Lohnindexierung), so vermag dies im Falle einer expansiven Geldpolitik im Ausland die eigentlich negative Transmissionswirkung im Inland in eine positive umzukehren.

Wie Bender anhand einer modelltheoretischen Analyse gezeigt hat,[17] kann es zu einer Umkehrung der Transmissionswirkungen dann kommen, wenn die nach der expansiven Geldpolitik im Ausland zu verzeichnende Abwertung der Auslandswährung bzw. Aufwertung der Inlandwährung die Preise für importierte Vorleistungen im Inland senkt und sich deshalb das reale verfügbare Einkommen erhöht. Die aus der Aufwertung resultierende Nachfrageabschwächung wird dann zum einen durch eine stärkere Expansion der einkommensabhängigen Inlandsnachfrage gemildert, gegebenenfalls sogar kompensiert. Zum anderen trägt eine aufwertungsbedingte Verbilligung importierter Vorprodukte zu einer Erhöhung des gesamtwirtschaftlichen Angebots bei. Der expansive Angebotseffekt wird noch verstärkt, sofern die Nominallöhne sehr schnell an das rückläufige Preisniveau angepaßt werden. Die in diesem Fall positiven Transmissionswirkungen einer expansiven Geldpolitik im Ausland zeigen sich dann sowohl in einer Zunahme der Inlandsnachfrage als auch in einem tendenziell dämpfenden Einfluß auf das inländische Inflationstempo.

Analog vermögen die Erweiterungen der Transmissionskanäle die im Mundell-Fleming-Modell eigentlich positiven Transmissionswirkungen einer expansiven Fiskalpolitik des Auslandes in eine negative Wirkung umzukehren. Die als Folge einer expansiven Fiskalpolitik im Ausland zu verzeichnende Aufwertung der Auslandswährung bzw. Abwertung der Inlandswährung erhöht die Preise für importierte Vorprodukte im Inland und senkt damit das reale verfügbare Einkommen. Die aus der Abwertung resultierende Nachfrageanregung wird zum einen durch einen Rückgang der einkommensabhängigen Inlandsnachfrage gedämpft. Zum anderen trägt eine abwertungsbedingte Verteuerung importierter Vorleistungen zu einer Abschwächung des gesamtwirtschaftlichen Angebots bei. Der kontraktive Angebotseffekt wird noch verstärkt, sofern die Nominallöhne sehr schnell an das steigende Preisniveau angepaßt werden. Die in diesem Fall negativen Transmissionswirkungen einer expansiven Fiskalpolitik im Ausland zeigen sich dann sowohl in einer Abschwächung der Inlandskonjunktur, als auch in einer Zunahme der inflatorischen Tendenzen.

Durch die als Folge der Erweiterungen des Mundell-Fleming-Ansatzes zu verzeichnende Umkehrung der internationalen Transmissionswirkungen der

---

[17] Vgl. dazu und zu den folgenden Ausführungen zu einer expansiven Geldpolitik und Fiskalpolitik im Ausland, Bender, Dieter, Weltwirtschaftliche Verflechtung und ..., S. 295ff.

Geldpolitik bzw. der Fiskalpolitik bleiben die Einwände gegen eine strikt binnenorientierte Strategie der Wirtschaftspolitik allerdings unberührt. Nach wie vor besteht die Gefahr, wie z.B. mittels der Konsequenzen einer expansiven Fiskalpolitik gezeigt werden könnte, daß sich die jeweils autonom zur Bekämpfung von Fehlentwicklungen durchgeführten wirtschaftspolitischen Maßnahmen im Ausland und im Inland zumindest teilweise neutralisieren. Läßt man nun noch darüber hinaus die in den bisherigen Darlegungen implizit enthaltene, allerdings eher unrealistische Annahme von weitgehend gleichartigen ökonomischen Strukturbedingungen in den betrachteten Volkswirtschaften fallen und ersetzt diese von Bender auch mit dem Begriff symmetrische Interdependenz umschriebenen Strukturen durch die Annahme einer asymmetrischen Interdependenz,[18] so werden die Probleme einer rein binnenorientierten Strategie dadurch keineswegs beseitigt.

Asymmetrische Interdependenzen, d.h. unterschiedliche Strukturbedingungen in den betrachteten Volkswirtschaften liegen z.B. dann vor,[19] wenn im Ausland, und zwar im Gegensatz zum Inland, keine unmittelbare Anpassung der Nominallöhne an Preisniveauänderungen stattfindet. Wenn darüber hinaus die Preise importierter Vorprodukte, als Folge einer vorwiegenden Fakturierung in Auslandswährung, gegen Wechselkursänderungen weitgehend abgeschirmt sind und wenn schließlich der im Portfolio des Auslandes gehaltene Anteil von Wertpapieren des Inlandes sehr gering ist, wobei zusätzlich nur geringe Substitutionseffekte zwischen ausländischen und inländischen Wertpapieren bestehen mögen.

Auf die aus diesen Annahmen resultierenden wirtschaftspolitischen Konsequenzen verweist Bender wie folgt: Die „Transmissionswirkungen über wechselkursinduzierte Realeinkommens-, Importpreis- und Lohnänderungen fallen (im Ausland, Anm. d. Verf.) aus, die Übertragung von Zinsschwankungen wird in starkem Maße abgeschwächt, und die externen Politikmuliplikatoren können daher für das Ausland ein anderes Vorzeichen als für das Inland aufweisen. Expansive Geldpolitik des Inlandes hat negative Transmissionswirkungen im Ausland (...), während die gleiche Maßnahme des Auslandes im Inland positive Übertragungswirkungen entfaltet (...). Expan-

---

[18] „Symmetrische Interdependenz liegt vor, wenn die inländischen und ausländischen Strukturparameter des weltwirtschaftlichen Makrosystems so weit übereinstimmen, daß vergleichbare externe Politikmultiplikatoren im In- und Ausland das gleiche Vorzeichen haben (...). Asymmetrische Interdependenzen hingegen ergeben sich immer dann, wenn die Strukturen des in- und ausländischen Makrosystems so verschieden sind (...), daß der mit einer bestimmten politischen Maßnahme des Auslandes verknüpfte Transmissionskoeffizient, also der externe Politikmultiplikator, für beide Länder ein unterschiedliches Vorzeichen aufweist..." Bender, Dieter, Weltwirtschaftliche Verflechtung und ..., S. 294/295.

[19] Vgl. zu den folgenden Ausführungen Bender, Dieter, Weltwirtschaftliche Verflechtung und ..., S. 296/297.

sive Fiskalpolitik des Inlandes ist mit positiven Transmissionswirkungen im Ausland verbunden (...), während eine vergleichbare Auslandspolitik negativ auf das Inland durchwirkt..."[20]

Betreiben nun beide Länder z.B. zur Inflationsbekämpfung eine restriktive Geldpolitik, so erfährt das Inland in diesem Fall eine Unterstützung durch die Auslandsmaßnahme, das Ausland wird jedoch in seinen Stabilitätsbemühungen durch das Inland behindert. Genau umgekehrt verhält es sich, wenn beide Länder auf eine restriktive Fiskalpolitik zurückgreifen. Daraufhin wird nämlich das Ausland durch die Inlandsmaßnahmen unterstützt, während das Inland durch die Auslandspolitik behindert wird. Beide Länder behindern sich schließlich in ihren Stabilitätsbemühungen gegenseitig, sofern im Inland eine restriktive Geldpolitik und im Ausland eine restriktive Fiskalpolitik betrieben wird. Zu einer gegenseitigen Unterstützung in den Stabilitätsbemühungen kommt es unter diesen Bedingungen nur, wenn das Inland auf eine restriktive Fiskalpolitik und das Ausland auf eine restriktive Geldpolitik zurückgreift. Allerdings besteht in diesem Fall durch die isolierte Vorgehensweise beider Länder das Risiko einer ungewollten restriktiven Übersteuerung, wodurch dann an anderer Stelle, z.B. auf den jeweiligen Arbeitsmärkten, neue Fehlentwicklungen entstehen können.

Die Gefahr einer restriktiven Übersteuerung besteht jedoch auch in den Fällen, in denen sich das Inland und das Ausland gegenseitig in ihren Stabilitätsanstrengungen entweder teilweise oder aber vollständig behindern bzw. neutralisieren. Sobald nämlich das jeweils in seinen Stabilisierungsbemühungen behinderte Land seine bereits ergriffenen restriktiven Maßnahmen noch weiter verschärft, wird über die dann positiven Transmissionswirkungen der ohnehin schon bestehende Restriktionsdruck im anderen Land noch zusätzlich erhöht. Bei einer derartigen Vorgehensweise ist nicht auszuschließen, daß, neben dem Entstehen neuer gesamtwirtschaftlicher Fehlentwicklungen, letztlich auch Dritte, etwa die verschuldeten Entwicklungsländer, von dem gegenseitigen Aufschaukeln der Stabilisierungsmaßnahmen negativ betroffen werden.

Liefern diese theoretischen Überlegungen aus dem Umfeld des Mundell-Fleming-Modells bereits genügend Anhaltspunkte, die Zweifel an den Erfolgschancen einer rein binnenorientierten Strategie in einer interdependenten Welt aufkommen lassen, so gilt dies im verstärkten Maße, wenn darüber hinaus die in der Realität zu verzeichnenden, modelltheoretisch bislang jedoch kaum zu erfassenden starken, mitunter trendmäßigen realen Wechselkursbewegungen mit ihren realwirtschaftlichen und monetären Konsequenzen berücksichtigt werden. Solche Wechselkursbewegungen,

---

[20] Bender, Dieter, Weltwirtschaftliche Verflechtung und ..., S. 297.

soweit sie sich auf der Basis von Wechselkursänderungserwartungen vollziehen, die ihrerseits oft keinerlei Bezug zu den Entwicklungen der generell als fundamental erachteten Bestimmungsfaktoren aufweisen, können in vielfältiger Weise das Wirtschaftsgeschehen einer Volkswirtschaft beeinflussen, und zwar weitgehend unabhängig von der im nationalen Rahmen betriebenen Wirtschaftspolitik.[21] Neben eigenständigen Wirkungen auf die Preisniveauentwicklung kann es zu Reaktionen beim Außenhandel kommen, sei es, weil die Wechselkursänderungen die Unsicherheit der Marktteilnehmer erhöhen oder unmittelbar die internationale Wettbewerbsfähigkeit tangieren bzw. zu protektionistischen Aktivitäten Anlaß geben. Zudem kann das Wirtschaftsgeschehen auch durch wechselkursbedingte Verlagerungen von Produktionsstätten beeinflußt werden. Schließlich können Wechselkursbewegungen in Verbindung mit Wechselkursänderungserwartungen eigenständige Einflüsse auf die Geldmengenentwicklung, die Zinsentwicklung und die Zinsstrukturentwicklung einer Volkswirtschaft ausüben und auf diesem Weg auf das Wirtschaftsgeschehen einwirken.

Als problematisch für eine strikt binnenorientierte Politik erweist sich darüber hinaus, daß solche Wechselkursbewegungen nicht hinreichend prognostiziert werden können und folglich eine vorausschauende Erfassung und Kalkulation der damit u.U. zusammenhängenden ökonomischen Folgen weitgehend verhindert wird. Insgesamt gibt Solomon deshalb eine treffende Charakterisierung der aus den gegebenen Interdependenzen resultierenden Konsequenzen für eine nationale Politikstrategie, wenn er hervorhebt, „...that policymakers do not have full control over what happens to their economies. It is true that they still wield their policy instruments. But the domestic impact of those instruments is blunted, since a significant part of their impact leaks abroad. Futhermore, economies are affected by the policies adopted by other countries."[22] Eine strikt binnenorientierte Strategie ist unter diesen Bedingungen somit gar nicht hinreichend in der Lage, das eigene Haus allein in Ordnung zu halten bzw. eine weitgehend fehlentwicklungsfreie wirtschaftliche Entwicklung im Inland zu gewähr-

[21] Vgl. dazu die Ausführungen in den Abschnitten B.III.1, B.III.2 und B.III.3 dieser Arbeit.

[22] Solomon, Robert, Potential Gains from and Obstacles to International Policy Co-ordination, in: Steinherr, Alfred and Weiserbs, Daniel (Hrsg.), Evolution of the International and Regional Monetary Systems. Essays in Honour of Robert Triffin, Houndmills, Basingstoke, Hampshire, London 1991, S. 32. In diesem Sinne äußert sich auch Lamfalussy, der zudem darauf verweist, daß diese internationalen Abhängigkeiten nicht im Zusammenhang mit der Größe einer Volkswirtschaft stehen: „...individual countries, even the very large ones, cannot isolate themselves from outside influences – nor, given the impact of their own policies on the rest of the world." Lamfalussy, Alexandre, International Central Bank Co-operation: What It Can – and Cannot – Achieve, in: Steinherr, Alfred and Weiserbs, Daniel (Hrsg.), Evolution of the International ..., S. 36.

leisten.[23] Die aus den positiven und negativen Transmissionswirkungen wirtschaftspolitischer Maßnahmen sowie aus dem Wechselkursproblem resultierenden Einschränkungen der nationalen wirtschaftspolitischen Autonomie erfordern vielmehr eine internationale Koordination der Wirtschaftspolitik. Inwieweit die Vorteilhaftigkeit einer solchen internationalen Strategie durch theoretische Ansätze und empirische Untersuchungen gestützt wird, ist Gegenstand der folgenden Ausführungen.

2. Zur theoretischen und empirischen Fundierung einer internationalen Koordination der Wirtschaftspolitik

a) Grundlagen der theoretischen Analyse von Koordinationsvorteilen

Unabhängig davon, ob nun positive oder negative Transmissionswirkungen wirtschaftspolitischer Maßnahmen unterstellt werden, „... besteht in der theoretischen Diskussion weitgehende Einigkeit darüber, daß eine unkoordinierte Geld- und Fiskalpolitik in interdependenten Volkswirtschaften zu einem – gemessen an den erreichbaren gesamtwirtschaftlichen Zielen – suboptimalen Ergebnis für alle betroffenen Länder führt."[24] Für den theoretischen Nachweis der Vorteilhaftigkeit einer internationalen Koordination werden heute in erster Linie spieltheoretische Überlegungen herangezogen.[25] Dabei wird, um das Grundprinzip zu verdeutlichen[26], auf der Basis eines stark vereinfachten Argumentationsrahmens davon ausgegangen, daß in einem System flexibler Wechselkurse in zwei zu betrachtenden Ländern, mit symmetrischen Wirtschaftsstrukturen und symmetrischen wirtschaftspolitischen Zielpräferenzen, jeweils zwei konkurrierende Ziele verfolgt

---

[23] „No country can pursue its economic policy on its own these days sealed off from other economies and international monetary markets. The notion that each country should pursue a policy geared only to domestic objectives leads neither to a satisfactory economic performance at home nor to stability on the international monetary markets." Köhler, Claus, The Unsolved Problems of the Eighties ..., S. 3. Vgl. auch Köhler, Claus, Internationalökonomie ..., S. 117.

[24] Reszat, Beate, Wirtschaftliche Interdependenzen und internationale Kooperation, in: Hamburger Jahrbuch für Wirtschafts- und Gesellschaftspolitik, 31. Jahr 1986, S. 270.

[25] Vgl. Kösters, Wim, Wohlfahrtsgewinne durch ..., S. 47 sowie die dort in der Anmerkung 11 (S. 48) angegebenen Literaturhinweise. Ein anderer Ansatzpunkt zur Begründung der Notwendigkeit von Politikkoordinierung greift auf die Theorie des Marktversagens zurück. Vgl. dazu Herrmann, Anneliese; Leibfritz, Willi; Sörensen, Peter Birch und Wegner, Manfred, Probleme und Chancen einer Koordinierung der Finanzpolitik in der EG, Schriftenreihe des IFO-Instituts für Wirtschaftsforschung Nr. 130, Berlin 1992, S. 22f.

[26] Zu einer vertieften theoretischen Analyse vgl. Maennig, Wolfgang, Internationale Transmission und ..., S. 121 - 201.

werden, beispielsweise Wachstum (Z_1 im Inland und Z_1^* im Ausland) und Preisniveaustabilität (Z_2 bzw. Z_2^*), wobei jedem Land allerdings nur ein Instrument zur Verfügung steht, z.B. die Wachstumsrate der Geldmenge (m bzw. m^*).[27] Mit diesem Instrument vermögen beide Länder nicht nur die eigenen Ziele, sondern auch die des jeweiligen Auslandes zu beeinflussen, wobei im folgenden exemplarisch der Fall einer negativen Transmissionswirkung zwischen beiden Ländern unterstellt wird. D.h., eine expansive Geldmengenpolitik im Ausland dämpft über eine Abwertung der Auslandswährung, bzw. über die damit korrespondierende Aufwertung der Inlandswährung, die Gesamtnachfrage im Inland. Dies begünstigt im Inland das Ziel Preisniveaustabilität, während das konkurrierende Ziel Wachstum negativ von der Auslandsmaßnahme betroffen wird.

Des weiteren handeln die Träger der Wirtschaftspolitik in beiden Ländern unter vollständiger Information und haben zudem eine konkrete Vorstellung von der Optimalkombination beider Zielrealisationen, die sie jedoch infolge der Interdependenzen nicht ohne eine bestimmte Politik des jeweils anderen Landes realisieren können. Folglich setzt jedes Land sein Instrument, bei gegebenem Instrumenteneinsatz des anderen Landes, so ein, daß die Abweichungen seiner beiden Ziele von der Optimalkonstellation so gering wie möglich werden. Formal minimiert also jedes Land eine quadratische Verlustfunktion, die beide Zielabweichungen als Argumente enthält:

$$U = -((Z_1 - \overline{Z}_1)^2 + w \cdot (Z_2 - \overline{Z}_2)^2), \qquad (45)$$

wobei (Z_1) und (Z_2) die Idealkombination der Zielrealisation angibt und (w) für das Gewicht steht, das dem Ziel (Z_2) in Relation zu (Z_1) beigemessen wird.[28] Dabei wird davon ausgegangen, daß sowohl positive als auch negative Abweichungen von den Idealkombinationen als nachteilig eingeschätzt werden. Abweichungen von der Idealkombination, die als gleichwertig angesehen werden, bilden eine Indifferenzkurve, die somit Ausdruck eines bestimmten Nutzenverlustes ist. Die Indifferenzkurven

---

27 Diese und die folgenden Darstellungen orientieren sich eng an Cooper, Richard N., Economic Interdepence and Coordination of Economic Policies, in: Jones, Ronald W. and Kenen, Peter B. (Hrsg.), Handbook of International Economics, Volume III, Amsterdam, New York, Oxford 1985, S. 1195 - 1234; Reszat, Beate, Wirtschaftliche Interdependenz und ..., S. 270 - 291; Filc, Wolfgang, Kooperation als Voraussetzung zur Stabilisierung des internationalen Währungssystems, in: Filc, Wolfgang; Hübl, Lothar; Pohl, Rüdiger (Hrsg.), Herausforderungen der Wirtschaftspolitik, Festschrift zum 60. Geburtstag von Claus Köhler, Berlin 1988, S. 213 - 231; Kösters, Wim, Wohlfahrtsgewinne durch ..., S. 45 - 70.

28 Für das Ausland lautet die Verlustfunktion entsprechend:

$$U^* = -((Z_1^* - \overline{Z}_1^*)^2 + w \cdot (Z_2^* - \overline{Z}_2^*)^2).$$

lassen sich als eine Schar von Ellipsen um die jeweilige Optimalkombination der Zielrealisationen darstellen. Je weiter die Indifferenzkurven von der Optimalkombination entfernt sind, um so größer ist der Nutzenverlust, den sie repräsentieren.

Die *Abbildung 11* zeigt, wie unter diesen Bedingungen eine nicht kooperative Lösung zustandekommt und welcher Nutzenverlust damit verbunden ist. Die Zentren der Indifferenzkurven des Inlandes (A) des Auslandes (A^*) kennzeichnen den zur optimalen Zielrealisation erforderlichen Instrumenteneinsatz im Inland (m) und im Ausland (m^*), der letztlich gleichbedeutend mit einem Nutzenverlust von Null ist. Die Reaktionsfunktionen des Inlandes (R) und des Auslandes (R^*) zeigen nun, wie das betrachtete Land jeweils seine heimische Wachstumsrate der Geldmenge bei gegebenem Umfang des Geldmengenwachstums im anderen Land festsetzt, damit der Nutzenverlust, d.h. die Zielabweichung vom Idealzustand, minimiert wird.

Für die Herleitung der Reaktionsfunktion des Inlandes (R) läßt sich z.B. die Höhe des vom Ausland angestrebten Geldmengenwachstum (m^*)

Abbildung 11

Nichtkooperative Lösung: Cournot-Nash-Gleichgewicht

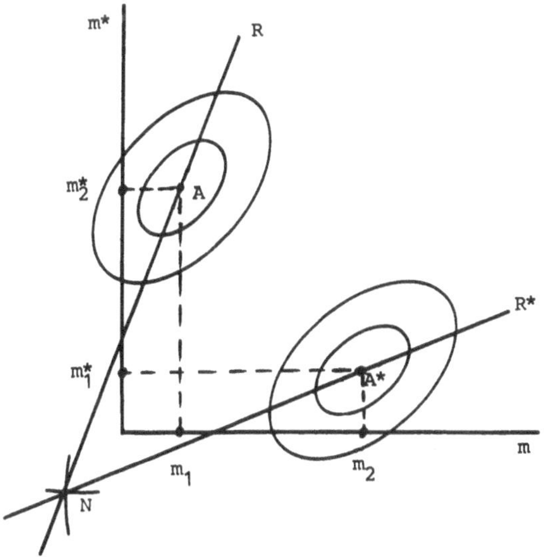

Quelle: In Anlehnung an Cooper, Richard N., Economic Interdependence and Coordination of Economic Policies, in: Jones, Ronald W. and Kenen, Peter B. (Hrsg.), Handbook of International Economics, Volume II, Amsterdam, New York, Oxford 1985, S. 1217.

jeweils durch Parallelen zur m-Achse darstellen, so daß sich die inländische Reaktionsfunktion praktisch als Ortslinie aller Tangentialpunkte der m*-Geraden mit den ellipsenförmigen Indifferenzkurven der Verlustfunktion des Inlandes ergibt.[29] Entsprechend verbindet die Reaktionsfunktion des Auslandes (R^*) alle Tangentialpunkte von Parallelen zur m*-Achse (alternative Wachstumsraten der inländischen Geldmenge) mit den Indifferenzkurven der Verlustfunktion des Auslandes.

Im Idealzustand (A) ist für das Inland demnach eine Geldmengenexpansion im Ausland in Höhe von (m_2^*) und im Inland in Höhe von (m_1) optimal, während für das Ausland gemäß (A^*) eine Konstellation von (m_2) in Kombination mit (m_1^*) den optimalen policy mix zwischen inländischem und ausländischem Instrumenteneinsatz ergibt. Dies ist Ausdruck des Wunsches in beiden Ländern nach einer eher kontraktiven Wirkung der Wirtschaftspolitik, beispielsweise zur Eindämmung etwaiger Inflationsgefahren. Aufgrund der bekannten negativen Transmissionswirkungen präferieren beide Länder jedoch, daß die kontraktiven Impulse eher durch expansive Maßnahmen im jeweils anderen Land ausgelöst und wirksam werden. Da durch die vom jeweiligen Ausland ausgehenden kontraktiven Wirkungen allerdings das konkurrierende Wachstumsziel in Mitleidenschaft gezogen wird, beabsichtigen beide Länder dem Instrumenteneinsatz des anderen Landes eine leicht expansive eigene Politik entgegenzuhalten.

Unterstellt man nun, beide Länder koordinieren ihren Instrumenteneinsatz nicht, sondern handeln unabhängig voneinander, wobei lediglich die Politik des jeweils anderen als gegeben angesehen wird und mögliche Reaktionen auf den eigenen Instrumenteneinsatz nicht antizipiert werden, so kommt ein nichtkooperatives Gleichgewicht, und zwar die sogenannte Cournot-Nash-Lösung (N) im Schnittpunkt beider Reaktionsfunktionen zustande. Da nämlich beide Länder aufgrund der Annahme vollständiger Information in der Ausgangssituation sofort erkennen, daß ihre eigentlich angestrebten Optimalkonstellationen (A) bzw. (A^*) nicht kompatibel sind, „...kommt es zu einer Anpassung des Instrumenteneinsatzes entlang den Reaktionsfunktionen, die im Gleichgewichtspunkt N endet. Denn erst hier ist die Kompatibilität der unabhängig verfolgten Strategien sichergestellt."[30]

Statt einer ursprünglich geplanten expansiven Ausrichtung ihrer Politik betreiben beide Länder nun allerdings einen restriktiven Instrumenteneinsatz mit der Folge, daß sie deutlich von ihren als optimal erachteten Ziel-

---

29 Vgl. Cooper, Richard N., Economic Interdependence and ..., S. 1217, bzw. Kösters, Wim, Wohlfahrtsgewinne durch ..., S. 50.

30 Kösters, Wim, Wohlfahrtsgewinne durch ..., S. 52. Vgl. auch Kösters, Wim, Internationale Koordination der Wirtschaftspolitik, in: Wirtschaftswissenschaftliches Studium (WiSt), 19. Jg. 1990, S. 5.

konstellationen abweichen. Der mit einer solchen nichtkooperativen Strategie verbundene Nutzenverlust läßt sich anhand des Abstandes der durch das Cournot-Nash-Gleichgewicht (N) laufenden Indifferenzkurven zu den Optimalpunkten (A) bzw. (A^*) ermessen.

Im Rahmen einer unkoordinierten Vorgehensweise ist jedoch auch eine, verglichen mit der Cournot-Nash-Lösung, günstigere Situation vorstellbar. Dies ist z.B. dann der Fall, wenn von einem Land hinsichtlich des Instrumenteneinsatzes eine Führerschaft übernommen wird und von diesem Land die darauf folgende Reaktion des anderen Landes von vornherein ins Kalkül einbezogen wird. Das Land, das die Führerschaft übernimmt, weiß nämlich aus dem Verlauf der Reaktionsfunktion des anderen Landes, wie jenes Land im Falle eines bestimmten Instrumenteneinsatzes reagieren wird.

In der *Abbildung 12* ist ein Fall dargestellt, in dem das Ausland eine solche Führerschaft übernimmt. So erleidet das Ausland einen gegenüber der Cournot-Nash-Lösung (N) geringeren Nutzenverlust, wenn es ein Geldmengenwachstum (m^*) wählt, bei dem eine seiner Indifferenzkurven die Reaktionsfunktion des Inlandes (R) gerade tangiert.[31] Ein derartiges, in der *Abbildung 12* durch den Punkt (S) gekennzeichnetes Gleichgewicht, „...in dem ein Land die Initiative ergreift und zum ‚Anführer' wird, an den sich das andere Land anpaßt, wird als Stackelberg-Lösung bezeichnet."[32]

Das Zustandekommen einer Stackelberg-Lösung ist jedoch keineswegs gewährleistet. Da sich nämlich auch die Lage des die Anpasserfunktion einnehmenden Inlandes gegenüber der Cournot-Nash-Lösung verbessern kann, und zwar im konkreten Fall sogar stärker als die des die Initiativfunktion übernehmenden Auslandes,[33] besteht für beide Länder kein Anreiz, die Führerschaft zu übernehmen. Als Hindernis für das Erreichen der Stackelberg-Lösung erweist sich nach Cooper unter solchen Bedingungen die Möglichkeit, „...that each country will wait for the other to take the first step (...) while they both linger at N."[34]

Wohlfahrtstheoretisch überlegenere Lösungen, die für beide Länder näher an die eigentlichen Optimalkonstellationen (A) bzw. (A^*) heranreichen als die zwei nichtkooperativen Strategien (Cournot-Nash- und Stackelberg-Lösung), sind in diesem Rahmen letztlich nur über eine Koordination des Instrumenteneinsatzes erreichbar. Im Zuge eines Koordinationsprozesses

---

31 Vgl. Cooper, Richard N., Economic Interdependence and ..., S. 1217.

32 Reszat, Beate, Wirtschaftliche Interdependenz und ..., S. 279.

33 (S) befindet sich verglichen mit (N) für beide Länder jeweils auf einer näher zu den Optimalkonstellationen (A) bzw. (A^*) liegenden Indifferenzkurve. Der Abstand für das Inland ist jedoch geringer, und damit ist die Situation günstiger als für das Ausland.

34 Cooper, Richard N., Economic Interdependence and ..., S. 1217/1218.

suchen beide Länder nach einer Lösung, die zu einem gemeinsamen Optimum führt. Das Verhalten beider Länder entspricht bei einer koordinierten Vorgehensweise im Prinzip dem eines einzigen Entscheidungsträgers oder auch Koordinators, „...der sich vor die Aufgabe gestellt sieht, die gewichtete Summe ihrer beider Verlustfunktionen zu minimieren. Das Ergebnis ist eine Pareto-optimale Lösung, in der kein Land mehr einen höheren Nutzen erzielen kann, außer auf Kosten des anderen.“[35]

Pareto-optimale Instrumentenkombinationen ergeben sich in der *Abbildung 12* grundsätzlich aus allen Tangentialpunkten der Indifferenzkurven beider Länder, die sich auf der gestrichelten Verbindungslinie zwischen den Optimalkonstellationen (A) und (A^*) befinden. Jeder Punkt auf dieser Linie repräsentiert eine Situation, in der der Nutzenverlust beider Länder zugleich nicht weiter verringert werden kann. Relevant sind jedoch nur die

Abbildung 12

Nichtkooperative und kooperative Lösungen

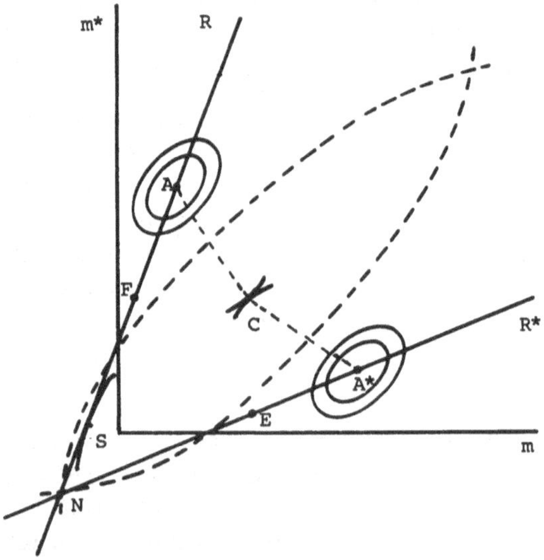

Quelle: In Anlehnung an Cooper, Richard N., Economic Interdependence and Coordination of Economic Policies, in: Jones, Ronald W. and Kenen, Peter (Hrsg.), Handbook of International Economics, Volume II, Amsterdam, New York, Oxford 1985, S. 1217.

35 Reszat, Beate, Spiele ohne Sieger. Nutzen und Probleme internationaler Kooperation der Wirtschaftspolitik, in: Filc, Wolfgang und Köhler, Claus (Hrsg.), Kooperation, Autonomie und Devisenmarkt, Berlin 1990, S. 54.

Pareto-optimalen Punkte, die auf dem Teil der Verbindungslinie zwischen (A) und (A^*) liegen, das innerhalb der durchbrochen eingezeichneten Indifferenzkurven verläuft, die sich im Cournot-Nash-Gleichgewicht (N) schneiden. Die endgültige Lage einer Kooperationslösung auf dem relevanten Teilstück und damit der genaue Nutzenverlust, den jedes Land zu tragen hat, oder anders ausgedrückt, die Höhe des Nutzengewinns, den ein Land in Form eines geringeren Nutzenverlustes gegenüber der nichtkooperativen Lösung erzielt, „...hängt von den Annahmen des Modells, insbesondere auch von der Verhandlungsmacht der Länder ab."[36] Geht man von den in der vorliegenden Betrachtung unterstellten Symmetrieannahmen aus, so ergibt sich die Kooperationslösung in Punkt (C). Dort erzielen beide Länder einen gleich großen Nutzengewinn gegenüber der nichtkooperativen Cournot-Nash-Lösung (N).

Ein theoretischer Nachweis der Vorteilhaftigkeit einer internationalen Koordination der Wirtschaftspolitik bleibt auf dieser Argumentationsebene jedoch zu vordergründig. Denn betrachtet man Koordination, wie in dem hier behandelten Modellrahmen, nur als eine einmalige (statische) Angelegenheit, dann ist das Zustandekommen eines gemeinsamen Koordinationserfolges nämlich eher ungewiß, da im Falle einer Verständigung z.B. auf den durch den Punkt (C) gekennzeichneten kombinierten Instrumenteneinsatz jedes Land einen Anreiz hat, sich nicht an diese Absprache zu halten. Ist sich etwa das Ausland ganz sicher, daß das Inland die getroffene Vereinbarung einhält, dann bietet sich dem Ausland die Chance, über einen wesentlich geringer dimensionierten eigenen Instrumenteneinsatz den Punkt (E) auf seiner Reaktionsfunktion (R^*) anzustreben. (E) liegt nämlich auf einer Indifferenzkurve, die näher an der Optimalvorstellung (A^*) des Auslandes liegt, als die Kooperationslösung (C). Entsprechend bietet sich dem Inland die Möglichkeit, sofern es sich sicher ist, daß das Ausland die getroffene Vereinbarung einhält, mit der Situation (F) auf der inländischen Reaktionsfunktion (R) eine aus seiner Sicht der Situation (C) noch vorzuziehende Lösung zu realisieren, indem es von dem vereinbarten Instrumenteneinsatz abrückt.

Die Aussichten, daß Länder Koordinationsvereinbarungen einhalten, und daß dadurch die Chancen für das Zustandekommen einer für alle Beteiligten vorteilhafteren Kooperationslösung steigen, verbessern sich allerdings wesentlich, wenn Koordination nicht als einmalige (statische) Angelegenheit, sondern realistischerweise als ein wiederkehrender (dynamischer) Prozeß betrachtet wird.[37] Über die erst dadurch eröffneten Möglichkeiten, einseitiges Fehlverhalten im Koordinationsprozeß durch die Verhängung

---

[36] Kösters, Wim, Wohlfahrtsgewinne durch ..., S. 53.

[37] Vgl. Reszat, Beate, Wirtschaftliche Interdependenz und ..., S. 279ff. bzw. Reszat, Beate, Spiele ohne Sieger ..., S. 55ff.

von Sanktionen und das Ergreifen von Vergeltungsmaßnahmen zu ahnden, werden die Anreize, getroffene Zusagen nicht einzuhalten, erheblich geschmälert.

Grundsätzlich läßt sich somit, durch den Rückgriff auf spieltheoretische Überlegungen, der Vorteilhaftigkeit einer internationalen Koordination der Wirtschaftspolitik ein gewisses theoretisches Fundament geben. Vor dem Hintergrund einer z.T. nicht unerheblichen Kritik an den mitunter „...idealisierenden Annahmen der Spieltheorie..."[38] erscheint es jedoch angebracht, auch einen Blick auf die Ergebnisse empirischer Untersuchungen der Koordinationsvorteile zu werfen.

b) Empirische Untersuchungen

Empirische Untersuchungen zur Ermittlung des Umfangs von Koordinationsvorteilen basieren vorwiegend auf Simulationsrechnungen, die, um bestehende Interdependenzen zwischen Ländern und/oder Ländergruppen adäquat zu erfassen, im Rahmen ökonometrischer Mehr-Länder-Modelle (Weltmodelle) durchgeführt werden. „Within such a framework, the gains from cooperation are usually identified with the difference between simulations where policy in each country is first set independently and then set on the assumption that governments cooperate."[39] Unter der zusätzlichen Annahme, daß die Länder auf der Basis bestimmter wirtschaftspolitischer Zielvorstellungen Abweichungen von ihren Zielpräferenzen minimieren wollen, wird das nichtkooperative Simulationsergebnis, entsprechend den spieltheoretischen Überlegungen, als Cournot-Nash-Gleichgewicht aufgefaßt und zur Ermittlung der Kooperationswirkungen mit den Zielabweichungen im Falle einer kooperativen Vorgehensweise verglichen. Einen hohen Stellenwert nimmt in diesem Zusammenhang deshalb die Spezifikation und Schätzung von Nutzen- bzw. Verlustfunktionen ein, mit der Konsequenz, daß die auf dieser Basis ermittelten empirischen Koordinationsvorteile „...stark von der Auswahl der Variablen und deren Gewichtung in dieser Funktion abhängen."[40] Ziel der folgenden Ausführungen ist es allerdings

---

[38] Neumann, Manfred J. M., Internationale Kooperation in der Geldpolitik, in: Bub, Norbert; Duwendag, Dieter; Richter, Rudolf (Hrsg.), Geldwertsicherung und Wirtschaftsstabilität ..., S. 451. Zur Kritik vgl. z.B. Scheide, Joachim und Sinn, Stefan, Internationale Koordination der Wirtschaftspolitik: Pro und Contra, Institut für Weltwirtschaft, Kieler Diskussionsbeiträge Nr. 135, Kiel 1987, S. 10ff. Kösters, Wim, Wohlfahrtsgewinne durch ..., S. 61ff., Herrmann, Anneliese; Leibfritz, Willi u.a., Probleme und Chancen ..., S. 23ff. Maennig, Wolfgang, Internationale Transmission und ..., S. 145f. und S. 169 - 201.

[39] Bladen-Hovell, Robin C., International Monetary Policy Coordination, in: Dowd, Kevin and Lewis, Mervyn K. (Hrsg.), Current Issues in Financial and Monetary Economics, Houndmills, Basingstoke, Hampshire, London 1992, S. 190.

nicht, einen mehr oder weniger vollständigen Überblick über die mittlerweile relativ große Anzahl empirischer Untersuchungen zu den Wohlfahrtseffekten internationaler Koordination der Wirtschaftspolitik zu geben,[41] vielmehr wird nur ein kurzer Blick auf die Methodik und die Schwerpunkte der diesbezüglichen empirischen Forschung geworfen. In diesem Zusammenhang läßt sich nämlich bereits zeigen, daß die ursprünglich recht pessimistische Einschätzung der Vorteile aus internationaler Koordination „...has been questioned by more recent work.“[42]

Als wegweisend für empirische Untersuchungen von Koordinationsvorteilen wird allgemein die Arbeit von Oudiz und Sachs aus dem Jahre 1984 angesehen.[43] Anhand von zwei ökonometrischen Weltmodellen, dem Multicountry Modell des Federal Reserve Boards (MCM) und dem Modell der japanischen Economic Planning Agency (EPA), haben die beiden Autoren die Auswirkungen einer Koordinierung der Geld- und Fiskalpolitik zwischen den USA, der Bundesrepublik Deutschland und Japan für den Zeitraum 1984 - 1986 untersucht. Die jeweiligen Modellprojektionen der wirtschaftlichen Entwicklung im Untersuchungszeitraum wurden stellvertretend für die nichtkooperativen Cournot-Nash-Lösungen herangezogen, zudem bildeten sie die Grundlage für die Ermittlung der bekundeten Zielpräferenzen, d.h. für die Gewichtung der berücksichtigten Zielgrößen. Eingang in die quadratischen Ziel- bzw. Verlustfunktionen fanden neben der sogenannten Outputlücke, also der Abweichung des Sozialproduktes vom langfristigen Trend, auch die Abweichungen der Inflationsrate und des Leistungsbilanzsaldos von ihren jeweiligen Optimalwerten. „In allen drei Ländern ergaben sich niedrige Gewichte für die Outputlücke, in den USA zusätzlich noch für den Leistungsbilanzsaldo. In den USA und der BR Deutschland sprachen die bekundeten Präferenzen stark gegen Inflation, in Japan stark für Leistungsbilanzüberschüsse.“[44]

Unter der Annahme einer gemeinsamen Minimierung der Verlustfunktionen durch die drei Länder wurde die kooperative Gleichgewichtslösung ermittelt. Aus der Differenz zwischen Koordinierungsgleichgewicht und Cournot-Nash-Gleichgewicht errechneten Oudiz und Sachs schließlich die Wohlfahrtsgewinne einer Koordination der Geld- und Fiskalpolitik zwi-

---

40 Kösters, Wim, Wohlfahrtsgewinne durch ..., S. 56.

41 Zu einem solchen Überblick vgl. z.B. Maennig, Wolfgang, Internationale Transmission und ..., S. 201 - 217 oder Kösters, Wim, Wohlfahrtsgewinne durch ..., S. 56 - 61.

42 Currie, David, International Policy Coordination, in: Llewellyn, David und Milner, Chris (Hrsg.), Current Issues in International Monetary Economics, S. 133.

43 Vgl. Oudiz, Gilles and Sachs, Jeffrey, Macroeconomic Policy Coordination Among the Industrialized Economies, Brookings Papers on Economic Activity, 1984, S. 1 - 64.

44 Kösters, Wim, Wohlfahrtsgewinne durch ..., S. 56.

schen den drei Ländern, und zwar ausgedrückt in Einheiten bzw. Prozentpunkten des Sozialprodukts." Die Nutzengewinne für die USA, Japan und die Bundesrepublik liegen bei Zugrundelegung des MCM-Modells bei 0.17, 0.99 und 0.34%, gemessen in Einheiten des BSP für drei Jahre."[45] Ergebnisse in ähnlicher Größenordnung hat Oudiz ermittelt, als er in einer methodisch identischen Studie die Wohlfahrtseffekte einer internationalen Koordination der Wirtschaftspolitik zwischen Frankreich, Großbritannien, Italien und der Bundesrepublik Deutschland untersucht hat.[46]

Die so ermittelten, relativ gering erscheinenden Koordinationsvorteile sollten allerdings aus verschiedenen Gründen mit großer Vorsicht interpretiert werden. So erscheint es fraglich, ob der aus den Modellprojektionen abgeleitete und als Cournot-Nash-Lösung definierte Vergleichsmaßstab für die kooperativen Lösungen tatsächlich Ausdruck einer isolierten oder nichtkooperativen Politikstrategie ist. „Die Annahme eines Nash-Gleichgewichtes bedeutet, daß die Politik der Jahre 1984 - 1986 einem internationalen Nash-Gleichgewicht entsprach, daß also keinerlei Absprachen oder Rücksichtnahmen existierten. Dies scheint angesichts der zu diesem Zeitpunkt laufenden Koordinierungsbemühungen (...) unwahrscheinlich; die Berechnungsmethode beruht also auf einer wenig realistischen Annahme."[47] Für eine adäquatere Einschätzung der Koordinationsvorteile sollte man deshalb davon ausgehen, daß die in empirischen Untersuchungen als nichtkooperative Lösungen herangezogenen Ausgangslagen bereits durch kooperative Elemente beeinflußt sind, beispielsweise als Folge von informellen Absprachen und durch den Austausch von Informationen. Insofern ist Bryant zuzustimmen, wenn er darauf hinweist, daß die auf einer solchen Basis ermittelten potentiellen Koordinationsgewinne einen Bias nach unten haben.[48]

Vorsicht bei der Beurteilung der empirisch ermittelten niedrigen Koordinationsgewinne ist aber auch deshalb geboten, weil die den ersten Arbeiten

---

[45] Maennig, Wolfgang, Internationale Transmission und ..., S. 203.

[46] Oudiz, Gilles, European Policy Coordination: An Evaluation, Centre of Economic Policy Research Discussion Paper, No. 81, London 1985.

[47] Maennig, Wolfgang, Internationale Transmission und ..., S. 204. Maennig verweist in diesem Zusammenhang auch auf Kösters, Wim, Transmission und Koordination nationaler Wirtschaftspolitiken bei weltwirtschaftlicher Verflechtung, in: Kredit und Kapital, 22. Jg. 1989, S. 33.

[48] „My personal hunch (...) is that these estimates of the potential gains from coordination, narrowly defined, may prove to be biased downward. (...) I surmise that the mutual benefits of consultation (‚pre-coordination', so to speak), which cannot readily be seperated from gains due to coordination proper, are quite substantial." Bryant, Ralph C., Intergrovernmental Coordination of Economic Policies: An Interim Stocktaking, in: Volcker, Paul A.,; Bryant, Ralph C. et al., International Monetary Cooperation: Essays in Honor of Henry C. Wallich, Essays in International Finance No. 169, Princeton 1987, S. 9.

zeitlich nachfolgenden Untersuchungen, mit zusätzlichen Argumenten und anderer Gewichtung in den Zielfunktionen, günstigere Koordinationsergebnisse erbracht haben. So verweist Kösters auf eine Arbeit von Ishii, McKibbin und Sachs aus dem Jahre 1985, in der für den Zeitraum 1984 - 1989 mögliche Wohlfahrtseffekte einer Koordination der Wirtschaftspolitik zwischen den USA, Japan und den restlichen OECD-Ländern berechnet worden sind.[49] Neben einer Berücksichtigung des Haushaltsdefizits als zusätzliches Argument in den Verlustfunktionen unterschied sich diese von den vorgenannten Untersuchungen sowie von einer methodisch ähnlichen weiteren Studie von Sachs und McKibbin[50] insbesondere durch ein höheres relatives Gewicht der Outputlücke. Als Konsequenz stellten sich deutlich höhere Koordinierungsvorteile ein. „Die kooperative Lösung würde vor allem den restlichen OECD-Ländern zugute kommen und ihnen Outputgewinne von bis zu ungefähr fünf Prozentpunkten (in 1988) bringen.“[51]

In die gleiche Richtung tendieren auch die Ergebnisse von Holtham und Hughes Hallet, die 1987, für den Zeitraum 1985 - 1990, die Wirkungen einer Koordination zwischen den USA und dem Rest der OECD auf der Basis von zehn ökonometrischen Weltmodellen untersucht haben.[52] In die dabei gebildeten Verlustfunktionen wurden neben den bereits in der Oudiz und Sachs-Studie verwendeten Argumenten noch zusätzlich die Variablen nominaler Wechselkurs, Anteil der Staatsausgaben am Sozialprodukt und Wachstumsrate der Geldmenge aufgenommen, und zwar ebenfalls als Abweichungen von den jeweiligen Idealwerten. Wiederum erhielt die Outputlücke das relativ höchste Gewicht, allerdings mit Ausnahme im ersten Jahr des Untersuchungszeitraumes, in dem der Wechselkurs dominierte. Im Ergebnis stellten sich relativ hohe Koordinationsgewinne ein. „Sie liegen je nach verwendetem Modell zwischen 1,7 und 7,1 entsprechenden Prozentpunkten des BSP, wobei die Gewinne für die USA durchweg niedriger als die für die restlichen OECD-Länder sind.“[53]

---

[49] Vgl. Kösters, Wim, Wohlfahrtsgewinne durch ..., S. 58. Zu der angesprochenen Untersuchung vgl. Ishii, Naoko; McKibbin, Warwick; Sachs, Jeffrey, The Economic Policy Mix, Policy Cooperation, and Protectionism: Some Aspects of Macroeconomic Interdependence Among United States, Japan and Other OECD Countries, in: Journal of Policy Modeling, Vol. 7, 1985, S. 533 - 572.

[50] Vgl. Sachs, Jeffrey and McKibbin, Warwick, Macroeconomic Policies in the OEDC and LDC External Adjustment, NBER Working Paper No. 1534, Cambridge, Mass. 1985, zitiert nach Kösters, Wim, Wohlfahrtsgewinne durch ..., S. 57.

[51] Kösters, Wim, Wohlfahrtsgewinne durch ..., S. 58.

[52] Vgl. Holtham, Gerald and Hughes Hallet, Andrew J., International Policy Cooperation and Model Uncertainty, Centre for Economic Policy Research Discussion Paper No. 190, London 1987, im folgenden zitiert nach Kösters, Wim, Wohlfahrtsgewinne durch ..., S. 58ff.

[53] Kösters, Wim, Wohlfahrtsgewinne durch ..., S. 59.

Ein anderer Schwerpunkt der empirischen Forschung rückt von der in den bisherigen Ansätzen unterstellten Annahme ab, daß nämlich die relevanten Kooperationspartner alle auf der Grundlage des jeweils gleichen und für richtig erachteten Weltmodells agieren. Vielmehr wird bei der Frage nach Koordinationswirkungen von der realistischeren Möglichkeit divergierender Auffassungen hinsichtlich der internationalen Wirkungszusammenhänge und damit von Modellunsicherheit unter den beteiligten Trägern der Wirtschaftspolitik ausgegangen.[54] Als grundlegend für diesen Forschungsschwerpunkt werden allgemein die umfangreichen Untersuchungen von Frankel und Rockett angesehen.[55] Ihre Schätzungen der Wohlfahrtseffekte einer Koordination der Wirtschaftspolitik zwischen den USA und der Gruppe der restlichen OECD-Länder haben die Autoren ebenfalls mit Hilfe von zehn ökonometrischen Weltmodellen durchgeführt, wobei sie sich hinsichtlich der Ausgestaltung der Verlustfunktionen im wesentlichen an den diesbezüglichen Annahmen von Oudiz und Sachs orientiert haben.[56]

Der Modellunsicherheit wurde dadurch Rechnung getragen, daß jedes der zehn Modelle entweder die Modellpräferenzen der USA oder die der Gruppe der restlichen OECD-Länder oder aber die Vorstellungen der weltwirtschaftlichen Realität, d.h. also das „wahre" Modell repräsentiert haben. Insgesamt ergab dies 1000 mögliche Kombinationen, die auf die Konsequenzen einer koordinierten Wirtschaftspolitik überprüft wurden. Für die USA stellten sich unter der Annahme einer internationalen Kooperation in der Geldpolitik Koordinationsvorteile in 546 Fällen ein, während Wohlfahrtsminderungen in 312 Fällen zu verzeichnen waren. Die Gruppe der Rest-OECD-Länder registrierte dagegen in 539 Fällen Koordinationsgewinne, und in 327 Fällen ergaben sich Verluste durch Koordination.[57]

[54] „The assumption that policymakers agree on the true model has little, if any, empirical basis. Different governments subscribe to different economic philosophies." Frankel, Jeffrey A. and Rockett, Katharine E., International Macroeconomic Policy Coordination ..., S. 318.

[55] Vgl. Frankel, Jeffrey A. and Rockett, Katharine E., International Macroeconomic Policy Coordination when Policymakers Disagree on the Model, NBER Working Paper No. 2059, Cambridge, Mass. 1986, und insbesondere die stark überarbeitete Version dieser Fassung aus dem Jahre 1988: Frankel, Jeffrey A. and Rockett, Katharine E., International Macrooeconomic Policy Coordination When Policymakers Do Not Agree on True Model, a.a.O., S. 318 - 340.

[56] Vgl. Frankel, Jeffrey A. and Rockett, Katharine E., International Macroeconomic Policy Coordination ..., S. 326. Zu den verwendeten Modellen vgl. S. 323. In der Version von 1986 wurde mit acht Modellen gearbeitet.

[57] Sofern die Kooperationsbemühungen neben der Geldpolitik auch die Fiskalpolitik umfaßten, stellten sich in den USA in 494 Fällen Wohlfahrtsgewinne und in 398 Fällen Verluste ein, während für die Rest-OECD-Länder die Koordination in 477 Fällen Vorteile und in 418 Fällen Nachteile brachte. Vgl. Frankel, Jeffrey A. and Rockett, Katharine E., International Macroeconomic Policy Coordination ..., S. 336.

Diese Zahlen zeichnen nach Frankel und Rockett jedoch ein zu günstiges Bild der Koordinationsvorteile, da sich in $^1/_{10}$ der Fälle die Lage der Länder definitionsgemäß verbessern muß.[58] Da zudem der Umfang der von Frankel und Rockett in den relevanten Fällen ermittelten Koordinationsgewinne von ihnen als sehr niedrig eingeschätzt wurde, zogen die Autoren insgesamt ein sehr pessimistisches Fazit hinsichtlich der Vorteilhaftigkeit einer internationalen Koordination der Wirtschaftspolitik: „The results thus suggest that the danger that coordination will worsen wefare rather than improve it is more than just a pathological counterexample. One cannot, under conditions where policymakers subscribe to different models, make the blanket pronouncement that coordination as it is conventionally defined must improve welfare.“[59]

Currie weist jedoch darauf hin, daß das „...Frankel/Rockett result that model uncertainty greatly reduces the benefits to be derived from international coordination depends crucially on the assumption that policymakers stubbornly take no account of the presence of differences of views of the world in formulating their policies.“[60] Frankel und Rockett gehen somit implizit von einem irrationalen Verhalten der Träger der Wirtschaftspolitik aus, weil diese die Unsicherheit ignorieren, sofern sie ihre Politik allein auf der Basis eines von ihnen ausgewählten Modells optimieren „...obwohl sie wissen, daß andere Modelle existieren und u.U. von ihrem Verhandlungspartner auch angewendet werden. Das Ignorieren der Unsicherheit bedeutet jedoch ein Maximieren der falschen Zielfunktion.“[61] Eine angemessenere Vorgehensweise der Träger der Wirtschaftspolitik bei bestehender Modellunsicherheit wäre es hingegen, wenn die Politik nicht auf der Basis eines einzelnen Modells, sondern auf der Grundlage eines Portfolio-Ansatzes agieren würde, in dem die Ergebnisse aller Modelle berücksichtigt werden, „...each being weighted by some non-zero probability that reflects the likelihood of its forecast being the correct on.“[62]

---

[58] „These figures in a sense overstate the odds in favor of successful coordination, in that by construction each country's welfare is improved (or at least not worsened) in $^1/_{10}$ of the combinations, those in which the policymaker has the same model as the true one. If we take only the $10 \times 9 \times 9 = 810$ Combinations where neither country is correct, the proportion of losses is higher. For the United States there are gains in 419 cases, as against losses in 286 cases and no effect on 105. For Europe there are gains in 408 cases, losses in 298, an no effect in 104.“ Frankel, Jeffrey A. and Rockett, Katharine E., International Macroeconomic Policy Coordination ..., S. 330.

[59] Frankel, Jeffrey A. and Rockett, Katharine E., International Macroeconomic Policy Coordination ..., S. 330.

[60] Currie, David, International Policy Coordination, S. 133.

[61] Maennig, Wolfgang, Internationale Transmission und ..., S. 215.

[62] Bladen-Hovell, Ralph C., International Monetary Policy Coordination, ..., S. 187.

Einen solchen Weg haben Ghosh und Masson mit ihrer Untersuchung beschritten.[63] Im Zuge ihrer Simulationen mit dem MINIMOD-Modell[64] konnten sie dabei deutliche Wohlfahrtsgewinne für den Fall von Modellunsicherheit ermitteln. Als Referenzmaßstab berechneten sie zunächst in einer sogenannten baseline-Simulation Koordinationsgewinne ohne Modellunsicherheit, die in der Größenordnung ungefähr den von Oudiz und Sachs ermittelten Wohlfahrtsgewinnen entsprachen.[65] Mit Berücksichtigung von Unsicherheiten stiegen die Koordinationsgewinne um das bis zu 2,38-fache im Vergleich zur Koordination bei Modellunsicherheit.[66] In einer weiteren Untersuchung haben Ghosh und Masson gezeigt, „...daß die erwarteten Gewinne aus einer Koordinierung unter Unsicherheit weiter gesteigert werden können, wenn die Entscheidungsträger aus der Beobachtung der wirtschaftlichen Entwicklung lernen und ihre Modelle entsprechend anpassen. Die Wohlfahrtsgewinne liegen dann bei ein bis zwei Prozent des BSP-Äquivalentes.“[67]

Insgesamt liefern somit zumindest die Ergebnisse der jüngeren empirischen Untersuchungen in der Tendenz recht deutliche Hinweise auf signifikante Wohlfahrtsgewinne durch eine internationale Koordination der Wirtschaftspolitik. Gleichwohl deutet Bladen-Hovell auf einen zentralen Aspekt der empirischen Untersuchungen hin, und zwar, daß die Ergebnisse immer nur so gut sind, wie die Modelle, mit denen sie ermittelt werden, wobei er insbesondere auf die hohe Bedeutung der Rolle des Wechselkurses für die internationalen Transmissionswirkungen verweist und auf die Schwierigkeit „...that is commonly experienced in estimating robust specifications for this variable.“[68] Dieser Aspekt verdient insbesondere dann Beachtung, wenn es zu Wechselkursbewegungen kommt, die sich auf der Basis, von

[63] Vgl. Ghosh, Atish R. und Masson, Paul R., International Policy Coordination in a World with Model Uncertainty, in: International Monetary Fund, Staff Papers, Vol. 35, 1988, S. 230 - 258.

[64] Zum MINIMOD-Modell, einer kleineren Version des MCM-Modells vom Federal Reserve Board, vgl. Haas, Richard D. und Masson, Paul R. MINIMOD: Specification and Simulation Results, in: International Monetary Fund, Staff Papers, Vol. 33, 1986, S. 722 - 767.

[65] Vgl. Ghosh, Atish R. und Masson, Paul R., International Policy Coordination ..., S. 250.

[66] Zu den genauen Ergebnissen vgl. Ghosh, Atish R. und Masson, Paul R., International Policy Coordination ..., Tabelle 3, S. 251. Dort zeigt sich, daß in nur zwei von neun Fällen mit Unsicherheit der Gewinn durch Berücksichtigung dieser Unsicherheit geringer ausfällt.

[67] Maennig, Wolfgang, Internationale Transmission und ..., S. 315. Maennig bezieht sich dabei auf die Arbeit von Ghosh, Atish R. und Masson, Paul R., Model Uncertainty, Learning and the Gains from Coordination, in: International Monetary Fund, Working Paper WP/88/114, Washington 1988.

[68] Bladen-Hovell, Ralph C., International Monetary Policy Coordination, S. 191.

den Fundamentalfaktoren losgelöster Wechselkursänderungserwartungen vollziehen.[69] Da den empirischen Untersuchungen im allgemeinen jedoch modelltheoretisch spezifizierte und damit grundsätzlich an Fundamentalfaktoren orientierte Wechselkursbewegungen zugrunde liegen, sind mögliche Kooperationsvorteile auf der einen bzw. Wohlfahrtsverluste im Rahmen unkoordinierter Strategien auf der anderen Seite im Falle von nicht fundamental begründbaren Wechselkursbewegungen mit solchen Untersuchungen nicht erfaßbar. Hinzu kommt, daß auch die i.d.R. negativen Wohlfahrtseffekte der Sekundärwirkungen solcher Wechselkursbewegungen, wie z.B. Reduktion des internationalen Handels als Folge erhöhter Unsicherheit oder Konsequenzen wechselkursinduzierter Direktinvestitionen oder Preisniveauauswirkungen von Wechselkurssicherungskosten[70], in diesen Modellbetrachtungen nicht berücksichtigt werden. Die empirisch ermittelten Koordinationsgewinne dürften deshalb auch vor diesem Hintergrund einen Bias nach unten aufweisen. Insofern fußen die folgenden Ausführungen, in denen Ansatzpunkte für eine internationale Koordination beleuchtet werden, durchaus auf tragfähigen Fundamenten.

II. Ansatzpunkte einer internationalen Koordination der Geldpolitik

1. Koordination beim Wechselkursproblem

Den Hintergrund des Wechselkursproblems, d.h. von ausgeprägten realen Wechselkursbewegungen in Verbindung mit den daraus resultierenden realwirtschaftlichen und monetären Konsequenzen, bilden Wechselkursänderungserwartungen, die sich von der Entwicklung der Fundamentalfaktoren gelöst haben. Zu einer solchen Verselbständigung der Wechselkursänderungserwartungen kann es zum einen kommen, weil die Fundamentalfaktoren die Wechselkursentwicklung in unterschiedlicher Richtung beeinflussen und zum anderen, weil kein Konsens über die für die Wechselkursentwicklung grundsätzlich relevanten Fundamentalfaktoren besteht.[71] Unter solchen Bedingungen sind die Zentralbanken aufgefordert, den Wechselkursänderungserwartungen eine Orientierung bzw. Führung zu geben. Dies verlangt ein international koordiniertes Vorgehen nicht nur bei Interventionen am Devisenmarkt, sondern auch im Rahmen der Zinspolitik. Ziel einer internationalen Koordination von Interventionen und Zinspolitik ist dabei die

[69] Vgl. dazu Abschnitt B.II.2 dieser Arbeit.

[70] Vgl. dazu auch die Ausführungen zu den realwirtschaftlichen Konsequenzen realer Wechselkursbewegungen im Abschnitt B.III.1 dieser Arbeit.

[71] Vgl. dazu Abschnitt B.II.2 dieser Arbeit.

Schaffung und Aufrechterhaltung der Bedingungen für Handelsneutralität und für Kapitalverkehrsneutralität.[72]

Handelsneutralität ist gegeben, wenn der nominale Wechselkurs am Devisenkassamarkt den Veränderungen der Preisniveausteigerungsraten zwischen zwei Ländern und damit der Entwicklung der Kaufkraftparität folgt, so daß der reale Wechselkurs konstant bleibt. Eine solche Wechselkursentwicklung zu gewährleisten ist Aufgabe von Koordinierten Devisenmarktinterventionen. Allerdings setzt dies voraus, daß den Teilnehmern am Devisenmarkt Interventionsrichtung bzw. Interventionsziel, also der Pfad der Kaufkraftparitäten, von den beteiligten Zentralbanken überzeugend und glaubhaft nahegebracht werden.

Glaubhaft werden Interventionsabsichten der Zentralbanken jedoch nur, wenn diese gegebenenfalls durch konsequente Eingriffe am Devisenmarkt ihr Interventionsziel jederzeit untermauern und gleichzeitig, über eine Koordination der Zinspolitik, für Kapitalverkehrsneutralität sorgen. Kapitalverkehrsneutralität ist gewährleistet, wenn die Differenz zwischen Inlandszinsen und Auslandszinsen den Veränderungen der Kaufkraftparitäten entsprechen. Da die Differenz zwischen Inlandszins und Auslandszins grundsätzlich dem Swapsatz entspricht, stellt sich in diesem Fall durch die koordinierte Zinspolitik ein prozentualer Abstand zwischen Devisenkassakurs und Devisenterminkurs genau in Höhe der Differenz der Preisniveausteigerungsraten ein. Unter diesen Bedingungen zeigt der Devisenterminkurs den von den Zentralbanken, zur Gewährleistung von Handelsneutralität, ihrem Interventionsziel zugrundegelegten zukünftigen Devisenkassakurs an. Auf diese Weise würde den Wechselkursänderungserwartungen der Marktteilnehmer eine hinreichende Führung gegeben, so daß sich daraufhin die stabilisierenden Elemente der Spekulation am Devisenmarkt entfalten könnten, wodurch letztlich die tatsächlichen Interventionsanforderungen stark zurückgeschraubt werden dürften.[73]

Aus theoretischer Sicht werden allerdings gegen die zentrale These eines solchen kooperativen Wechselkursmanagements, nämlich Handelsneutralität über eine enge Orientierung des Wechselkurszieles an der Veränderung der Kaufkraftparität zu gewährleisten, Einwände erhoben. So wird insbesondere

[72] Vgl. dazu und zum folgenden Köhler, Claus, Internationalökonomie ..., S. 68 - 74 und Köhler, Claus, Bedingungen für mehr Stabilität im Weltwährungssystem, in: Filc, Wolfgang und Köhler, Claus (Hrsg.), Stabilisierung des Währungssystems, Berlin 1985, S. 258 - 264.

[73] „Würden die wichtigen Zentralbanken ihre Bereitschaft zu intervenieren, den Devisenmärkten überzeugend dartun, dann müßten sie tatsächlich wahrscheinlich wenig eingreifen, um die Devisenkurse auf den erklärten Pfad der Veränderung der Kaufkraftparitäten zu halten. Die Spekulation würde die wesentliche Arbeit selbst besorgen.“ Köhler, Claus, Bedingungen für mehr Stabilität ..., S. 266.

in der Berechnung eines realen Gleichgewichtskurses ein großes Problem gesehen, denn der „...Wert ist stark von der Wahl der Ausgangsperiode abhängig.“[74] Filc bezweifelt jedoch die praktische Relevanz dieses Problems, indem er generell darauf hinweist, daß die „...Vorstellung eines ermittelbaren Gleichgewichtspreises eine theoretische Fiktion (ist). Niemand kennt den Gleichgewichtspreis eines beliebigen Gutes, eines Finanztitels oder einer Währung. Gleichgewicht als Ziel hat darüber hinaus darzulegen, ob ein partielles Gleichgewicht im Sinne einer Überschußnachfrage von Null an einem Markt angestrebt wird oder ob Zusammenhänge mit anderen Märkten Berücksichtigung finden sollen. Das Ziel eines Gleichgewichts allein am Devisenmarkt ist vor dem Hintergrund gesamtwirtschaftlicher Zusammenhänge und Fehlentwicklungen genausowenig aussagefähig wie das Postulat eines partiellen Gleichgewichts am Geldmarkt oder am Wertpapiermarkt. Gleichgewichte oder Störungen des Gleichgewichts an Finanzmärkten oder am Devisenmarkt erhalten nur dann eine erfaßbare Dimension, wenn ihre Folgen für andere Märkte, vor allem für Gütermärkte, für Produktion und Beschäftigung berücksichtigt werden.“[75]

Entscheidend ist vielmehr, daß die zum Zeitpunkt des Übergangs auf ein Wechselkursziel herrschenden Wechselkurse für die beteiligten Volkswirtschaften als angemessen erachtet werden. So wurden beispielsweise auch bei Inkraftsetzung des Europäischen Währungssystems (EWS) im März 1979 „...keine auf der Grundlage von Modellrechnungen ermittelten Gleichgewichtswechselkurse herangezogen, sondern die Kurse des Vortags, weil sie Regierungen und Währungsbehörden der Teilnehmerländer als angemessen erschienen.“[76] Auch Köhler verweist auf die untergeordnete Rolle des Ausgangsniveaus des Wechselkurses für die Gewährleistung von Handelsneutralität, denn, so Köhler, abgesehen davon, „...daß niemand das ‚richtige‘ Wechselkursniveau kennt, kann sich eine Wirtschaft grundsätzlich an jedes Wechselkursniveau anpassen. Wichtig ist, daß es grundsätzlich unverändert bleibt bzw. sich der Kaufkraftparität entsprechend bewegt. Probleme bereiten den Unternehmen und den Volkswirtschaften die raschen Bewegungen der Devisenkurse, die den Änderungen der Kaufkraftparitäten nicht entsprechen, also reale Aufwertungen oder reale Abwertungen.“[77]

---

[74] Willms, Manfred, Ansätze zur Währungskooperation und Wechselkursstabilisierung, in: Gutowski, Armin (Hrsg.), Wechselkursstabilisierung und Währungskooperation, Schriften des Vereins für Socialpolitik, Gesellschaft für Wirtschafts- und Sozialwissenschaften, Neue Folge Band 172, Berlin 1988, S. 45.

[75] Filc, Wolfgang, Zielzonen für den US-Dollar?, in: Wirtschaftsdienst, 66. Jg. 1986, S. 290/291.

[76] Filc, Wolfgang, Zielzonen für ..., S. 291.

[77] Köhler, Claus, Internationalökonomie ..., S. 69.

Gravierender ist dagegen der Umstand, daß die Wechselkursbewegungen, die man noch mit der Veränderung der Kaufkraftparität als vereinbar ansehen kann, relativ breit streuen können. Dies liegt zum einen an den ggf. unterschiedlichen Entwicklungen verschiedener Preisindizes, die man den Kaufkraftparitätenrechnungen zugrunde legen kann. Zum anderen führt aber selbst die Einigung auf die Verwendung eines bestimmten Preisindex für diese Berechnungen nicht zu einem Punktzielpfad für die anzustrebende Wechselkursentwicklung, wie sich z.B. unter Bezug auf den Preisindex für die Lebenshaltung zeigen läßt.

So berechnet das Statistische Bundesamt auf der Basis der diesem Index zugrunde liegenden Verbraucherpreise sogenannte Verbrauchergeldparitäten. Diese sind das Ergebnis von Preisvergleichen für Waren- und Dienstleistungen der Lebenshaltung zwischen ausgewählten Ländern und der Bundesrepublik Deutschland.[78] Im Jahre 1991 betrug beispielsweise die Verbrauchergeldparität der D-Mark zum US-Dollar gemessen am deutschen Warenkorb 1,73 DM und gemessen am amerikanischen Warenkorb 2,29 DM. Wechselkurse, die jeweils bis zu 10 v.H. über oder unter diesen Paritäten liegen, dürften nach Köhler grundsätzlich noch die Kaufkraftparität widerspiegeln.[79] Insofern ist eine bloße Vorgabe, daß die Zentralbanken eine Wechselkursentwicklung anstreben, die der Veränderung der Kaufkraftparität entspricht, noch zu allgemein und daher nur wenig geeignet, den Wechselkursänderungserwartungen eine klare und eindeutige Führung zu geben.

Deshalb muß im Rahmen einer kooperativen Wechselkursstrategie den Devisenmarktteilnehmern das Interventionsziel, d.h. der relevante Pfad der Kaufkraftparitäten jederzeit unmißverständlich spezifiziert vorgegeben werden, so daß „...der Markt überzeugt wird, wohin die Wechselkursreise zum Beispiel innerhalb Jahresfrist gehen soll."[80] Nur so lassen sich, in Verbindung mit einer koordinierten Zinspolitik, die Wechselkursänderungserwartungen hinreichend stabilisieren.

Keine Lösung verspricht dagegen der Vorschlag, mögliche Streubreiten des Bereichs, der mit der Kaufkraftparität noch als vereinbar gilt, durch die aus den Wechselkurszielzonenkonzepten bekannten Bandbreiten um einen mittleren Wert zu berücksichtigen, sei es nun mit sogenannten harten oder weichen Rändern.[81] Im Rahmen von Zielzonen mit harten Rändern ist es

---

[78] Zur Methodik und den folgenden Zahlenangaben vgl. Statistisches Bundesamt, Statistisches Jahrbuch 1992 für das Ausland, Tabelle 16.4 „Internationaler Vergleich der Preise für die Lebenshaltung", Wiesbaden 1992, S. 334/335.

[79] Vgl. Köhler, Claus, Internationalökonomie ..., S. 70.

[80] Köhler, Claus, Internationalökonomie ..., S. 73.

[81] Zu einem Überblick über die Zielzonenkonzepte vgl. Frenkel, Jacob A. und Goldstein, Morris, A Guide to Target Zones, in: International Monetary Fund, Staff Papers, Vol. 33, 1986, S. 633 - 673.

Aufgabe der beteiligten Zentralbanken, eine Überschreitung der oberen und unteren Begrenzungen durch den Wechselkurs mittels Interventionen strikt zu vermeiden. „Solche Begrenzungen schaffen für intervenierende Zentralbanken immer Probleme. Der Markt, vor allem die Spekulation, wird von solchen Wechselkursgrenzen geradezu angezogen. Man will testen, wer der Stärkere am Markt ist, die intervenierende Zentralbank oder die Spekulation."[82] Eine längerfristige Stabilisierung der Wechselkursänderungserwartungen ist unter solchen Bedingungen nur schwer möglich.

Zielzonen mit weichen Rändern geben zwar ebenfalls einen möglichen Schwankungsbereich für die Wechselkursentwicklung vor, jedoch sind zeitweilige Überschreitungen der (weichen) Begrenzungen grundsätzlich nicht ausgeschlossen. „Sie verpflichten die betroffenen Länder auch nicht, bestimmte im voraus festgelegte Maßnahmen zu ergreifen."[83] Ein Konzept weicher Zielzonen ist noch weniger geeignet, einen Beitrag zur Stabilisierung der Wechselkursentwicklung zu leisten. Überschreitet nämlich der Wechselkurs die Begrenzung nach oben oder nach unten, so können die intervenierenden Zentralbanken ihre Absichten nicht mehr glaubhaft nach außen vertreten, und sie können somit den Wechselkursänderungserwartungen auch keine hinreichende Führung geben.[84]

Stabilisierung der Wechselkursänderungserwartungen bedingt also neben einer Koordination der Zinspolitik eine eindeutige Vorgabe von Wechselkurszielen. Dies ist auch die gemeinsame Basis für erfolgreiche Intervention am Devisenmarkt. Denn hinsichtlich der Wirksamkeit von Devisenmarktinterventionen „...herrscht inzwischen weitgehend Übereinstimmung darüber, daß Zentralbankinterventionen – vor allem, wenn sie erkennbar koordiniert vorgenommen werden – nützlich sein können. (...). Insbesondere ‚Signalinterventionen', bei denen es weniger auf die Quantität als auf die für den Markt sichtbare Gemeinsamkeit ankommt, können einem ‚Überschießen' oder ‚Unterschießen' entgegenwirken."[85] Der Grund dafür

---

[82] Köhler, Claus, Internationalökonomie ..., S. 73.

[83] Willms, Manfred, Ansätze zur Währungskooperation ..., S. 45.

[84] Vgl. Köhler, Claus, Internationalökonomie ..., S. 74.

[85] Tietmeyer, Hans, Anmerkungen zu den neuen internationalen Kooperationsbemühungen seit der Plaza-Vereinbarung 1985, in: Bub, Norbert; Duwendag, Dieter; Richter, Rudolf (Hrsg.), Geldwertsicherung und Wirtschaftsstabilität ..., S. 495. Eine empirische Unterstützung erfährt diese Sichtweise durch die Untersuchungen von Dominguez und Frankel, die die Wirksamkeit von Devisenmarktinterventionen zwischen Januar 1985 und Dezember 1991 überprüft haben und dabei u.a. zu dem Ergebnis gelangten, daß in zehn von elf Referenzperioden im Untersuchungszeitraum der D-Mark/US-Dollar-Kurs noch im Monat nach der Intervention in die von den Zentralbanken beabsichtigte Richtung ging. Als entscheidend für den Interventionserfolg erwies sich insbesondere ein koordiniertes Vorgehen. Vgl. Dominguez, Kathryn M. und Frankel, Jeffrey A., Does Foreign Exchange Intervention Work?, Institute for International Economics, Washington D.C. 1993.

ist in der Eigenart des Devisenhandels zu sehen. Der i.d.R. das Devisenmarktgeschehen dominierende professionelle Devisenhandel mit seinen das Volumen der rein handelsbezogenen Transaktionen um ein Vielfaches übersteigenden reinen Finanztransaktionen[86] vollzieht sich praktisch als ein kontinuierlicher Prozeß aus schnellen Kauf- und Verkaufsentscheidungen. Das bedeutet, die relevanten Marktteilnehmer legen ihren Devisengeschäften einen sehr kurzen Zeithorizont zugrunde, indem im Vordergrund ihres Interesses die voraussichtliche Wechselkursentwicklung innerhalb der nächsten Stunde bzw. in den nächsten Minuten steht.[87] Auf diese kontinuierlich stattfindenden Geschäfte, die letztlich die laufende Wechselkursentwicklung prägen, kann mit koordinierten Interventionen spürbar Einfluß genommen werden. Der Einwand, daß allein das mittlerweile sehr große tägliche Handelsvolumen am Devisenmarkt[88], in dessen Relation sich die von den Zentralbanken für Interventionen mobilisierbaren Devisenreserven bescheiden ausnehmen[89], gegen eine wirksame Einflußnahme der Zentralbanken auf die Wechselkurse spricht, führt deshalb am Kern des Problems vorbei. Es ist nicht das gesamte Volumen, das den Wechselkurs bestimmt, sondern es sind „...nur die hinzukommenden und abgezogenen marginalen Beträge (...). Diese marginalen Beträge aber können durch die Interventionen der Zentralbanken beeinflußt werden."[90]

Entscheidend für den Interventionserfolg ist aber auch das Timing bzw. die zeitliche Abstimmung der koordinierten Devisenmarkteingriffe. Interventionen verprechen nämlich solange wenig Erfolg, wie sich der Wechselkurs deutlich in eine Richtung bewegt. Man bezeichnet Interventionen unter diesen Bedingungen deshalb auch als „leaning against the wind."[91] Im Zuge solcher grundlegender Wechselkursbewegungen kommt es jedoch, meist bereits nach wenigen Stunden, immer wieder zu sogenannten technischen Reaktionen, d.h. zu leichten, oft nur Minuten währenden Gegenbewegungen der Wechselkursentwicklung, verursacht durch Glattstellungen der

---

86 Vgl. Bank für Internationalen Zahlungsausgleich (BIZ), 63. Jahresbericht 1992/93, Basel, Juni 1993, S. 216.

87 Vgl. Lamfalussy, Alexandre, International Central Bank Co-operation ..., S. 37.

88 Nach einer von der BIZ gemeinsam mit 26 Zentralbanken durchgeführten Erhebung betrug der weltweite Devisenumsatz im April 1992, bereinigt um die meisten lokalen und grenzüberschreitenden Doppelzählungen sowie um die geschätzten Meldelücken, etwa 880 Mrd. US-Dollar je Handelstag. Vgl. Bank für Internationalen Zahlungsausgleich (BIZ), 63. Jahresbericht 1992/93, S. 216.

89 Die offiziellen Währungsreserven (ohne Gold) aller Industrieländer zusammen beliefen sich Ende 1992 auf 556,1 Mrd. US-Dollar. Das entspricht rund 63% des täglichen Handelsvolumens. Vgl. Bank für Internationalen Zahlungsausgleich (BIZ), 63. Jahresbericht, Basel, Juni 1993, S. 107.

90 Köhler, Claus, Internationalökonomie ..., S. 42.

91 Vgl. Lamfalussy, Alexandre, International Central Bank Co-operation ..., S. 37.

Marktteilnehmer.[92] Sofern sich der Wechselkurs durch solche Bewegungen vom vorgezeichneten Pfad der Veränderung der Kaufkraftparität entfernt, sind derartige Glattstellungsphasen der optimale Zeitpunkt für erfolgreiche Devisenmarktinterventionen. „Solche (...) Interventionen verdeutlichen dem Markt, in welche Richtung die Spekulation gehen muß, um Geld zu verdienen und nicht zu verlieren.“[93] In diesem Zusammenhang weisen die empirischen Untersuchungsergebnisse von Dominguez und Frankel darauf hin, daß die Interventionserfolge um so durchschlagender sind, je schneller die Zentralbanken reagieren, wenn sich die Wechselkurse in eine unerwünschte Richtung bewegen.[94]

Insgesamt bestehen somit recht gute Chancen, über koordinierte Interventionen, die auf der Grundlage einer abgestimmten Zinspolitik sowie einer unmißverständlichen Wechselkurszielvorgabe basieren, dem Wechselkursproblem wirksam zu begegnen. Wenn allerdings im Rahmen internationaler Koordinationsanstrengungen das Wechselkursproblem an Brisanz verliert, so ist damit auch bereits ein wesentlicher Schritt zur Handhabung des Leistungsbilanzproblems getan. Eine hierzu ebenfalls erforderliche Abstimmung von internationalen Zinsdifferenzen ist grundsätzlich unabhängig von der Höhe des internationalen Zinsniveaus denkbar. Allerdings ist es nur ein kleiner Schritt, von einer internationalen Abstimmung über wünschenswerte Zinsdifferenzen auch zu einer internationalen Abstimmung im Hinblick auf eine bestimmte Höhe des internationalen Zinsniveaus zu gelangen, zumal sich das internationale Zinsniveau als ein gegebenenfalls zu gewichtender Durchschnitt der nationalen Zinsniveaus ergibt. Da nun dem internationalen Zinsniveau eine bedeutende Rolle im Rahmen des Verschuldungsproblems zukommt, bietet es sich an, im folgenden die Ausführungen zur Koordination beim Leistungsbilanzproblem und beim Verschuldungsproblem in einem Abschnitt zusammenzufassen. Dies ist auch deshalb zu rechtfertigen, weil Betrachtungen zur Leistungsbilanz und zur internationalen Verschuldung thematisch zusammengehören.[95]

2. Koordination beim Leistungsbilanzproblem und beim Verschuldungsproblem

Leistungsbilanzsalden, insbesondere hohe und dauerhafte Leistungsbilanzdefizite, stellen insofern ein Problem dar, als die Finanzierung solcher

---

[92] Vgl. Köhler, Claus, Internationalökonomie ..., S. 42.

[93] Köhler, Claus, Internationalökonomie ..., S. 73/74.

[94] Vgl. Dominguez, Kathryn M. und Frankel, Jeffrey A., Does Foreign Exchange Intervention Work?, Institute for International Economics, Washington D.C. 1993, Ergebnis zitiert nach Handelsblatt, Nr. 175, 10./11.9.1993, S. 14.

[95] Vgl. dazu auch den Einstieg zu Abschnitt B.IV. dieser Arbeit.

Salden Wechselkursbewegungen auszulösen vermag, die, gegebenenfalls auf dem Wege einer im Rahmen der Ausführungen zum Wechselkursproblem beschriebenen kumulativen Verstärkung, über das zur Rückführung der Salden eigentlich erforderliche Ausmaß hinausgehen. Dadurch ist die Geldpolitik u.U. gezwungen, von binnenwirtschaftlichen Erfordernissen abzurücken und einer Steuerung der internationalen Kapitalströme Priorität einzuräumen.[96] Vermeiden lassen sich die Rückwirkungen von Leistungsbilanzsalden auf die Wechselkursentwicklung allerdings durch die Schaffung von Zinsdifferenzen zwischen Überschußländern und Defizitländern, die ein solches Ausmaß annehmen müssen, daß die Saldenfinanzierung im Grunde freiwillig vollzogen wird.

Im Rahmen des sogenannten Verschuldungsproblems, das sich darin zeigt, daß Entwicklungsländer, infolge eines kurz- bis mittelfristig als gegeben hinzunehmenden hohen internationalen Verschuldungsgrades, in Schuldendienstschwierigkeiten geraten können, insbesondere mit negativen Auswirkungen auf den Umfang des Welthandels und auf die Wirtschaftsentwicklung in den Industrieländern[97], spielt dagegen weniger das Ausmaß von Zinsdifferenzen eine Rolle, als vielmehr die Höhe des internationalen Zinsniveaus. Internationale Zinsdifferenzen und Zinsniveau gleichzeitig zu berücksichtigen, ist praktisch nicht ohne eine internationale geldpolitische Koordination möglich. Darauf weist auch Tobin hin, wenn er anmerkt: „Only by accident will uncoordinated monetary policies produce a desirable average of world interest rates or a constellation of rates consistent with a viable structure of international capital and current accounts.“[98]

Die zinspolitische Koordination sollte auch beim Leistungsbilanzproblem, genau wie beim Wechselkursproblem, grundsätzlich auf die Schaffung und Beibehaltung der Bedingungen für Handelsneutralität und Kapitalverkehrsneutralität ausgerichtet sein. Auch vor dem Hintergrund von Leistungsbilanzsalden gilt es die Wechselkursänderungserwartungen zu stabilisieren, um realen Aufwertungen und Abwertungen größeren Ausmaßes entgegenzuwirken. Andernfalls könnten führungslose Wechselkursänderungserwartungen, insbesondere angeheizt durch subjektive Ad-hoc-Interpretationen von Umfang und Entwicklung der Überschüsse oder Fehlbeträge in den Leistungsbilanzen, ein gegenseitiges Aufschaukeln von Wechselkursänderungen und Leistungsbilanzsalden auslösen.

---

[96] Vgl. dazu Abschnitt B.IV.2 dieser Arbeit.

[97] Vgl. dazu Abschnitt B.V.1 dieser Arbeit.

[98] Tobin, James, Agenda for International Coordination of Macroeconomic Policies, in: Volcker, Paul A., Bryant, Ralph C. et al., International Monetary Cooperation: Essays in Honor of Henry C. Wallich, Essays in International Finance, No. 169, Princeton 1987, S. 66.

Größere Zinsdifferenzen zugunsten der, verglichen mit den Überschußländern, gemeinhin preisinstabilen Defizitländer zu schaffen, als es der Differenz der Preisniveausteigerungsraten entspricht, ist aus verschiedenen Gründen abzulehnen. Zum einen weist Köhler daraufhin, daß, bei Zinsdifferenzen zugunsten eines Defizitlandes, die wesentlich größer als die Differenz der Preissteigerungsraten sind, dann auch der Abstand zwischen Devisenkassa- und Devisenterminkurs größer wird. Der Devisenterminkurs würde somit eine stärkere Aufwertung der Währung des Überschußlandes anzeigen, „...als von der Differenz der Preissteigerungsraten gerechtfertigt wäre. Die Spekulation würde diese größere Aufwertung verwirklichen. Das aber erschwerte das angemessene Wirtschaftswachstum (...; im Überschußland, Anm. d. Verf.), das wiederum notwendig ist, um größere Leistungsbilanzsalden zu verringern."[99]

Zum anderen entfällt durch die Aufrechterhaltung der Bedingungen von Handelsneutralität und Kapitalverkehrsneutralität für die Gläubiger des Defizitlandes weitgehend das ansonsten nur schwer kalkulierbare Währungsrisiko, z.B. in Form von unvorhergesehenen Wechselkursänderungen. Insofern bedarf es keiner zusätzlichen Zinsanreize im Defizitland, um eine freiwillige Saldenfinanzierung zu gewährleisten.

Die internationale Koordination der Zinspolitik darf jedoch nicht darauf beschränkt werden, die erforderlichen Zinsdifferenzen abzustimmen und zu fixieren. Sofern nämlich „...all central banks are focusing on interest rate differentials, the overall world average of interest rates will be nobody's business. It may end up too high for general prosperity, or too low to keep inflation at bay. The world interest rate level requires international co-ordination."[100] D.h., im Rahmen des Abstimmungsprozesses über die Zinsdifferenzen muß gleichzeitig auch die Höhe des Niveaus, auf dem diese Zinsdifferenzen angesiedelt werden sollen, Gegenstand der internationalen Kooperationsvereinbarungen sein. Dabei können die Verhandlungspartner sowohl auf internationale Erfordernisse Rücksicht nehmen, z.B. auf etwaige Schuldendienstschwierigkeiten hochverschuldeter Entwicklungsländer, als auch nationalen Belangen Rechnung tragen, wie z.B. konjunkturellen Erfordernissen. Auf jeden Fall läßt sich dadurch verhindern, daß Volkswirtschaften bei einer unkoordinierten Bekämpfung nationaler Fehlentwicklungen z.B. in einen internationalen Zinswettlauf verfallen und sich dabei in ihren wirtschaftspolitischen Absichten gegenseitig behindern, während die Gruppe der hochverschuldeten Entwicklungsländer am Ende eines solchen Prozesses in u.U. für alle folgenreiche Zahlungsschwierigkeiten gerät.

---

[99] Köhler, Claus, Internationalökonomie ..., S. 72.

[100] Tobin, James, The International Monetary System: Pluralism and Interdependence, in: Steinherr, Alfred und Weiserbs, Daniel (Hrsg.), Evolution of the International and Regional Monetary Systems ..., S. 8

In diese Richtung zielen auch die Ergebnisse der empirischen Untersuchung von Sachs und McKibbin, die die Auswirkungen einer wirtschaftspolitischen Koordination zwischen den USA, Japan, restlichen OECD-Ländern und Entwicklungsländern im Zeitraum 1984 - 1989 zum Gegenstand hat.[101] Im Rahmen einer unkoordinierten Vorgehensweise verfolgen die beteiligten OECD-Länder eine reine Beggar-My-Neighbour-Politik, indem sie nach einem inflationären Schock alle eine Hochzinspolitik betreiben und auf diese Weise den Versuch unternehmen, über eine Aufwertung ihrer Währung die Inflation zu exportieren.[102] Koordinieren die industrialisierten Länder dagegen ihre Wirtschaftspolitik, so ergeben sich nach Schätzungen von Sachs und McKibbin Wohlfahrtsgewinne insbesondere für die Entwicklungsländer, da die koordinierten Maßnahmen der OECD-Länder weniger restriktiv ausfallen, so daß die Entwicklungsländer von einem niedrigeren Weltzinsniveau und geringeren Dollaraufwertungen profitieren.

Insgesamt kommt somit einer internationalen Koordination der Zinspolitik, schwerpunktmäßig in Form eines kooperativen Vorgehens bei der Festlegung der notwendigen Zinsdifferenzen und der Höhe des erforderlichen Zinsniveaus, eine zentrale Bedeutung für die Handhabung möglicher Auswirkungen des Leistungsbilanzproblems und des Verschuldungsproblems zu. Allerdings reicht eine alleinige zinspolitische Koordination nicht aus, wenn es in diesem Zusammenhang etwa darum geht, als zu hoch empfundene Leistungsbilanzsalden zurückzuführen. Um z.B. dem Entstehen übermäßiger Leistungsbilanzdefizite rechtzeitig zu begegnen, d.h. um zu vermeiden, daß die Defizite auf Dauer solche Größenordnungen annehmen, daß sich Gläubiger der betroffenen Länder mit einem Bonitätsrisiko (Kreditausfall- und Zinsausfallrisiko) konfrontiert sehen und deshalb eine Risikoprämie in Form höherer Zinsdifferenzen zugunsten des Defizitlandes für die Saldenfinanzierung verlangen, bedarf es einer über die Zinspolitik hinausgehenden internationalen Koordination.

Als generelle Handlungsanweisung eines kooperativen Vorgehens dient dabei die Empfehlung[103], daß Defizitländer, unter Einbeziehung von Geld- und Fiskalpolitik, eine Ausweitung ihrer Inlandsnachfrage anstreben sollten, die geringer als die Zunahme ihres realen Sozialprodukts ist. Dies schafft in den Defizitländern Freiräume für Exportmöglichkeiten, auf die diese Länder zur Begrenzung ihrer Defizite angewiesen sind. In den Überschußländern sollte dagegen auf eine Expansion der Binnennachfrage hingewirkt

[101] Vgl. Sachs, Jeffrey und McKibbin, Warwick, Macroeconomic Policies in the OECD and LDC External Adjustment, NBER Working Paper No 1534, Cambridge, Mass. 1985, zitiert nach Kösters, Wim, Wohlfahrtsgewinne durch ..., S. 57f.

[102] Vgl. dazu und zu den folgenden Ergebnissen Kösters, Wim, Wohlfahrtsgewinne durch ..., S. 58.

[103] Vgl. dazu auch Köhler, Claus, Internationalökonomie ..., S. 120.

werden, die über das Wachstum des realen Sozialprodukts hinausgeht. Dadurch ergibt sich in diesen Ländern ein Bedarf an zusätzlichen Importen.

Eine solche Kooperationsstrategie ist jedoch nicht frei von Konfliktpotentialen. Dies kann sich z.B. dann zeigen, wenn in den Überschußländern bereits in der Ausgangslage eine optimale Kapazitätsauslastung erreicht ist und durch die geforderte Stimulierung der Inlandsnachfrage Stabilitätsgefahren entstehen können. Ähnliches gilt, wenn in den Defizitländern in der Ausgangslage bereits eine gewisse Unterbeschäftigung herrscht, so daß durch die erforderliche Drosselung der Binnennachfrage die Kapazitätsauslastung zusätzlich unter Druck geraten kann.

Internationale Koordination erfordert unter solchen Umständen eine durch gegenseitige Rücksichtnahme und gesamtwirtschaftliche Verantwortung geprägte Verständigung auf eine für alle Beteiligten situationsgerechte Policy-mix-Strategie. Trotz der dabei mit Sicherheit auftretenden enormen Schwierigkeiten gibt es in einer interdependenten Welt, mit einer zunehmenden Tendenz zur Freizügigkeit des internationalen Waren-, Dienstleistungs- und Kapitalverkehrs keine Alternative zu einer solchen Vorgehensweise. Oder, um es mit den Worten von Tobin auszudrücken: „Coordination of macroeconomic policies is certainly not easy; maybe it is impossible. But in its absence, I suspect nationalistic solutions will be sought – trade barriers, capital controls, and dual-exchange-rate systems. Wars among nations with these weapons are likely to be mutually destructive. Eventually, they, too, would evoke agitation for international coordination.“[104] Um von Seiten der Geldpolitik für die internationalen Koordinationserfordernisse hinreichend gewappnet zu sein, sind jedoch bestimmte instrumentelle Grundvoraussetzungen unabdingbar.

III. Grundvoraussetzungen für einen wirksamen geldpolitischen Instrumenteneinsatz

Aus der internationalen Eingebundenheit der nationalen Geldpolitik ergeben sich hohe Anforderungen an die geldpolitische Steuerung. So muß die nationale Geldpolitik in der Lage sein, trotz der mitunter anstehenden sehr umfangreichen Interventionstätigkeiten an den Devisenmärkten, ihren Beitrag zur erforderlichen internationalen Koordination der Wirtschaftspolitik zu leisten. Dabei verlangt insbesondere die zinspolitische Koordination eine jederzeitige effiziente Kontrolle der Geldmarktzinsen, ohne die eine Stabilisierung der Erwartungsbildung am Devisenmarkt nicht möglich ist. Grundvoraussetzung dafür ist auf der einen Seite die permanente Sicherstellung eines hinreichend großen Zentralbankgeldbedarfs bei den Geschäftsbanken.

---

[104] Tobin, James, Agenda for International Coordination ..., S. 68.

Auf der anderen Seite muß die Möglichkeit bestehen, über eine flexible Steuerung der Zentralbankgeldbereitstellung, internationalen Einflüssen auf die Geldpolitik laufend zu begegnen, so daß die Geschäftsbanken zur Deckung des Zentralbankgeldbedarfs immer auf die Zentralbanken angewiesen sind.

1. Sicherstellung eines hinreichenden Zentralbankgeldbedarfs

Zentraler Anknüpfungspunkt einer wirksamen geldpolitischen Steuerung ist ein hinreichend großer Zentralbankgeldbedarf bei den Geschäftsbanken, über dessen Deckung eine Notenbank indirekt Einfluß auf die die monetäre Expansion begründete Geschäftstätigkeit der Kreditinstitute nimmt. Ein solcher Bedarf an Zentralbankgeld resultiert zum einen aus der Bargeldnachfrage der Nichtbanken, für die die Kreditinstitute in Anspruch genommen werden. Sofern Kreditinstitute für Bargeldauszahlungen nicht über Kassenbestände im ausreichenden Umfang verfügen, müssen sie sich das benötigte Bargeld zu Lasten ihrer zum Zentralbankgeld zählenden Sichtguthaben bei der Notenbank besorgen. Zum anderen existiert ein Bedarf an Zentralbankgeld aus der Mindestreservepflicht, durch die die Kreditinstitute gehalten sind, Guthaben in Höhe eines bestimmten Prozentsatzes ihrer mindestreservepflichtigen Einlagen bei der Zentralbank zu unterhalten. Schließlich kann auch ohne die Existenz einer Mindestreservepflicht ein Zentralbankgeldbedarf bestehen. Dies ist der Fall, wenn die Geschäftsbanken, neben der Vorsorge für Bargeldabzüge, auch freiwillig noch sogenannte working balances für die Abwicklung ihres Interbankenzahlungsverkehrs bei der Zentralbank halten.

Bargeldumlauf und freiwillige Reservehaltung bedingen allerdings auf Dauer keinen verläßlichen Refinanzierungsbedarf der Kreditinstitute und sind deshalb kein Garant für eine wirksame geldpolitische Steuerung. Auf der einen Seite kommt es beim Bargeldumlauf der Nichtbanken häufig zu erratischen Schwankungen[105], was die Schätzungen des Volumens der damit verbundenen Liquiditätsbewegungen im Bankensystem mit hohen Unsicherheiten behaftet und deshalb erschwert. Zum anderen ist mittel- bis längerfristig nicht unbedingt davon auszugehen, daß der Bargeldumlauf seinen jetzigen Stellenwert beibehält. „Angesichts gravierender Innovationen im Zahlungsverkehr und Änderungen in den Zahlungsgewohnheiten der Menschen ist die Wahrscheinlichkeit nicht als gering zu veranschlagen, daß der Bargeldbedarf der Wirtschaft merklich zurückgehen

---

105 Vgl. Deutsche Bundesbank, Die Deutsche Bundesbank. Geldpolitische Aufgaben und Instrumente, Sonderdrucke der Deutschen Bundesbank Nr. 7, 6. Auflage Frankfurt/M. 1993, S. 72.

wird."[106] Wenn die Marktkräfte somit in immer geringerem Umfang eine Konvertibilität zwischen Bargeld und Buchgeld bei den Geschäftsbanken verlangen, entfällt für die Kreditinstitute eine bedeutende Komponente für eine freiwillige Reservehaltung.

Hinzukommt, daß eine freiwillige Reservehaltung unter geldpolitischen Steuerungsgesichtspunkten eine andere Qualität hat als eine über die Mindestreservepflicht bestehende Zwangsreserve.[107] Eine Mindestreservepflicht erzeugt nämlich im Zuge einer monetären Expansion auf der Basis der geltenden Reservesätze unmittelbar und automatisch einen unabwendbaren Zentralbankgeldbedarf. Eine solche, grundsätzlich stabile und damit prognostizierbare Nachfrage nach Zentralbankgeld ist im Falle einer freiwilligen Reservehaltung nicht gewährleistet. Selbst wenn davon ausgegangen wird, daß die Kreditinstitute eine freiwillige Reservehaltung als Teil ihrer gesamten Portfoliodispositionen nach einem systematischen Kalkül gestalten würden[108], hat dies für die Vorhersehbarkeit des Zentralbankgeldbedarfs wenig Bedeutung. Denn solche systematischen Portfoliodispositionen werden neben objektiven Kriterien in starkem Maße durch subjektive Einschätzungen, Erwartungen und Präferenzen derjenigen beeinflußt, die über eine angemessene Höhe der freiwilligen Reservehaltung zu befinden haben.

Deshalb garantiert eine freiwillige Reservehaltung keineswegs, daß eine verstärkte monetäre Expansion automatisch und unmittelbar einen Zentralbankgeldbedarf entstehen läßt. Vielmehr ist durchaus denkbar, und dies wäre für eine wirksame geldpolitische Steuerung besonders mißlich, daß den Entscheidungsträgern z.B. gerade in konjunkturellen Aufschwungphasen, mit einer sich verstärkenden monetären Expansion, unter Risiko- und Ertragsüberlegungen eine unveränderte oder sogar verringerte Reservehaltung angemessen erscheint, wodurch ein zusätzlicher Zentralbankgeldbedarf ausbleiben würde.

Darüber hinaus zeigt sich, daß Innovationen und Rationalisierungen bei der Abwicklung von Zahlungen auch den über die Zentralbankgeldguthaben abgewickelten Interbankenzahlungsverkehr nicht unberührt lassen. Dies hat z.B., worauf Hesse hinweist, „...in der Schweiz den Bedarf der Banken an Arbeitsguthaben bei der Notenbank zeitweise so drastisch reduziert, daß dieser als Grundlage für eine Steuerung der Zentralbankgeldmenge nicht mehr erwähnenswert war."[109] Insgesamt ist deshalb zu erwarten, daß eine

---

106 Hesse, Helmut, Gebieten internationale Gründe ..., S. 444. Vgl. dazu auch Rohde, Armin und Simmert, Diethard, B., Mindestreserven: Ein überflüssiges Instrument der Geldpolitik?, in: Wirtschaftsdienst, 66. Jg. 1986, S. 410.

107 Vgl. Rohde, Armin und Simmert, Diethard B., Mindestreserven ..., S. 406f.

108 Vgl. Reither, Franco, Mindestreserven und gesamtwirtschaftliche Steuerung, in: Wirtschaftsdienst, 65. Jg. 1985, S. 506.

109 Hesse, Helmut, Gebieten internationale Gründe ..., S. 444/445.

allein auf Bargeldnachfrage und working balances abstellende freiwillige Reservehaltung im Zeitablauf eine immer geringer werdende Nachfrage nach Zentralbankgeld bedingt. Dies ist gleichbedeutend mit einer Lockerung der geldpolitischen Zügel, an denen Zentralbanken die Geschäftsbanken zu führen haben.

Eine solche Entwicklung steht im krassen Gegensatz zu den Erfordernissen, denen sich eine mit zunehmenden internationalen Einflüssen konfrontierte nationale Geldpolitik heute ausgesetzt sieht. Als besondere Anforderung stellt sich dabei das Problem, den im Zuge der zunehmenden Freizügigkeit des internationalen Kapitalverkehrs immer größer werdenden Liquiditätswirkungen im Zusammenhang mit Devisenzuflüssen begegnen zu müssen. Sofern nämlich solche Liquiditätswirkungen einen größeren Umfang annehmen, als der insgesamt aus Bargeldumlauf und Reservehaltung zusammengesetzte ausstehende Zentralbankgeldbestand, gerät die Geldpolitik in große Schwierigkeiten. Die Kreditinstitute sind in einer solchen Situation praktisch nicht mehr auf Refinanzierungsgeschäfte mit der Zentralbank angewiesen. Wenn es deshalb im Rahmen einer internationalen Einflüssen ausgesetzten nationalen Geldpolitik darum geht, für eine wirksame geldpolitische Steuerung einen im Zeitablauf hinreichend groß bleibenden und im wesentlichen jederzeit kalkulierbaren Zentralbankgeldbedarf zu garantieren, dann führt an der Mindestreserve als Zwangsreserve kein Weg vorbei. Nur die Mindestreservepolitik bietet die Möglichkeit, durch eine Variation der Reservesätze, den Bedarf an Zentralbankgeld zu erzeugen, den die Geldpolitik für eine effiziente Steuerung, insbesondere in einem internationalen Umfeld, benötigt.

Insofern führen Forderungen, aus internationalen Gründen, insbesondere mit Verweis auf die mindestreservefreien Euromärkte, auf die Mindestreservepolitik zu verzichten am Kern des Problems vorbei. Die Anstrengungen sollten vielmehr dahin gehen, dort wo es bislang keine Mindestreserve gibt, solche Regelungen einzuführen. Es macht nämlich für eine nationale und internationale Verantwortung tragende Geldpolitik wenig Sinn, ein effizientes Steuerungsinstrument aus der Hand zu geben, um in Konkurrenz mit externen Finanzmärkten zu treten, die selbst keine eigene Geldpolitik betreiben und deren Wettbewerbsvorteile im Grunde weniger auf einer fehlenden Mindestreservepflicht beruhen, als vielmehr in lockeren Bankaufsichtsbestimmungen und in diversen Steuer- und Finanzierungsvorteilen.[110]

Entscheidend für eine wirksame geldpolitische Steuerung, die sich internationalen Einflüssen ausgesetzt sieht, ist jedoch nicht nur eine jederzeit hinreichende Höhe des Zentralbankgeldbedarfs sicherzustellen, sondern auch darauf zu achten, daß die Geschäftsbanken für die Deckung dieses

[110] Vgl. Rohde, Armin und Simmert, Diethard B., Mindestreserven ..., S. 410.

Bedarfs grundsätzlich immer auf eine Refinanzierung bei der Zentralbank angewiesen bleiben. Dies erfordert eine hohe Flexibilität der Zentralbanken bei der Zentralbankgeldbereitstellung.

2. Flexibilität bei der Zentralbankgeldbereitstellung

Eine flexible Bereitstellung von Zentralbankgeld soll der Geldpolitik ermöglichen, unmittelbar auf Störungen am Geldmarkt zu reagieren, um eine jederzeitige Kontrolle über die Zinsentwicklung ausüben zu können. Eine der Hauptursachen für Störungen am Geldmarkt bilden im Rahmen einer international eingebundenen Geldpolitik Liquiditätszuflüsse und -abflüsse aus Devisenmarktinterventionen, wie sie insbesondere zur Vermeidung spekulativer Kursbewegungen bzw. zur Schaffung und Aufrechterhaltung der Bedingungen für Handelsneutralität der Wechselkurse erforderlich sein können. Je größer nun das Volumen ist, das solche Liquiditätsbewegungen annehmen können, um so größer sollte der Anteil an der Deckung des Zentralbankgeldbedarfs sein, der eher kurzfristig bereitgestellt wird. Eine kurzfristige Deckung des Zentralbankgeldbedarfs bewirkt, daß der so bereitgestellte Betrag an Zentralbankgeld bereits nach kurzer Zeit wieder zur Disposition steht. Dies ermöglicht es der Geldpolitik auf die in der Zwischenzeit u.U. stattgefundenen Liquiditätsbewegungen schnell zu reagieren, indem die zur Disposition stehenden Beträge im Rahmen einer neuen kurzfristigen Zentralbankgeldbereitstellungsaktion entweder prolongiert, erhöht, gekürzt oder sogar insgesamt fällig gestellt werden.

Beispielhaft für eine solche Vorgehensweise ist die von der Deutschen Bundesbank seit Anfang 1985 angewendete Strategie einer flexiblen Geldmarktsteuerung, deren Grundzüge im folgenden deshalb kurz dargestellt werden.[111] Gemäß dieser Strategie läßt die Bundesbank rund zwei Drittel der Gesamtrefinanzierung des deutschen Bankensystems über den revolvierenden Abschluß von kurzfristigen Wertpapierpensionsgeschäften laufen, während rund ein Drittel der Refinanzierung über die Rediskontkreditvergabe abgewickelt wird und damit einen eher dauerhaften Charakter hat. Die Bundesbank hat die Abschlußtermine für die Wertpapierpensionsgeschäfte über den Monatsverlauf so verteilt, daß grundsätzlich wöchentlich ein oder zwei dieser Geschäfte fällig werden und somit zur Prolongationsentscheidung anstehen. Auf diese Weise kann die Bundesbank unvorhergesehene und unerwünschte Liquiditätsbewegungen am Geldmarkt binnen Wochenfrist korrigieren.

---

[111] Vgl. dazu und zu den folgenden Ausführungen Rohde, Armin, Geldmarkt und Geldmarktsteuerung in der Bundesrepublik Deutschland, in: Francke,Hans-Hermann und Ketzel, Eberhardt (Hrsg.), Konzepte und Erfahrungen der Geldpolitik, Beihefte zu Kredit und Kapital, Heft 13, Berlin 1995, S. 243 - 266.

Daneben verfügt die Bundesbank zusätzlich mit den Devisenswapgeschäften, den Devisenpensionsgeschäften und mit der Möglichkeit von Schnelltendergeschäften über extrem kurzfristig und variabel einsetzbare Instrumente, durch die die Bankenliquidität auch tageweise, und damit u.U. bis zum nächsten anstehenden Wertpapierpensionsgeschäft wirksam beeinflußt werden kann. Dabei eignen sich die Schnelltendergeschäfte insbesondere dazu, dem Geldmarkt innerhalb von ein bis zwei Stunden Zentralbankgeld zuzuführen. Die Devisenswapgeschäfte können sowohl zur Bereitstellung, als auch zum Entzug von Zentralbankgeld eingesetzt werden, jedoch unter Beachtung der im Devisenhandel üblichen Valutierungsfristen. Die Devisenpensionsgeschäfte finden dagegen ausschließlich zur Abschöpfung von Zentralbankgeld Verwendung.

Schließlich vermag die Bundesbank mit dem Lombardsatz und den Abgabesätzen für Liquiditätspapiere noch eindeutige Markierungen für die gewünschten Zinsober- und Zinsuntergrenzen am Geldmarkt zu setzen. Zinsbewegungen über den Lombardsatz hinaus werden dabei durch eine im Normalfall quantitativ nicht begrenzte Lombardkreditaufnahmemöglichkeit zum Lombardsatz wirksam verhindert. Während Zinsbewegungen nach unten durch die Erklärung einer Abgabebereitschaft für Liquiditätspapiere mit i.d.R. dreitägiger Laufzeit zu einem die gewünschte Zinsuntergrenze markierenden Abgabesatz begrenzt werden. Um den Geschäftsbanken eine entsprechend verzinsliche Anlagemöglichkeit für überschüssiges Zentralbankgeld zu bieten, steht der Bundesbank ein Angebot an Liquiditätspapieren von bis zu 50 Mrd. DM zur Verfügung, wobei sie den Abgabesatz generell knapp oberhalb des jeweiligen Diskontsatzes positioniert. Insgesamt gibt der variable Instrumenteneinsatz im Rahmen der flexiblen Geldmarktsteuerung der Bundesbank somit die Möglichkeit, das Geldmarktgeschehen jederzeit zu dominieren und zwar selbst vor dem Hintergrund starker Liquiditätsschwankungen.

Dies konnte die Bundesbank vor dem Hintergrund der Turbulenzen im Europäischen Währungssystem (EWS) im September 1992 deutlich unter Beweis stellen. So sind der Bundesbank von Ende August bis Ende September 1992 durch Stützungskäufe von EWS-Währungen Devisen im Umfang von 92 Mrd. DM zugeflossen.[112] Trotz der damit c.p. verbundenen Liquiditätsbereitstellung im Bankensystem gelang es der Bundesbank, den Tagesgeldzins jederzeit unter Kontrolle zu halten. So betrug der Höchstsatz für Tagesgeld im September 9,75 v.H. (vor der Lombardsatzsenkung Mitte September) bzw. 9,50 v.H. (nach der Lombardsatzsenkung) und der Niedrigstsatz 8,70 v.H. Dies deutet bereits darauf hin, daß es der Bundesbank

112 Vgl. Deutsche Bundesbank, Zu den jüngsten Wechselkursanpassungen im Europäischen Währungssystem und den Zinspolitischen Beschlüssen der Bundesbank, in: Monatsberichte der Deutschen Bundesbank, 44. Jg. Nr. 10, Oktober 1992, S. 16.

weitgehend gelungen ist, die mit den umfangreichen Interventionen verbundene Zentralbankgeldschaffung zu kompensieren, und zwar innerhalb kürzester Frist.

Vergleicht man diese Zinskonstellation am Geldmarkt einmal mit einer Situation Anfang 1973, so wird die Überlegenheit der flexiblen Geldmarktsteuerung besonders offenkundig. Im Zuge von Spekulationswellen, kurz vor dem faktischen Ende des Bretton-Woods-Systems, sind die Bruttowährungsreserven der Bundesbank von Anfang Februar bis Anfang März 1973 durch Stützungskäufe am Devisenmarkt um insgesamt 24 Mrd. DM angestiegen, mit entsprechenden Konsequenzen für die Bankenliquidität. Obwohl die Bundesbank auch damals die Liquiditätswirkungen, nach eigenen Angaben, voll kompensiert hat[113], ließen sich ausgeprägte Zinsvolatilitäten am Geldmarkt nicht verhindern. Der Tagesgeldzins schwankte in den Monaten Februar und März 1973 zwischen einem Höchstsatz von 20 v.H. und einem Niedrigstsatz von 0,125 v.H.

Der Grund für das ausgeprägte Abgleiten des Tagesgeldsatzes ist darin zu sehen, daß die damals ergriffenen Kompensationsmaßnahmen der Bundesbank nicht schnell genug liquiditätsverknappend gewirkt haben bzw. wirken konnten. So schränkte die Bundesbank Anfang Februar zum einen die Rediskontmöglichkeiten der Kreditinstitute ein, d.h. die Rediskontkontingente durften nur noch zu 60% ausgenutzt werden. Zum anderen verfügte die Bundesbank, mit Wirkung vom 1. März, eine kräftige Erhöhung der Mindestreserve auf Inlandsverbindlichkeiten, während die Mindestreserve auf den Zuwachs von Auslandsverbindlichkeiten damals ohnehin bereits 100% betrug.

Beide Maßnahmen sind aber nicht geeignet, den Banken überschüssiges Zentralbankgeld unmittelbar zu entziehen, sondern sie wirken erst mit einer gewissen Verzögerung liquiditätsverknappend. Rediskontkontigentkürzungen werden nämlich erst dann voll liquiditätswirksam, wenn die vorher bereits eingereichten Wechsel fällig werden und nicht durch neue Rediskontierungen ersetzt werden können. Im ungünstigsten Fall kann das bis zu 90 Tage dauern, da die rediskontierfähigen Wechsel erst spätestens nach drei Monaten, vom Tage des Ankaufs gerechnet, fällig sein müssen und eine vorzeitige Rückzahlung der Rediskontkredite nicht stattfindet. Mindestreservesatzerhöhungen sind ebenfalls keine ganz kurzfristig wirkende Maßnahme, da einerseits abgewartet werden muß, bis die Reservesatzerhöhungen in Kraft treten können. Dies kann eigentlich nur mit Beginn einer neuen Mindestreserveerfüllungsperiode und nicht innerhalb einer laufenden Periode der Fall sein. Andererseits kann sich eine gewisse Verzögerungs-

---

[113] Vgl. Deutsche Bundesbank, Geschäftsbericht der Deutschen Bundesbank für das Jahr 1972, Frankfurt/M. 1973.

wirkung dadurch ergeben, daß die Mindestreservepflicht von den Kreditinstituten nur im Monatsdurchschnitt zu erfüllen ist.

Zeitweilige, extreme Verflüssigungstendenzen am Geldmarkt, zu denen es im Februar/März 1973 gekommen ist, sind deshalb nicht verwunderlich. Eine wirksame Geldmarktsteuerung darf sich nämlich nicht damit begnügen, Liquiditätswirkungen allein dem Umfang nach zu kompensieren, sondern entscheidend ist, daß die Kompensation zeitnah, d.h. unmittelbar stattfindet. Eine wirksame Geldmarktsteuerung muß aber auch für den Fall plötzlich einsetzender Liquiditätsverknappungen gewappnet sein. Auch daran hat es Anfang 1973 gemangelt, wie die extremen Zinssteigerungen für Tagesgeld dokumentieren.

Ursache für die in jenem Zeitraum zu verzeichnenden extremen Zinssteigerungen am Tagesgeldmarkt waren die in der damaligen Phase quantitativ begrenzten Lombardkreditmöglichkeiten. Vom Herbst 1970 bis Frühjahr 1973 sollten Lombardkredite, entsprechend einer Erklärung der Bundesbank, möglichst 20% des Rediskontkontingents im Monatsdurchschnitt nicht überschreiten (sog. Lombardwarnmarke). Nachdem dann die liquiditätspolitischen Maßnahmen der Bundesbank Wirkung zeitigten und es zudem über Marktfaktoren zusätzlich zu Verknappungstendenzen am Geldmarkt kam, existierte wegen der eingeschränkten Lombardmöglichkeiten keine von der Bundesbank bestimmbare Zinsobergrenze am Geldmarkt. Die Folge waren Zinssätze für Tagesgeld, die bis zu 20 v.H. kletterten.

Mit ihrer Strategie einer flexiblen Geldmarktsteuerung hat die Bundesbank im September 1992 dagegen wesentliche Zinsschwankungen verhindert und somit jederzeit die Kontrolle über das Geldmarktgeschehen behalten. Die dabei angewandte flexible Vorgehensweise läßt sich besonders eindrucksvoll an den Maßnahmen dokumentieren, die die Bundesbank in der dritten Bankwoche, in der der Höhepunkt der spekulativen Turbulenzen im EWS lag, ergriffen hat. Wie dem Wochenausweis der Bundesbank zum 23. September 1992 zu entnehmen ist, haben sich die Währungsreserven der Bundesbank in dieser einen, der Berichterstattung zugrunde liegenden Woche, durch Devisenkäufe im Rahmen des EWS um 44,3 Mrd. DM erhöht. Gleichwohl wurden innerhalb dieser Woche die Zentralbankgeldguthaben der Kreditinstitute um 28,3 Mrd. DM verringert. D.h., der Bundesbank ist es nicht nur gelungen, die Liquiditätswirkungen der bis dahin in so kurzer Zeit einmalig hohen Devisenankäufe zu sterilisieren, sondern sie hat darüber hinaus noch zusätzliche Abschöpfungen an Zentralbankgeld vorgenommen. Dabei erhielt sie allerdings eine gewisse Unterstützung von den Marktfaktoren.

Im einzelnen hat die Bundesbank den Kreditinstituten rund 30,4 Mrd. DM allein dadurch entzogen, indem sie für die in der Berichtswoche auslaufenden Wertpapierpensionsgeschäfte in einem Fall kein Anschlußgeschäft offeriert hat. Und in einem weiteren Fall wurde das zur Prolongation anstehende Geschäft mit einem deutlich niedrigeren Zuteilungsvolumen ausgestattet. Gut 20,7 Mrd. DM schöpfte die Bundesbank über den Abschluß kurzlaufender Devisenpensionsgeschäfte ab. Schließlich verringerte sie die Liquidität des Bankensystems noch um rund 2,4 Mrd. DM über die Abgabe von Liquiditätspapieren. Insgesamt hat die Bundesbank den Kreditinstituten damit über ihren flexiblen Instrumenteneinsatz rund 53,5 Mrd. DM an Zentralbankgeld in kürzester Zeit entzogen und damit einer Geldmarktschwemme entgegengewirkt. Unterstützung erfuhr sie dabei noch von kontraktiv auf die Bankenliquidität wirkenden Marktfaktoren. So stockte in der Berichtswoche z.B. der Bund, infolge des Steuertermins im September, seine Einlagen bei der Bundesbank um 15,9 Mrd. DM auf, wodurch sich ebenfalls ein entsprechender Entzug von Zentralbankgeld bei den Kreditinstituten ergeben hat.

Daneben hat die Bundesbank in dieser Phase aber auch noch institutionelle Vorkehrungen gegen ein übermäßiges Abgleiten des Tagesgeldsatzes getroffen. So hat sie den Abgabesatz für die Liquiditätspapiere am 18. September von zuvor 7,3 v.H. auf zunächst 9,0 v.H. heraufgesetzt. Diese Untergrenze für den Geldmarktzins wurde dann am 21. September auf 8,9 v.H. und in der vierten Bankwoche, am 25. September auf 8,8 v.H. festgesetzt. Damit gelang der Bundesbank ein kontrolliertes Herunterführen des Tagesgeldzinses im Anschluß an die am 15. September vollzogenen Senkungen des Lombardsatzes auf 9,5 v.H. und des Diskontsatzes auf 8,25 v.H. Zudem konnte sie auf diese Weise das Entstehen überzogener Zinssenkungserwartungen vermeiden.

Die Grundvoraussetzung dafür, daß eine flexible Geldmarktsteuerung so wirksam betrieben werden kann, wie beispielhaft an den Maßnahmen der Bundesbank in der dritten Bankwoche im September 1992 gezeigt, ist jedoch ein Bedarf an laufend, d.h. mindestens wöchentlich zur Disposition stehenden Wertpapierpensionsgeschäften. Sofern nun im Wege umfangreicher Liquiditätsabschöpfungen vermehrt Wertpapierpensionsgeschäfte fällig gestellt werden müssen, also ohne Anschlußgeschäfte bleiben, reduziert sich die Zahl der in Zukunft noch zur Prolongation anstehenden Geschäfte u.U. erheblich. Damit geräte das Kernelement einer flexiblen Geldmarktsteuerung in Gefahr, nämlich die Fähigkeit Liquiditätsschwankungen zeitnah bzw. flexibel auszugleichen. Unter solchen Umständen ist entweder durch eine Rediskontkontigentkürzung der Anteil an der Deckung des Zentralbankgeldbedarfs, der flexibel bereitgestellt wird, heraufzusetzen, oder es sind die Mindestreservesätze anzuheben, um den gesamten Refinanzierungsbedarf zu erhöhen und wieder Raum für den Einsatz weiterer Wertpapierpensionsgeschäfte zu schaffen.

Geldpolitische Steuerungsstrategien hingegen, die den Zentralbankgeldbedarf im wesentlichen dauerhaft decken, sei es durch die Gewährung von Rediskontkrediten, wie z.B. die Deutsche Bundesbank in den siebziger und Anfang der achtziger Jahre, oder im Rahmen einer Offenmarktpolitik, die sich auf den definitiven Ankauf von öffentlichen Schuldtiteln stützt, bieten nicht die Möglichkeiten, das Geldmarktgeschehen jederzeit zu kontrollieren. Liquiditätspolitische Kompensationsmaßnahmen sind dann nämlich mit mehr oder weniger ausgeprägten Zinsfluktuationen verbunden[114], so daß Versuche, im Zuge internationaler Koordinationserfordernisse, die Bedingungen zur Schaffung und Aufrechterhaltung von Handelsneutralität und Kapitalverkehrsneutralität zu gewährleisten schon im Ansatz scheitern dürften. Für eine internationale Koordination der Geldpolitik sind deshalb die Sicherstellung eines hinreichend großen Zentralbankgeldbedarfs mittels des Einsatzes der Mindestreservepolitik sowie eine hohe Flexibilität bei der Zentralbankgeldbereitstellung unabdingbare Grundvoraussetzungen.

---

[114] „Liquiditätsabschöpfende Abgaben von Staatsschuldtiteln bei einem massiven Devisenzufluß würden die Kurse von Staatsschuldtiteln drücken, ihre Renditen folglich steigen lassen, so daß ein allgemeiner Zinsauftrieb einen zusätzlichen Anreiz bieten würde, die Spekulation (...) fortzusetzen." Filc, Wolfgang, EWS im Reparaturbetrieb, Devisenmarktanalyse für das zweite Halbjahr 1992, Institut für Empirische Wirtschaftsforschung Hagen, Februar 1993, S. 18.

D. Zusammenfassung

In der vorliegenden Arbeit wurde das Problem internationaler Einflüsse auf die nationale Geldpolitik untersucht. Dazu wurde im ersten Schritt die Sichtweise, daß flexible Wechselkurse eine Volkswirtschaft wirksam vor internationalen Einflüssen abschotten können, einer kritischen Beurteilung unterzogen. Als Haupteinwand gegen die Abschottungswirkung erweist sich das Auftreten realer Wechselkursbewegungen, die auch durch flexible Wechselkurse, im Gegensatz zu den Erwartungen der frühen Vertreter eines Flexkurssystems, nicht verhindert werden können.

Im nächsten Schritt wurde deshalb möglichen Ursachen realer Wechselkursbewegungen nachgegangen. Ein Überblick über theoretische Erklärungsansätze für reale Wechselkursveränderungen zeigte jedoch, daß diese Ansätze wenig geeignet sind, die empirisch zu beobachtenden Kursbewegungen zu erklären, solange ein zentraler Aspekt für reale Wechselkursbewegungen, nämlich die Rolle von Wechselkursänderungserwartungen, ausgespart bleibt. Aber auch die überwiegende Zahl der Untersuchungen, die seit Anfang der achtziger Jahre den Wechselkursänderungserwartungen Aufmerksamkeit gewidmet haben, können die Erklärungslücken nur verkleinern, nicht jedoch schließen. Ein Grund dafür wird in dieser Arbeit darin gesehen, daß diese Ansätze bei der Wechselkurserklärung dem Denken in Kategorien von volkswirtschaftlichen Fundamentalfaktoren verhaftet bleiben. Dies gilt selbst, wie gezeigt wurde, für die sog. News-Ansätze, die unerwartete Wechselkursveränderungen mit dem Auftreten von neuen bzw. unerwarteten Informationen zu erklären versuchen.

Vor dem Ausmaß der tatsächlichen Wechselkursbewegungen erscheinen allerdings Überlegungen plausibel, die die Bedeutung der Fundamentalfaktoren für die Kursentwicklung bzw. für die Bildung der Wechselkurserwartungen zumindest zeitweilig in Frage stellen. Deshalb wurden Argumente geprüft, die sich für eine solche Verselbständigung der Wechselkursentwicklung und der Wechselkursänderungserwartungen von Fundamentalfaktoren ins Feld führen lassen. Eine Bestätigung dieser Sichtweise wurde auch in neueren Untersuchungen zur Erklärung von Wechselkursänderungserwartungen, die auf der Basis von sog. Survey-Daten beruhen, gefunden.

Im Rahmen der Ausführungen zum Wechselkursproblem wurden dann die Konsequenzen realer Wechselkursbewegungen aufgezeigt. Neben realwirtschaftlichen interessierten dabei insbesondere die monetären Konsequenzen. Dabei ergaben sich deutliche Anhaltspunkte für einen eigenständigen Einfluß von Wechselkursänderungserwartungen auf die Entwicklung nationaler monetärer Mengenaggregate sowie auf die nationale Zins- und Zinsstrukturentwicklung. Geldmengenwirkungen können sich z.B. dann ergeben, wenn Wechselkursänderungserwartungen u.a. zu einer Änderung der terms of payment führen. Auf dieser Basis ergab die empirische Analyse in Aufwertungsphasen der D-Mark ein beschleunigtes Wachstum der Geldmenge, hauptsächlich beruhend auf einer Expansion der Sicht- und Termineinlagen von Unternehmen und Privatpersonen. Gleichzeitig entwikkelte sich in diesen Phasen die Kreditexpansion relativ gemäßigt. In Abwertungsphasen konnte hingegen ein eher moderates Wachstum der Geldmenge beobachtet werden, während die Kreditexpansion sich verschärfte.

Ein über Wechselkursänderungserwartungen wirksam werdender Zins- und Zinsstruktureinfluß basiert auf der Überlegung, daß ausländische Wirtschaftssubjekte, die z.B. eine Aufwertung der Inlandswährung erwarten, diese Währung nachfragen und für die entsprechenden Beträge, aufgrund des größeren Kurshebels, eine zinstragende Anlage in längerfristigen, fungiblen Wertpapieren suchen. Durch dieses Engagement sinken die längerfristigen Kapitalmarktzinsen. Im Falle von Abwertungserwartungen lösen sich die ausländischen Anleger von ihren Wertpapieranlagen und bewirken damit Zinssteigerungen. Ein solcher Auslandseinfluß auf die deutschen Kapitalmarktzinsen konnte empirisch untermauert werden. Als Indiz für Wechselkursänderungserwartungen wurde der in Aufwertungs- und Abwertungsphasen der D-Mark zu verzeichnende Auslandsanteil am Erwerb festverzinslicher Wertpapiere in der Bundesrepublik Deutschland herangezogen. Dieser war in Aufwertungsphasen der D-Mark sehr ausgeprägt und in Abwertungsphasen sehr gering. Unterstellt wurde dabei die aus den Untersuchungen mit Survey-Daten abgeleitete Auffassung, daß in Aufwertungsphasen auch Aufwertungserwartungen und in Abwertungsphasen auch Abwertungserwartungen bestanden haben.

Im weiteren Verlauf der Arbeit wurde dann gezeigt, daß auch Leistungsbilanzsalden Probleme für eine nationale Geldpolitik aufwerfen können, die letztlich stark von der Art der Saldenfinanzierung abhängen. Insbesondere die Finanzierung von Leistungsbilanzdefiziten kann ein ganzes Bündel von Problemen erzeugen, und zwar beginnend mit Abwertung bzw. Abwertungsdruck, Verlust an Währungsreserven, Zwang zur zinspolitischen Restriktion entgegen den binnenwirtschaftlichen Erfordernissen bis hin zu Zins- und Wechselkursvolatilitäten. Dabei dürfte grundsätzlich ein positiver Zusammenhang zwischen dem Umfang und der Dauerhaftigkeit von Leistungsbilanzdefiziten einerseits und der Intensität des Problemdruckes andererseits bestehen. Es sind solche Probleme im Zusammenhang mit der Saldenfinanzierung, die Forderungen nach einer Begrenzung von Leistungsbilanzsalden eine Rechtfertigung geben.

Ein weiterer Aspekt der internationalen Eingebundenheit der nationalen Geldpolitik wurde im Fortgang der Arbeit darin gesehen, daß das nach wie vor drängende Schuldenproblem zahlreicher Entwicklungsländer Rücksichtnahmen durch die Geldpolitik der Industrieländer verlangt. So hängt die Schuldendienstfähigkeit der Entwicklungsländer aufgrund eines hohen Anteils variabel verzinslicher Kreditaufnahmen sowie einer gemischten Währungsstruktur stark von der Höhe der Zinsen auf den internationalen Finanzmärkten ab. Diese wiederum sind nicht unabhängig von der Zinsentwicklung in den großen Industrieländern. Ein Interesse der Industrieländer an der Aufrechterhaltung der Zahlungsfähigkeit der verschuldeten Entwicklungsländer und damit ein Zwang zu geldpolitischer Rücksichtnahme besteht aber zumindest aus zwei Gründen. Zum einen kann, wie sich bei Ausbruch der Schuldenkrise gezeigt hat, ein ausbleibender Schuldendienst eine Gefahr für die Solvenz des internationalen Bankensystems heraufbeschwören. Zum anderen hat sich gezeigt, daß die Entwicklungsländer auf Schuldendienstschwierigkeiten mit einer sofortigen Drosselung ihrer Importe reagiert haben, mit entsprechenden Konsequenzen für den Welthandel und damit auch für die Exporte der Industrieländer.

Aus der Vielzahl der aufgezeigten geldpolitischen Implikationen der internationalen Einflüsse auf die nationale Geldpolitik wurde die Notwendigkeit einer stärkeren internationalen Koordination der Wirtschafts- und damit auch der Geldpolitik abgeleitet. Zur Fundierung der Vorteilhaftigkeit eines kooperativen Vorgehens wurden sowohl grundlegende (spiel-)theoretische Überlegungen als auch Ergebnisse empirischer Untersuchungen herangezogen. Darüber hinaus wurde gezeigt, daß eine nach dem Motto „Jeder hält sein eigenes Haus in Ordnung" betriebene, strikt binnenorientierte Politik in einer interdependenten Welt keine Alternative zur internationalen Koordination der Wirtschaftspolitik darstellt.

Die zentrale Aufgabe der geldpolitischen Koordination wurde darin gesehen, durch die Vorgabe eines eindeutigen Wechselkurszieles und durch abgestimmte Devisenmarktinterventionen, den zur Verselbständigung neigenden Wechselkursänderungserwartungen eine klare Führung zu geben. Ziel der internationalen Koordination sollte dabei die Schaffung und Aufrechterhaltung der Bedingungen für Handelsneutralität und für Kapitalverkehrsneutralität sein. Neben einer Abstimmung der notwendigen Zinsdifferenzen sollte die zinspolitische Koordination auch eine Verständigung über die erforderliche Höhe des Zinsniveaus beinhalten, um neben nationalen Belangen auch internationalen Erfordernissen, wie z.B. dem Verschuldungsproblem der Entwicklungsländer, Rechnung tragen zu können.

Schließlich wurden im letzten Kapitel dieser Arbeit noch die Grundvoraussetzungen für einen adäquaten geldpolitischen Instrumenteneinsatz im Falle einer internationalen Eingebundenheit der nationalen Geldpolitik angesprochen. In diesem Zusammenhang wurde dargestellt, daß die Existenz einer Mindestreservepolitik zur Sicherung eines jederzeit hinreichend hohen Zentralbankgeldbedarfs und eine große Flexibilität bei der Zentralbankgeldbereitstellung, in Analogie zur flexiblen Geldmarktsteuerung der Deutschen Bundesbank, eine unverzichtbare Voraussetzung für eine Geldpolitik ist, die sich internationalen Einflüssen ausgesetzt sieht.

Literaturverzeichnis

Abrams, R. K.: International Trade Flows under Flexible Exchange Rates, in: Federal Reserve Bank of Kansas City, Economic Review, Vol. 65, 1980, S. 3 - 10.

Allen, Helen L. and *Taylor,* Mark P.: Chart Analysis and the Foreign Exchange Market, in: Bank of England Quarterly Bulletin, Vol. 29, November 1989, S. 548 - 551.

Allen, Helen L. and *Taylor,* Mark P.: Charts, Noise and Fundamentals in the Foreign Exchange Market, in: Economic Journal, Vol. 100, Supplement 1990, S. 49 - 59.

Andreas, Kurt: Kapitalmarkt, in: Kloten, Norbert und v. Stein, Johann Heinrich (Hrsg.), Obst/Hintner, Geld-, Bank- und Börsenwesen, 37. völlig neu gestaltete Auflage, Stuttgart 1982, S. 769 - 803.

Arndt, Sven W., *Sweeney,* Richard J.; *Willet,* Thomas, D. (Hrsg.): Exchange Rates, Trade, and the U.S. Economy, Cambridge (Mass.), 1985.

Aschinger, Gerhard: Theorie der spekulativen Blasen, in: Wirtschaftswissenschaftliches Studium (WiSt), 20. Jg. 1991, S. 270 - 274.

Baer, Gunter D.: Grenzen und Möglichkeiten der internationalen Koordinierung der Wirtschaftspolitik, in: Hemmer, Hans-Rimbert und Schröder, Jürgen (Hrsg.), Außenwirtschaft, Festschrift für Klaus Rose zum 60. Geburtstag, Göttingen 1988, S. 208 - 219.

Balassa, Bela: The Purchasing Power Doctrine: A Reappraisal, in: Journal of Political Economy, Vol. 72, 1964, S. 584 - 596.

Baltensperger, Ernst und *Böhm,* Peter: Stand und Entwicklungstendenzen der Wechselkurstheorie – Ein Überblick, in: Außenwirtschaft, 37. Jg. 1982, S. 109 - 157.

Baltensperger, Ernst und *Milde,* Hellmuth: Langfristige Wechselkurseffekte der Geldpolitik, in: Milde, Hellmuth und Monissen, Hans G. (Hrsg.), Rationale Wirtschaftspolitik in komplexen Gesellschaften, Gerard Gäfgen zum 60. Geburtstag, Stuttgart, Berlin, Köln, Mainz 1985, S. 221 - 229.

Bank für Internationalen Zahlungsausgleich (BIZ): Wechselkursschwankungen: Ein Überblick über das Geschehen auf dem Dollardevisenmarkt von 1977 bis 1983, in: 53. Jahresbericht, Basel, Juni 1983, S. 162 - 168.

Bank für Internationalen Zahlungsausgleich (BIZ): 63. Jahresbericht 1992/93, Basel, Juni 1993.

Bartmann, Hermann und *John,* Klaus-Dieter: Entscheidungen, Erwartungen und Kontrakte bei Unsicherheit. Eine postkeynesianische Sicht, in: Jahrbücher für Nationalökonomie und Statistik, Band 200, 1985, S. 217 - 227.

Baxmann, Ulf G.: Bankbetriebliche Länderrisiken unter besonderer Berücksichtigung ihrer potentiellen Früherkennung und kreditpolitischen Behandlung, München: Florentz 1985.

Bender, Dieter: Finanzmarkttheorie des Wechselkurses, in: Handwörterbuch der Wirtschaftswissenschaften (HdWW), Bd. 9, Stuttgart, New York, Tübingen, Göttingen, Zürich, 1982, S. 748 - 764.

Bender, Dieter: Weltwirtschaftliche Verflechtung und Internationalisierung der Politik, in: Cassel, Dieter; Ramb, Bernd-Thomas; Thieme, H.-Jörg (Hrsg.), Ordnungspolitik, München 1988, S. 285 - 312.

Bergsten, Fred C. and *Williamson,* John: Exchange Rates and Trade Policy, in: Cline, William (Hrsg.), Trade Policy in the 1980s, Cambridge: MIT-Press 1983, S. 99 - 120.

Bergsten, Fred C.; *Mc Mahon,* Kit; *Padoa-Schioppa,* Tommaso: The International Monetary System. The Next Twenty-Five-Years, Bank for International Settlements, Per Jacobsson Foundation, Basel 1988.

Bernanke, Ben S.: On the Predictive Power of Interest Rates and Interest Rate Spreads, in: Federal Reserve Bank of Boston, New England Economic Review, November/December 1990, S. 51 - 68.

Bladen-Hovell, Robin C.: International Monetary Policy Coordination, in: Dowd, Kevin and Lewis, Mervyn K. (Hrsg.), Current Issues in Financial and Monetary Economics, Houndmills, Basingstoke, Hampshire, London 1992, S. 175 - 208.

Blanchard, Olivier J.: Speculative Bubbles, Crashes, and Rational Expectations, in: Economics Letters, Vol. 3, 1979, S. 387 - 389.

Blanchard, Olivier J. and *Watson,* Mark W.: Bubbles, Rational Expectations and Financial Markets, in: Wachtel, Paul (Hrsg.), Crises in the Economic and Financial Structure, Lexington: Lexington Books 1980, S. 295 - 315.

Bofinger, Peter: Das Europäische Währungssystem und die geldpolitische Koordination in Europa, in: Kredit und Kapital, 21. Jg. 1988, S. 317 - 345.

Bofinger, Peter: Festkurssysteme und geldpolitische Koordination, Baden-Baden, 1991.

Branson, William H.: Asset Markets and Relativ Prices in Exchange Rate Determination, in: Sozialwissenschaftliche Annalen, Nr. 1, 1977, S. 69 - 80.

Branson, William H.: Exchange Rate Dynamics and Monetary Policy, in: Lindbeck, Assar (Hrsg.), Inflation and Employment in Open Economies, Amsterdam 1979, S. 189 - 224.

Bruns, Georg und *Häuser,* Karl (Hrsg.): Strukturwandel am deutschen Kapitalmarkt, Schriftenreihe des Instituts für Kapitalmarktforschung an der J. W. Goethe-Universität Frankfurt/M., Kolloquien-Beiträge Nr. 31, Frankfurt/M.

Bryant, Ralph C.: Intergovernmental Coordination of Economic Policies: An Interim Stocktaking, in: Volcker, Paul A.; Bryant, Ralph C., et al., International Monetary Cooperation: Essays in Honor of Henry C. Wallich, Essays in International Finance No. 169, Princeton 1987, S. 4 - 15.

Bryant, Ralph C.; *Henderson,* Dale; *Holtham,* Gerald; *Hooper,* Peter; *Symansky,* Steven (Hrsg.): Empirical Macroeconomics for Independent Economies, The Brookings Institution, Washington D.C. 1988.

Bub, Norbert; *Duwendag,* Dieter; *Richter,* Rudolf (Hrsg.): Geldwertsicherung und Wirtschaftsstabilität, Festschrift für Helmut Schlesinger zum 65. Geburtstag, Frankfurt/M. 1989.

Cassel, Dieter; *Ramb,* Bernd-Thomas; *Thieme,* H.-Jörg (Hrsg.): Ordnungspolitik, München 1988.

Chrystel, K. Alec and *Wood,* Geoffrey E.: Are Trade Deficits a Problem?, in: Federal Reserve Bank of St. Louis, Review, Vol. 70, No. 1, January/February 1988, S. 3 - 11.

Clement, Werner und *Socher,* Karl (Hrsg.): Empirische Wirtschaftsforschung und monetäre Ökonomik. Festschrift für Stephan Koren zum 60. Geburtstag, Berlin 1979.

Cline, William (Hrsg.): Trade Policy in the 1980s, Cambridge: MIT-Press 1983.

Cooper, Richard N.: Economic Interdependence and Coordination of Economic Policies, in: Jones, Ronald W. and Kenen, Peter B. (Hrsg.), Handbook of International Economics, Volume II, Amsterdam, New York, Oxford 1985, S. 1195 - 1234.

Corden, W. Max: Inflation, Exchange Rates, and the World Economy: Lectures on International Monetary Economics, 2. Aufl., Chicago: University of Chicago Press 1981.

Currie, David: International Policy Coordination, in: Llewellyn, David and Millner, Chris (Hrsg.), Current Issues in International Monetary Economics, Houndmills, Basingstoke, Hampshire, London 1990, S. 125 - 148.

Cushman, David O.: The Effects of Real Exchange Rate Risk on International Trade, in: Journal of International Economics, Vol. 15, 1983, S. 45 - 63.

Cushman, David O.: Exchange-Rate Uncertainty and Foreign Direct Investment in the United States, in: Weltwirtschaftliches Archiv, Band 124, 1988, S. 322 - 336.

Deutsche Bundesbank: Geschäftsbericht der Deutschen Bundesbank für das Jahr 1972, Frankfurt/M., April 1973.

Deutsche Bundesbank: Geschäftsbericht der Deutschen Bundesbank für das Jahr 1986, Frankfurt/M., April 1987.

Deutsche Bundesbank: Geschäftsbericht der Deutschen Bundesbank für das Jahr 1987, Frankfurt/M., April 1988.

Deutsche Bundesbank: Geschäftsbericht der Deutschen Bundesbank für das Jahr 1988, Frankfurt/M., April 1989.

Deutsche Bundesbank: Geschäftsbericht der Deutschen Bundesbank für das Jahr 1991, Frankfurt/M., April 1992.

Deutsche Bundesbank: Methodische Anmerkungen zur geldpolitischen Zielgröße „M 3", in: Deutsche Bundesbank, Monatsberichte der Deutschen Bundesbank, 40. Jg. Nr. 3, März 1988, S. 18 - 21.

Deutsche Bundesbank: Die Deutsche Bundesbank. Geldpolitische Aufgaben und Instrumente, Sonderdrucke der Deutschen Bundesbank Nr. 7, 5. Auflage, Frankfurt/M. 1989 und 6. Auflage, Frankfurt/M. 1993.

Deutsche Bundesbank: Die Kapitalverflechtung der Unternehmen mit dem Ausland – Stand Ende 1987 und aktuelle Entwicklung, in: Deutsche Bundesbank, Monatsberichte der Deutschen Bundesbank, 41. Jg. Nr. 4, April 1989, S. 23 - 33.

Deutsche Bundesbank: Der Wochenausweis der Deutschen Bundesbank, in: Deutsche Bundesbank, Monatsberichte der Deutschen Bundesbank, 42. Jg. Nr. 1, Januar 1990, S. 22 - 33.

Deutsche Bundesbank: Die Zahlungsbilanzstatistik der Bundesrepublik Deutschland. Inhalt, Aufbau und methodische Grundlagen, Sonderdrucke der Deutschen Bundesbank Nr. 8, 2. Auflage, Frankfurt/M. 1990.

Deutsche Bundesbank: Die Wirtschaftslage in der Bundesrepublik Deutschland im Herbst 1990, in: Deutsche Bundesbank, Monatsberichte der Deutschen Bundesbank, 42. Jg. Nr. 12, Dezember 1990, S. 5 - 47.

Deutsche Bundesbank: Der Wertpapierverkehr der Bundesrepublik Deutschland mit dem Ausland in der zweiten Hälfte der achtziger Jahre, in: Deutsche Bundesbank, Monatsberichte der Deutschen Bundesbank, 43. Jg. Nr. 4, April 1991, S. 14 - 27.

Deutsche Bundesbank: Zu den jüngsten Wechselkursanpassungen im Europäischen Währungssystem und den zinspolitischen Beschlüssen der Bundesbank, in: Monatsberichte der Deutschen Bundesbank, 44. Jg. Nr. 10, Oktober 1992, S. 14 - 16.

Deutsche Bundesbank: Zum Einfluß von Auslandstransaktionen auf Bankenliquidität, Geldmenge und Bankkredite, in: Deutsche Bundesbank, Monatsbericht Januar 1993, 45. Jg. Nr. 1, S. 19 - 34.

Deutsche Bundesbank: Die Entwicklung des deutschen Auslandsvermögens und der Kapitalerträge, in: Deutsche Bundesbank, Monatsbericht Januar 1993, 45. Jg. Nr. 1, S. 43 - 67.

Deutsche Bundesbank: Die Wirtschaftslage in Deutschland im Winter 1992/93, Überblick, in: Deutsche Bundesbank, Monatsbericht Februar 1993, 45. Jg. Nr. 2, S. 5 - 15.

Deutsche Bundesbank: Ausschreibung von Bundesbank-Liquiditäts-U-Schätzen, in: Deutsche Bundesbank, Monatsbericht Februar 1993, 45. Jg. Nr. 2, S. 15 - 17.

Deutsche Bundesbank: Monatsberichte der Deutschen Bundesbank, versch. Jahrgänge.

Deutsche Bundesbank: Statistische Beihefte zu den Monatsberichten der Deutschen Bundesbank, Reihe 2, Wertpapierstatistik, versch. Jahre.

Deutsche Bundesbank: Statistische Beihefte zu den Monatsberichten der Deutschen Bundesbank, Reihe 3, Zahlungsbilanzstatistik, versch. Jahre.

Deutsche Bundesbank: Statistische Beihefte zu den Monatsberichten der Deutschen Bundesbank, Reihe 5, Die Währungen der Welt, versch. Jahre.

Dominguez, Kathryn M.: Are Foreign Exchange Forecasts Rational? New Evidence from Survey Data, in: Economics Letters, Vol. 21, 1986, S. 277 - 281.

Dominguez, Kathryn M. and *Frankel,* Jeffrey A.: Does Foreign Exchange Intervention Work?, Institute for International Economics, Washington D.C. 1993.

Dooley, Michael and *Isard,* Peter: A Portfolio-Balance Rational Expectations Model of the Dollar-Mark-Exchange Rate, in: Journal of International Economics, Vol. 12, 1982, S. 257 - 276.

Dornbusch, Rüdiger: Expectations and Exchange Rate Dynamics, in: Journal of Political Economy, Vol. 84, 1976, S. 1161 - 1176.

Dornbusch, Rüdiger: Exchange Rate Economics: Where Do We Stand?, in: Brookings Papers on Economic Activity, No. 1, 1980, S. 143 - 185.

Dornbusch, Rüdiger: Equilibrium and Disequilibrium Exchange Rates, in: Zeitschrift für Wirtschafts- und Sozialwissenschaften, 102. Jg. 1982, S. 573 - 599.

Dornbusch, Rüdiger: Flexible Exchange Rates and Interdependence, in: International Monetary Fund, IMF-Staff-Papers, Vol. 30, 1983, S. 3 - 30.

Dornbusch, Rüdiger: The Overvalued Dollar and the International Monetary System, in: Instituto Bancario San Paolo di Torini (Hrsg.), The International Monetary System and Economic Recovery, Economic and Financial Papers, 1985, S. 24 - 51.

Dornbusch, Rüdiger: Exchange Rates and Prices, in: American Economic Review, Vol. 77, 1987, S. 93 - 106.

Dornbusch, Rüdiger: Exchange Rate Economics, in: Llewellyn, David and Milner, Chris (Hrsg.), Current Issues in International Monetary Economics, Mcmillan Education LTD, Houndsmills, Basingstoke, Hampshire, London 1990, S. 13 - 43.

Dowd, Kevin and *Lewis,* Mervyn K. (Hrsg.): Current Issues in Financial and Monetary Economics, Houndmills, Basingstoke, Hampshire, London 1992.

Duwendag, Dieter und *Siebert,* Horst (Hrsg.): Politik und Macht, Wirtschaftspolitische Probleme der 80er Jahre, Stuttgart 1980.

Edwards, Sebastian, Exchange Rate Market: Efficiency and New Information, in: Economics Letters, Vol. 9, 1982, S. 377 - 382.

Edwards, Sebastian: Floating Exchange Rates, Expectations and New Information, in: Journal of Monetary Economics, Vol. 11, 1983, S. 321 - 336.

Ehrlicher, Werner und *Simmert,* Diethard B. (Hrsg.): Geld- und Währungspolitik in der Bundesrepublik Deutschland, Beihefte zu Kredit und Kapital, Heft 7, Berlin 1982.

Ehrlicher, Werner und *Simmert,* Diethard B. (Hrsg.): Der volkswirtschaftliche Sparprozeß, Beihefte zu Kredit und Kapital, Heft 9, Berlin 1985.

Ehrlicher, Werner und *Simmert,* Diethard B. (Hrsg.): Wandlungen des geldpolitischen Instrumentariums der Deutschen Bundesbank, Beihefte zu Kredit und Kapital, Heft 10, Berlin 1988.

Eilenberger, Guido: Währungsrisiken, Währungsmanagement und Devisenkurssicherung, 3., überarbeitete und ergänzte Auflage, Frankfurt/M. 1990.

Ethier, Wilfred: International Trade and the Foreign Exchange Market, in: American Economic Review, Vol. 63, 1973, S. 494 - 503.

Fama, Eugene F.: Efficient Capital Markets: A Review of Theory and Empirical Work, in: Journal of Finance, Vol. 25, 1970, S. 383 - 417.

Filc, Wolfgang: Devisenmarkt und Geldpolitik, Berlin 1981.

Filc, Wolfgang: Internationale Kapitalbewegungen, in: Geigant, Friedrich; Sobotka, Dieter; Westphal, Horst M. (Hrsg.), Lexikon der Volkswirtschaft, 5., unveränderte Auflage, Landsberg/Lech 1983, S. 318 - 320.

Filc, Wolfgang: Zielzonen für den US-Dollar?, in: Wirtschaftsdienst, 66. Jg. 1986, S. 288 - 294.

Filc, Wolfgang: Anmerkungen zur Effizienz des Devisenmarktes, in: Köhler, Claus und Pohl, Rüdiger (Hrsg.), Aspekte der Geldpolitik in offenen Volkswirtschaften, Berlin 1987, S. 77 - 98.

Filc, Wolfgang: Kooperation als Voraussetzung zur Stabilisierung des internationalen Währungssystems, in: Filc, Wolfgang; Hübl, Lothar; Pohl, Rüdiger (Hrsg.), Herausforderungen der Wirtschaftspolitik, Festschrift zum 60. Geburtstag von Claus Köhler, Berlin 1988, S. 213 - 231.

Filc, Wolfgang: Theorie und Empirie des Kapitalmarktzinses, Stuttgart: Deutscher Sparkassenverlag, 1992.

Filc, Wolfgang: EWS im Reparaturbetrieb, Devisenmarktanalyse für das zweite Halbjahr 1992, Institut für Empirische Wirtschaftsforschung Hagen, Februar 1993.

Filc, Wolfgang und *Bredemeier,* Sonning: EWS und US-Dollar: Analyse und Prognose der Wechselkursentwicklung, Sparkassenheft 94, Deutscher Sparkassenverlag, Stuttgart 1989.

Filc, Wolfgang; *Hübl,* Lothar; *Pohl,* Rüdiger (Hrsg.): Herausforderungen der Wirtschaftspolitik, Festschrift zum 60. Geburtstag von Claus Köhler, Berlin 1988.

Filc, Wolfgang und *Köhler,* Claus (Hrsg.): Stabilisierung des Währungssystems, Berlin 1985.

Filc, Wolfgang und *Köhler,* Claus (Hrsg.): Kooperation, Autonomie und Devisenmarkt, Berlin 1990.

Flood, Robert P. and *Garber,* Peter M.: Market Fundamentals versus Price-Level Bubbles: The First Test, in: Journal of Political Economy, Vol. 88, 1980, S. 745 - 770.

Francke, Hans-Hermann: Theoretische Grenzen und Möglichkeiten für die Geldpolitik bei flexiblen Wechselkursen, in: Francke, Hans-Hermann; Friedrich, Dieter; Leibinger, Hans-Bodo; Oesterlin, Sybille; Rohwer, Bernd, Möglichkeiten einer binnenwirtschaftlich orientierten Geldpolitik bei weltweit hohen Zinsen, Berlin 1985, S. 19 - 59.

Francke, Hans-Hermann; *Friedrich,* Dieter; *Leibinger,* Hans-Bodo; *Oesterlin,* Sybille; *Rohwer,* Bernd: Möglichkeiten einer binnenwirtschaftlich orientierten Geldpolitik bei weltweit hohen Zinsen, Berlin 1985.

Frankel, Jeffrey A.: Six Possible Meanings of „Overvaluation“: The 1981 - 85 Dollar, in: Essays in International Finance, Vol. 159, Princeton 1985, S. 1 - 36.

Frankel, Jeffrey A.: The Dazzling Dollar, in: Brookings Papers on Economic Activity, 1985, S. 199 - 217.

Frankel, Jeffrey A. and *Froot,* Kenneth A.: Using Survey Data to Test Standard Propositions Regarding Exchange Rate Expectations, in: American Economic Review, Vol. 77, 1987, S. 133 - 153.

Frankel, Jeffrey A. and *Froot,* Kenneth A.: Chartists, Fundamentalists, and Trading in the Foreign Exchange Market, in: American Economic Review, Papers and Proceedings, Vol. 80, 1990, S. 181 - 185.

Frankel, Jeffrey A. and *Rockett,* Katharine E.: International Macroeconomic Policy Coordination When Policy-Makers Disagree on the Model, NBER Working Paper No. 2059, Cambridge, Mass. 1986.

Frankel, Jeffrey A. and *Rockett,* Katharine E.: International Macroeconomic Policy Coordination When Policymakers Do Not Agree on the True Model, in: American Economic Review, Vol. 78, No. 3, 1988, S. 318 - 340.

Frenkel, Jacob A.: The Collapse of Purchasing Power Parities During the 1970's, in: European Economic Review, Vol. 16, 1981, S. 145 - 165.

Frenkel, Jacob A.: Flexible Exchange Rates, Prices, and the Role of „News“: Lessons from the 1970s, in: Journal of Political Economy, Vol. 89, 1981, S. 665 - 705.

Frenkel, Jacob A. and *Goldstein,* Morris: A Guide to Target Zones, in: International Monetary Fund, Staff Papers, Vol. 33, 1986, S. 633 - 673.

Frenkel, Michael: Funktionsweise und Einsatzmöglichkeiten von Devisenoptionen, in: Das Wirtschaftsstudium (WISU), 19. Jg. 1990, S. 685 - 687.

Friedman, Benjamin M.: Monetary Policy Without Quantity Variables, in: American Economic Review, Papers and Proceedings, Vol. 87, No. 2, 1988, S. 440 - 445.

Friedman, Milton: Essays in Positive Economics, Chicago 1953.

Friedman, Milton: The Case for Flexible Exchange Rates, in: Friedman, M. (Hrsg.), Essays in Positive Economics, Chicago 1953, S. 157 - 203.

Gaab, Werner: Devisenmärkte und Wechselkurse. Eine theoretische und empirische Analyse, Berlin, Heidelberg, New York, Tokyo 1983.

Gaab, Werner: Möglichkeiten und Grenzen des Erkennens spekulativer Bubbles an den Devisenmärkten, in: Filc, Wolfgang und Köhler, Claus (Hrsg.), Kooperation, Autonomie und Devisenmarkt, Berlin 1990, S. 67 - 97.

Gärtner, Manfred: Makroökonomik flexibler Wechselkurse, Berlin, Heidelberg, New York usw. 1990.

Gebauer, Wolfgang: Geldschöpfung am Euro-DM Markt und Geldmengenkontrolle der Bundesbank, in: Ehrlicher, Werner und Simmert, Diethard B. (Hrsg.), Der volkswirtschaftliche Sparprozeß, Beihefte zu Kredit und Kapital, Heft 9, Berlin 1985, S. 669 - 692.

Gebauer, Wolfgang: Zinsstrukturpolitik, Geld und Währung Working Papers, Johann Wolfgang Goethe Universität Frankfurt/M., Nr. 6, Frankfurt/M. 1988.

Gebauer, Wolfgang: Zinsstrukturtheorie und Zentralbankpolitik, in: Bub, Norbert; Duwendag, Dieter; Richter, Rudolf (Hrsg.), Geldwertsicherung und Wirtschaftsstabilität: Festschrift für Helmut Schlesinger zum 65. Geburtstag, Frankfurt/M. 1989, S. 71 - 86.

Gebauer, Wolfgang: Geld versus Zins: Überlegungen zu einer europäischen Zentralbankpolitik, in: Heilmann, Wolf-Rüdiger, u.a. (Hrsg.), Geld, Banken und Versicherungen 1990, Band II, Karlsruhe 1992, S. 949 - 980.

Geigant, Friedrich: Geld- und Währungspolitik II, Monetäre Zinstheorie, Kurseinheiten 1 und 2, Fern-Universität – Gesamthochschule – Hagen 1980.

Geigant, Friedrich; *Sobotka,* Dieter; *Westphal,* Horst M. (Hrsg.): Lexikon der Volkswirtschaft, 5., unveränderte Auflage, Landsberg/Lech 1983.

Ghosh, Atish R. and *Masson,* Paul R.: International Policy Coordination in a World with Model Uncertainty, in: International Monetary Fund, Staff Papers, Vol. 35, 1988, S. 230 - 258.

Ghosh, Atish R. and *Masson,* Paul R.: Model Uncertainty, Learning and the Gains from Coordination, in: International Monetary Fund, Working Paper WP/88/144, Washington 1988.

Gutowski, Armin (Hrsg.): Wechselkursstabilisierung und Währungskooperation, Schriften des Vereins für Socialpolitik, Gesellschaft für Wirtschafts- und Sozialwissenschaften, Neue Folge Band 172, Berlin 1988.

Haas, Richard D. and *Masson,* Paul R.: MINIMOD: Specification and Simulation Results, in: International Monetary Fund, Staff Papers, Vol. 33, 1986, S. 722 - 767.

Häuser, Karl: Die Geldmarktabhängigkeit des deutschen Kapitalmarktes, in: Ehrlicher, Werner und Simmert, Diethard B. (Hrsg.), Geld- und Währungspolitik in der Bundesrepublik Deutschland, Beihefte zu Kredit und Kapital, Heft 7, Berlin 1982, S. 309 - 318.

Hahn, Albert L.: Autonome Konjunktur-Politik und Wechselkurs-Stabilität. Geldtheoretische Betrachtungen zur Währungspolitik der Bank deutscher Länder, Frankfurt/M. 1957.

Hakkio, Craig S. and *Pearce,* Douglas K.: The Reaction of Exchange Rates to Economic News, in: Economic Inquiry, Vol. 23, 1985, S. 621 - 636.

Halm, George N.: Feste oder flexible Wechselkurse, in: Kyklos, Bd. 16, 1963, S. 28 - 46.

Hamilton, James D. and *Whiteman,* Charles H.: The Observable Implications of Self-Fulfilling Expectations, in: Journal of Monetary Economics, Vol. 16, 1985, S. 353 - 373.

Hedström, Hakan: Die Internationale Verschuldungskrise, Ursachen – Folgen – Lösungsansätze, Heidelberger Dritte Welt Studien, Bd. 21, Heidelberg 1985.

Heidel, Thomas: Wechselkursschwankungen, Wechselkurserwartungen und Devisenmarkteffizienz. Eine theoretische und empirische Analyse des DM/Dollar Wechselkurses mit Hilfe der Technischen Analyse im Zeitraum 1974 - 1985: Beat the Market, Volkswirtschaftliche Schriftenreihe Band 10, Lit-Verlag, Münster, Hamburg 1990.

Heilmann, Wolf-Rüdiger u.a. (Hrsg.): Geld, Banken und Versicherungen 1987, Band I, Karlsruhe 1988.

Heilmann, Wolf-Rüdiger (Hrsg.): Geld, Banken und Versicherungen 1990, Band II, Karlsruhe 1992.

Heinemann, Hans-Joachim: Auslandsverschuldung und internationale Stabilität, in: Filc, Wolfgang und Köhler, Claus (Hrsg.), Stabilisierung des Währungssystems, Berlin 1985, S. 195 - 210.

Heinemann, Hans-Joachim: Sind Salden im internationalen Kapitalverkehr Zeichen für Ungleichgewichte?, in: Köhler, Claus und Pohl, Rüdiger (Hrsg.), Währungspolitische Probleme im integrierten Europa, Berlin 1992, S. 125 - 137.

Hemmer, Hans-Rimbert und *Schröder,* Jürgen (Hrsg.): Außenwirtschaft, Festschrift für Klaus Rose zum 60. Geburtstag, Göttingen 1988.

Heri, Erwin W.: Irrationales rational gesehen: Eine Übersicht über die Theorie der „Bubbles", in: Schweizerische Zeitschrift für Volkswirtschaft und Statistik, 122. Jg. 1986, S. 163 - 186.

Heri, Erwin W.: Expansion der Finanzmärkte: Ursachen, Konsequenzen, Perspektiven, in: Kyklos, Vol. 42, 1989, S. 17 - 37.

Herrmann, Anneliese: Kursschwankungen im Regime flexibler Wechselkurse – Hypothesen über Ursachen und Wirkungen. Ein Überblick –, in: IFO-Schnelldienst, Nr. 32, 37. Jg. 1984, S. 11 - 28.

Herrmann, Anneliese: Wechselkursrisiko und Außenhandel, in: Filc, Wolfgang und Köhler, Claus (Hrsg.), Kooperation, Autonomie und Devisenmarkt, Berlin 1990, S. 145 - 168.

Herrmann, Anneliese; *Leibfritz,* Willi; *Sörensen,* Peter Birch; *Wegner,* Manfred: Probleme und Chancen einer Koordinierung der Finanzpolitik in der EG, Berlin 1992.

Hesse, Helmut: Außenwirtschaftliches Gleichgewicht: Ursachen und Bewertung von Leistungsbilanzsalden, in: Aus Politik und Zeitgeschichte, Beilage zur Wochenzeitung Das Parlament, B 18/90, 27. April 1990, S. 39 - 46.

Hesse, Helmut: Gebieten internationale Gründe die Abschaffung der Mindestreserve?, in: Weltwirtschaftliches Archiv, Band 127, 1991, S. 429 - 451.

Hesse, Helmut und *Sautter,* Hermann: Entwicklungstheorie und -politik, Band I: Entwicklungstheorie, Tübingen 1977.

Hesse, Helmut und *Braasch,* Bernd: Internationale makropolitische Kooperation bei einheitlicher Weltkonjunktur: eine Notwendigkeit?, in: Bub, Norbert; Duwendag, Dieter; Richter, Rudolf (Hrsg.), Geldwertsicherung und Währungsstabilität, Festschrift für Helmut Schlesinger zum 65. Geburtstag, Frankfurt/M. 1989, S. 427 - 448.

Hesse, Helmut und *Roth,* Gisela: Die Zinsstruktur als Indikator der Geldpolitik?, in: Kredit und Kapital, 25. Jg. 1992, S. 1 - 25.

Hoffmann, Dennis L. and *Schlagenhauf,* Don E.: The Impact of News and Alternative Theories of Exchange Rate Determination, in: Journal of Money, Credit and Banking, Vol. 17, 1985, S. 328 - 346.

Holtham, Gerald and *Hughes Hallet,* Andrew J.: International Policy Coordination and Model Uncertainty, Centre for Economic Policy Research, Discussion Paper No. 190, London 1987.

Homburg, Stefan: Leistungsbilanz und Wechselkurs, in: Wirtschaftswissenschaftliches Studium (WiSt), 19. Jg. 1990, S. 113 - 117.

Hooper, Peter and *Kohlhagen,* Steven W.: The Effect of Exchange Rate Uncertainty on the Prices and Volume of International Trade, in: Journal of International Economics, Vol. 8, 1978, S. 483 - 511.

Hung, Juann; *Pigott,* Charles; *Rodrigues,* Anthony: Financial Implications of the U.S. External Deficit, in: Federal Reserve Bank of New York, Quarterly Review, Winter-Spring 1989, Vol. 13 No. 4/Vol. 14 No. 1, S. 33 - 47.

Instituto Bancario San Paolo di Torini (Hrsg.): The International Monetary System and Economic Recovery, Economic and Financial Papers 1985.

International Monetary Fund: International Financial Statistics, Vol. XLVI, No. 6, June 1993.

International Monetary Fund: International Financial Statistics, Yearbook 1991.

Isard, Peter: Factors Determining Exchange Rates: The Role of Relative Price Levels, Balance of Payments, Interest Rates and Risk, in: Board of Governors of the Federal Reserve System, International Finance Discussion Paper Nr. 171, Washington D.C. 1980.

Isard, Peter: Lessons from Empirical Models of Exchange Rates, in: International Monetary Fund, IMF Staff Papers, Vol. 34, 1987, S. 1 - 28.

Ishii, Naoko; *McKibbin,* Warwick; *Sachs,* Jeffrey: The Economic Policy Mix, Policy Cooperation, and Protectionism: Some Aspects of Macroeconomic Interdependence Among the United States, Japan and Other OECD Countries, in: Journal of Policy Modeling, Vol. 7, 1985, S. 533 - 572.

Issing, Otmar: Leistungsbilanzungleichgewichte und Leistungsbilanzziele, in: Bub, Norbert; Duwendag, Dieter; Richter, Rudolf (Hrsg.), Geldwertsicherung und Wirtschaftsstabilität, Festschrift für Helmut Schlesinger zum 65. Geburtstag, Frankfurt/M. 1989, S. 87 - 100.

Issing, Otmar: Verstärkte Koordination und Symmetrie – eine angemessene Antwort auf die Krise im EWS?, Beitrag zur Sitzung des Arbeitskreises „Internationale Wirtschaftsbeziehungen" der List Gesellschaft am 30. April 1993, abgedruckt in: Deutsche Bundesbank, Auszüge aus Presseartikeln, Nr. 34, Frankfurt/M., vom 10. Mai 1993, S. 4 - 7.

Issing, Otmar und *Masuch,* Klaus: Zur Frage der normativen Interpretation von Leistungsbilanzsalden, in: Kredit und Kapital, 22. Jg. 1989, S. 1 - 17.

Issing, Otmar und *Masuch,* Klaus: Leistungsbilanzsalden und Wirtschaftspolitik. Eine Replik, in: Kredit und Kapital, 23. Jg. 1990, S. 121 - 124.

Jagau, Heinrich: Marktmäßige Auslandsverschuldung von souveränen Schuldnern und ökonomische Entwicklung von Entwicklungsländern. Eine theoretische Analyse, Berlin 1992.

Jander, Sigurd: Der Einfluß der Geldpolitik auf die Kapitalmarktentwicklung, Berlin 1986.

Jarchow, Hans-Joachim und *Rühmann,* Peter: Monetäre Außenwirtschaft, I. Monetäre Außenwirtschaftstheorie, 2., neubearbeitete und erweiterte Auflage, Göttingen 1988.

Johnson, Harry G.: Argumente für flexible Wechselkurse – 1969, in: Johnson, Harry G. (Hrsg.), Beiträge zur Geldtheorie und Währungspolitik, Berlin 1976, S. 190 - 220. Zuerst erschienen in: Johnson H. G. and Nash, J. E. (Hrsg.), UK and Floating Exchanges, The Institute of Economic Affairs, London 1969, S. 9 - 37.

Johnson, Harry G. (Hrsg.): Beiträge zur Geldtheorie und Währungspolitik, Berlin 1976.

Jones, Ronald W. and *Kenen,* Peter B. (Hrsg.): Handbook of International Economics, Volume II, Amsterdam, New York, Oxford 1985.

Kantzenbach, Erhard (Hrsg.): Probleme der internationalen Koordination der Wirtschaftspolitik, Schriften des Vereins für Socialpolitik, Gesellschaft für Wirtschafts- und Sozialwissenschaften, Neue Folge Band 198, Berlin 1990.

Kath, Dietmar: Die Zins- und Laufzeitstruktur der finanziellen Märkte in der Bundesrepublik Deutschland, in: Ehrlicher, Werner und Simmert, Diethard B. (Hrsg.), Geld- und Währungspolitik in der Bundesrepublik Deutschland, Beihefte zu Kredit und Kapital, Heft 7, Berlin 1982, S. 319 - 336.

Kauffmann, Barbara und *Scheide,* Joachim: Die amerikanischen Defizite im Kreuzfeuer der Kritik, in: Institut für Weltwirtschaft, Kieler Diskussionsbeiträge, Nr. 150, März 1989.

Kimbrough, Kent, P.: Rational Expectations, Market Shocks, and the Exchange Rate, in: Journal of Macroeconomics, Vol. 7, 1985, S. 207 - 312.

Kloten, Norbert und *v. Stein,* Johann, Heinrich (Hrsg.): Obst/Hintner, Geld-, Bank- und Börsenwesen, 37., völlig neu gestaltete Auflage, Stuttgart 1982.

Köhler, Claus: Minderheitsvotum im Jahresgutachten 1970/71 des Sachverständigenrates zur Begutachtung der gesamtwirtschaftlichen Entwicklung, Stuttgart und Mainz 1970, Ziffern 302 - 321.

Köhler, Claus: Geldwirtschaft. Erster Band, Geldversorgung und Kreditpolitik, 2., veränderte Auflage, Berlin 1977.

Köhler, Claus: Geldwirtschaft. Zweiter Band, Zahlungsbilanz und Wechselkurs, Berlin 1979.

Köhler, Claus: Geldwirtschaft. Dritter Band, Wirtschaftspolitische Ziele und wirtschaftspolitische Strategie, Berlin 1983.

Köhler, Claus: Bedingungen für mehr Stabilität im Weltwährungssystem, in: Filc, Wolfgang und Köhler, Claus (Hrsg.), Stabilisierung des Währungssystems, Berlin 1985, S. 255 - 272.

Köhler, Claus: Die Bedeutung internationaler monetärer Märkte und die internationale Verschuldungskrise, in: Langkauf, Jochem und Köhler, Claus (Hrsg.), Wirtschaftspolitik und wirtschaftliche Entwicklung. Festschrift für Walter Hesselbach zum 70. Geburtstag, Bonn 1985, S. 187 - 197.

Köhler, Claus: The Unsolved Problems of the Eighties – A Challenge for the Nineties, Opening Lecture at the Monetary Conference of the Free University of Berlin, on August 31, 1988, in: Deutsche Bundesbank, Auszüge aus Presseartikeln, Nr. 63, Frankfurt/M., 1. September 1988, S. 1 - 6.

Köhler, Claus: Der deutsche Kapitalmarkt im internationalen Zinszusammenhang, in: Bruns, Georg und Häuser, Karl (Hrsg.), Strukturwandel am deutschen Kapitalmarkt, Schriftenreihe des Instituts für Kapitalmarktforschung an der J. W. Goethe-Universität Frankfurt/M., Kolloquien-Beiträge Nr. 31, Frankfurt/M. 1989, S. 93 - 109.

Köhler, Claus: Internationalökonomie. Ein System offener Volkswirtschaften, Berlin 1990.

Köhler, Claus und *Pohl,* Rüdiger (Hrsg.): Aspekte der Geldpolitik in offenen Volkswirtschaften, Berlin 1987.

Köhler, Claus und *Pohl,* Rüdiger (Hrsg.): Währungspolitische Probleme im integrierten Europa, Berlin 1992.

Kösters, Wim: Transmission und Koordination nationaler Wirtschaftspolitiken bei weltwirtschaftlicher Verflechtung, in: Kredit und Kapital, 22. Jg. 1989, S. 18 - 42.

Kösters, Wim: Wohlfahrtsgewinne durch international koordinierte Wirtschaftspolitik, in: Kantzenbach, Erhard (Hrsg.), Probleme der internationalen Koordination der Wirtschaftspolitik, Schriften des Vereins für Socialpolitik, Gesellschaft für Wirtschafts- und Sozialwissenschaften, Neue Folge Band 198, Berlin 1990, S. 45 - 70.

Kösters, Wim: Internationale Koordination der Wirtschaftspolitik, in: Wirtschaftswissenschaftliches Studium (WiSt), 19. Jg. 1990, S. 2 - 6.

Konrad, Anton: Reale Wechselkurse, Leistungsbilanz und Wachstum, in: Kredit und Kapital, 22. Jg. 1989, S. 329 - 343.

Konrad, Anton und *Schlick,* Oliver: Der Portfolioansatz der Wechselkurserklärung, in: Das Wirtschaftsstudium (WISU), 19. Jg. 1990, S. 653 - 657.

Korn, Andreas: Weltwirtschaft und internationale Verschuldung. Eine Analyse von Ursachen, Auswirkungen und Lösungsansätzen der internationalen Schuldenkrise in den Entwicklungsländern, Frankfurt/M., Bern, New York, Paris 1989.

Kraemer, Moritz: Neuere Ansätze zur Lösung der internationalen Schuldenkrise, Frankfurt/M., Bern, New York, Paris 1991.

Krause, Laurence A.: Speculation and the Dollar. The Political Economy of Exchange Rates, Boulder, San Francisco, Oxford 1991.

Kuttner, Kenneth N.: Inflation and the Growth Rate of Money, in: Federal Reserve Bank of Chicago, Economic Perspectives, Vol. XIV, No. 1, January/February 1990, S. 2 - 11.

Langkau, Jochem und *Köhler,* Claus (Hrsg.): Wirtschaftspolitik und wirtschaftliche Entwicklung, Festschrift für Walter Hesselbach zum 70. Geburtstag, Bonn 1985.

Lanyi, Anthony and *Suss,* Esther C.: Exchange Rate Variability: Alternative Measures and Interpretation, in: International Monetary Fund, IMF-Staff Papers, Vol. 29, 1982, S. 527 - 560.

Laurent, Robert D.: Testing the „spread", in: Federal Reserve Bank of Chicago, Economic Perspectives, Vol. XIII, No. 4, July/August 1989, S. 22 - 34.

Laurent, Robert D.: Term-Structure Spreads, the Money Supply Mechanism, and Indicators of Monetary Policy, Federal Reserve Bank of Chicago, Working Paper Series, No. 16, September 1990.

Lindbeck, Assar (Hrsg.): Inflation and Employment in Open Economies, Amsterdam 1979.

Llewellyn, David and *Milner,* Chris (Hrsg.): Current Issues in International Monetary Economics, Macmillan Education LTD, Houndmills, Basingstoke, Hampshire, London 1990.

Lutz, Friedrich A.: Eine Lanze für flexible Wechselkurse, in: Lutz, Friedrich A. (Hrsg.), Geld und Währung, Tübingen 1962, S. 167 - 184. Ursprünglich erschienen als: The Case for Flexible Exchange Rates, in: Banca Nazionale del Lavoro, Quarterly Review, Vol. VII, 1954, S. 175 - 185.

MacDonald, Ronald and *Taylor,* Mark P.: Exchange Rate Economics. A Survey, in: International Monetary Fund, IMF-Staff-Papers, Vol. 39, 1992, S. 1 - 57.

Maennig, Wolfgang: Internationale Transmission und Koordinierung der Wirtschaftspolitik, Berlin 1992.

Marris, Stephen: Manging the World Economy: Will We Ever Learn?, Essays in International Finance, Princeton 1984.

McCallum, Bennett T.: On Consequences and Criticisms of Monetary Targeting, in: Journal of Money, Credit, and Banking, Vol. 17, No. 4 (November 1985, Part 2), S. 570 - 597.

McNees, Stephen K.: How Well Do Financial Markets Predict the Inflation Rat, in: Federal Reserve Bank of Boston, New England Economic Review, September/October 1989, S. 31 - 46.

Meese, Richard: Currency Fluctuations in the Post-Bretton Woods Era, in: Journal of Economic Perspectives, Vol. 4, 1990, S. 117 - 134.

Menkhoff, Lukas: Feedback Trading auf Devisenmärkten, in: Jahrbücher für Nationalökonomie und Statistik, Band 210, 1992, S. 127 - 144.

Milde, Hellmuth und *Monissen,* Hans G. (Hrsg.): Rationale Wirtschaftspolitik in komplexen Gesellschaften, Gerard Gäfgen zum 60. Geburtstag, Stuttgart, Berlin, Köln, Mainz 1985.

Neldner, Manfred: Flexible Wechselkurse im Widerstreit der Meinungen. Traditionelle Argumente und neue Erfahrungen, in: Wirtschaftswissenschaftliches Studium (WiSt), 18. Jg. 1989, S. 119 - 126.

Neumann, Manfred J. M.: Internationale Kooperation in der Geldpolitik, in: Bub, Norbert; Duwendag, Dieter; Richter, Rudolf (Hrsg.), Geldwertsicherung und Wirtschaftsstabilität, Festschrift für Helmut Schlesinger zum 65. Geburtstag, Frankfurt/M. 1989, S. 449 - 462.

Nunnenkamp, Peter und *Junge,* Georg: Die Kreditbeziehungen zwischen westlichen Geschäftsbanken und Entwicklungsländern. Unternehmerisches oder gesellschaftliches Risiko?, Forschungsberichte des Bundesministeriums für Wirtschaftliche Zusammenarbeit, Band 68, Köln 1985.

OECD: Sensitivity Analysis: Effects of Hypothetical Exchange Rate Changes, in: OECD Economic Outbook, 30, December 1981, S. 124 - 125.

Oppenländer, Karl-Heinz und *Gerstenberger,* Wolfgang: Direktinvestitionen als Ausdruck zunehmender Internationalisierung der Märkte, in: Ifo-Institut für Wirtschaftsforschung, Ifo-Schnelldienst, 45. Jg. Nr. 10/1992, S. 3 - 11.

Oudiz, Gilles: European Policy Coordination: An Evaluation, Centre of Economic Policy Research Discussion Paper No. 81, London 1985.

Oudiz, Gilles and *Sachs,* Jeffrey: Macroeconomic Policy Coordination Among Industrialized Economies, Brookings Papers on Economic Activity, 1984, S. 1 - 64.

Padoa-Schioppa, Tommaso: Towards a New Adjustable Peg?, in: Bergsten, C. Fred; Mc Mahon, Kit; Padoa-Schioppa, Tommaso, The International Monetary System. The Next Twenty-Five-Years, Bank of International Settlements, Per Jacobsson Foundation, Basel 1988, S. 16 - 29.

Pigott, Charles: Economic Consequences of Continued U.S. External Deficits, in: Federal Reserve Bank of New York, Quarterly Review, Winter-Spring 1989, Vol. 13, No. 4/Vol. 14, No. 1, S. 4 - 15.

Pöhl, Karl-Otto: You Can't Robotize Policymaking, in: The International Economy, Vol. 1, 1987, S. 20 - 26.

Pohl, Rüdiger: Möglichkeiten und Grenzen der Geldpolitik: Eine Bestandsaufnahme, in: Ehrlicher, Werner und Simmert, Diethard B. (Hrsg.), Wandlungen des geldpolitischen Instrumentariums der Deutschen Bundesbank, Beihefte zu Kredit und Kapital, Berlin 1988, S. 37 - 60.

Pohl, Rüdiger: Kapitalexporte der Bundesrepublik Deutschland. Bestandsaufnahme – Ursachen – wirtschaftspolitische Perspektiven, in: Hamburger Beiträge zur Wirtschafts- und Währungspolitik in Europa, herausgegeben von Wilhelm Nölling, Heft 6, Hamburg, Juli 1989.

Reither, Franco: Mindestreserven und gesamtwirtschaftliche Steuerung, in: Wirtschaftsdienst, 65. Jg. 1985, S. 503 - 509.

Reszat, Beate: Wirtschaftliche Interdependenz und internationale Kooperation, in: Hamburger Jahrbuch für Wirtschafts- und Gesellschaftspolitik, 31. Jahr 1986, S. 267 - 291.

Reszat, Beate: Spiele ohne Sieger. Nutzen und Probleme internationaler Kooperation der Wirtschaftspolitik, in: Filc, Wolfgang und Köhler, Claus (Hrsg.), Kooperation, Autonomie und Devisenmarkt, Berlin 1990, S. 49 - 65.

Rohde, Armin: Mengensteuerung und Zinssteuerung. Eine Analyse monetärer Steuerungsstrategien, Berlin 1985.

Rohde, Armin: Anmerkungen zum geldmengenzielorientierten Konzept der Deutschen Bundesbank, in: Heilmann, Wolf-Rüdiger, u.a. (Hrsg.), Geld, Banken und Versicherungen 1987, Band I, Karlsruhe 1988, S. 525 - 538.

Rohde, Armin: Internationale Einflüsse auf die nationale Geldpolitik: Die Rolle von Wechselkursänderungserwartungen, in: Köhler, Claus und Pohl, Rüdiger (Hrsg.), Währungspolitische Probleme im integrierten Europa, Berlin 1992, S. 139 - 151.

Rohde, Armin: Geldmarkt und Geldmarktsteuerung in der Bundesrepublik Deutschland, in: Francke, Hans-Hermann und Ketzel, Eberhardt (Hrsg.), Konzepte und Erfahrungen der Geldpolitik, in: Beihefte zu Kredit und Kapital, Heft 13, Berlin 1995, S. 243 - 266.

Rohde, Armin und *Simmert,* Diethard B.: Mindestreserven: Ein überflüssiges Instrument der Geldpolitik?, in: Wirtschaftsdienst, 66. Jg. 1986, S. 404 - 410.

Rohweder, Herold C.: Wechselkursvariabilität und internationaler Handel. Eine empirische Analyse der räumlichen Handelsverflechtung im Rahmen eines TOBIT-Regressionsansatzes, München 1989.

Rose, Klaus: Freie Wechselkurse, Finanzmarkttheorie und Kaufkraftparität, in: Duwendag, Dieter und Siebert, Horst (Hrsg.), Politik und Macht, Wirtschaftspolitische Probleme der 80er Jahre, Stuttgart 1980, S. 329 - 340.

Rose, Klaus und *Sauernheimer,* Karlhans: Theorie der Außenwirtschaft, 11., völlig überarbeitete und erweiterte Auflage, München 1992.

Rottländer, Hans-Joachim: Reale Wechselkursänderungen bei flexiblen Wechselkursen. Erfahrungen und Bestimmungsgründe unter besonderer Berücksichtigung neuerer Ansätze der Wechselkurstheorie, Frankfurt/M., Bern, New York, Paris 1990.

Rühmann, Peter: Wechselkursrisiko und internationaler Handel, in: Heilmann, Wolf-Rüdiger u.a. (Hrsg.), Geld, Banken und Versicherungen, 1987, Band I, Karlsruhe 1988, S. 539 - 554.

Sachs, Jeffrey und *McKibbin,* Warwick: Macroeconomic Policies in the OECD and LDC External Adjustiment, NBER Working Paper No. 1534, Cambridge, Mass. 1985.

Sachverständigenrat zur Begutachtung der gesamtwirtschaftlichen Entwicklung: Jahresgutachten 1968/69, Alternativen außenwirtschaftlicher Anpassung, Stuttgart und Mainz 1968.

Sachverständigenrat zur Begutachtung der gesamtwirtschaftlichen Entwicklung: Jahresgutachten 1969/70, Im Sog des Booms, Stuttgart und Mainz 1969.

Sachverständigenrat zur Begutachtung der gesamtwirtschaftlichen Entwicklung: Jahresgutachten 1970/71, Konjunktur im Umbruch – Risiken und Chancen –, Stuttgart und Mainz 1970.

Sachverständigenrat zur Begutachtung der gesamtwirtschaftlichen Entwicklung: Jahresgutachten 1971/72, Währung, Geldwert, Wettbewerb – Entscheidungen für morgen –, Stuttgart und Mainz 1971.

Sachverständigenrat zur Begutachtung der gesamtwirtschaftlichen Entwicklung: Jahresgutachten 1992/93, Für Wachstumsorientierung – Gegen lähmenden Verteilungsstreit, Stuttgart 1992.

Samuelson, Paul A.: Theoretical Notes on Trade Problems, in: Review of Economics and Statistics, Vol. 46, 1964, S. 145 - 154.

Sohmen, Egon: Internationale Währungsprobleme. Eine Einführung, Frankfurt/M. 1964.

Sohmen, Egon: Flexible Exchange Rates. Theory and Controversy, 2. Aufl., Chicago 1969.

Sohmen, Egon: Wechselkurs und Währungsordnung, Tübingen 1973.

Solomon, Robert: Potential Gains from and Obstacles to International Policy Coordination, in: Steinherr, Alfred and Weiserbs, Daniel (Hrsg.), Evolution of the International and Regional Monetary Systems. Essays in Honour of Robert Triffin, Houndmills, Basingstoke, Hampshire, London 1991, S. 26 - 34.

Schäfer, Rainer: Der Zinszusammenhang zwischen inländischen und Euro-DM-Geldmarkt, in: Wirtschaftswissenschaftliches Studium (WiSt), 19. Jg. 1990, S. 467 - 469.

Scheide, Joachim und *Sinn,* Stefan: Internationale Koordination der Wirtschaftspolitik: Pro und Contra, Institut für Weltwirtschaft, Kieler Diskussionsbeiträge Nr. 135, Kiel 1987.

Schlesinger, Helmut: Internationale Kooperation – nationale Verantwortung, in: Deutsche Bundesbank, Auszüge aus Presseartikeln, Nr. 51, Frankfurt/M., 15. Juli 1988, S. 1 - 5.

Schröder, Wolfgang: Anmerkungen zur normativen Interpretation von Leistungsbilanzsalden, in: Kredit und Kapital, 22. Jg. 1989, S. 508 - 519.

Statistisches Bundesamt: Statistisches Jahrbuch 1992 für das Ausland, Wiesbaden 1992.

Steinemann, Thomas: Währungskooperation und Europäische Währungsunion. Eine Analyse aus Sicht der Neuen Politischen Ökonomie, Chur/Zürich 1992.

Steinherr, Alfred and *Weiserbs,* Daniel (Hrsg.): Evolution of the International and Regional Monetary Systems. Essays in Honour of Robert Triffin, Houndmills, Basingstoke, Hampshire, London 1991.

Straube, Frank: Die Ex- und Importe von sechs EG-Staaten gegenüber den USA und Japan von 1977 bis 1988. Eine ökonometrische Analyse bilateraler Handelsströme unter besonderer Berücksichtigung von Wechselkurseffekten, München VVF, 1991.

Stützel, Wolfgang: Volkswirtschaftliche Saldenmechanik. Ein Beitrag zur Geldtheorie, 2. Auflage, Tübingen 1978.

Stützel, Wolfgang: Über unsere Währungsverhältnisse. Zehn Jahre Floating: Verheißungen und Erfahrungen, Tübingen 1983.

Takagi, Shinji: Exchange Rate Expectations. A Survey of Survey Studies, in: International Monetary Fund, IMF-Staff-Papers, Vol. 38, 1991, S. 156 - 183.

Taylor, Mark P. and *Allen,* Helen L.: The Use of Technical Analysis in the Foreign Exchange Market, in: Journal of International Money and Finance, Vol. 11, 1992, S. 304 - 314.

Thursby, Marie C. and *Thursby,* Jerry G.: The Uncertainty Effects of Floating Exchange Rates: Empirical Evidence on International Trade Flows, in: Arndt, Sven W.; Sweeney, Richard J. and Willet, Thomas D. (Hrsg.), Exchange Rates, Trade, and the U.S. Economy, Cambridge, Mass. 1985, S. 153 - 165.

Tichy, Gunther: Die Folgen von Wechselkursänderungen – Was haben wir gelernt?, in: Clement, Werner und Socher, Karl (Hrsg.), Empirische Wirtschaftsforschung und monetäre Ökonomik. Festschrift für Stephan Koren zum 60. Geburtstag, Berlin 1979, S. 235 - 253.

Tietmeyer, Hans: Anmerkungen zu den neuen internationalen Kooperationsbemühungen seit der Plaza-Vereinbarung 1985, in: Bub, Norbert; Duwendag, Dieter; Richter, Rudolf (Hrsg.), Geldwertsicherung und Währungsstabilität, Festschrift für Helmut Schlesinger zum 65. Geburtstag, Frankfurt/M. 1989, S. 479 - 497.

Tobin, James: A Proposal for International Monetary Reform, Cowles Foundation Paper No. 95, Yale University, New Haven 1980.

Tobin, James: Agenda for International Coordination of Macroeconomic Policies, in: Volcker, Paul A., Bryant, Ralph C. et al., International Monetary Cooperation: Essays in Honor of Henry C. Wallich, Essays in International Finance, No. 169, Princeton 1987, S. 61 - 69.

Tobin, James: The International Monetary System: Pluralism and Interdependence, in: Steinherr, Alfred and Weiserbs, Daniel (Hrsg.), Evolution of the International and Regional Monetary Systems. Essays in Honour of Robert Triffin, Houndmills, Basingstoke, Hampshire, London 1991, S. 3 - 9.

Uelses, Klaus: Erwartungen und Wechselkurse, Volkswirtschaftliche Forschung und Entwicklung, Band 53, München 1989.

Vaubel, Roland: International Collusion or Competition for Macroeconomic Policy Coordination?, A Restatement, in: Recherches Economiques de Louvain, Vol. 51, 1985, S. 223 - 240.

Volcker, Paul A.; *Bryant,* Ralph C. et al.: International Monetary Cooperation: Essays in International Finance No. 169, Princeton 1987.

Wachtel, Paul (Hrsg.): Crises in the Economic and Financial Structure, Lexington: Lexington Books 1980.

Wallner, Josef: Wechselkursunsicherheit. Ursachen, Messung und Auswirkungen, Frankfurt/M., Bern, New York, Paris 1989.

Welzel, Peter: Hysterese im Außenhandel, in: Wirtschaftswissenschaftliches Studium (WiSt), 21. Jg. 1992, S. 131 - 134.

Williamson, John: The Exchange Rate System, Washington 1983.

Willms, Manfred: Ansätze zur Währungskooperation und Wechselkursstabilisierung, in: Gutowski, Armin (Hrsg.), Wechselkursstabilisierung und Währungskooperation, Schriften des Vereins für Socialpolitik, Gesellschaft für Wirtschafts- und Sozialwissenschaften, Neue Folge Band 172, Berlin 1988, S. 37 - 58.

Wissenschaftlicher Beirat beim Bundesministerium für Wirtschaft: Wirtschaftspolitik bei defizitärer Leistungsbilanz, Studien-Reihe Heft 31, Bundesminister für Wirtschaft, Februar 1981.

World Bank: World Debt Tables 1992 - 93, External Finance for Developing Countries, Vol. 1, Analysis and Summary Tables, Washington 1992.

Zieschang, Matthias: Finanzmarktansätze der Wechselkurserklärung, Berlin 1990.

Sachwortverzeichnis

Kolibri 360 GmbH
Ferdinand-Jühlke-Straße 7
99095 Erfurt, Deutschland
produktsicherheit@kolibri360.de

Druck:
CPI Druckdienstleistungen GmbH
im Auftrag der
Kolibri 360 GmbH
Ferdinand-Jühlke-Str. 7
99095 Erfurt